MUHAMMAD ﷺ

Sein Leben und Wirken

MUHAMMAD ﷺ

Sein Leben und Wirken

Jotiar Bamarni

PLURAL Publications GmbH
Colonia-Allee 3 | D-51067 Köln
T +49 221 942240-260 | F +49 221 942240-201
www.pluralverlag.eu | info@pluralverlag.eu

4. Auflage, Köln, Mai 2024

Autor
Jotiar Bamarni

Kalligrafie
Ünal Ünalan

Design | Satz | Druck
PLURAL Publications GmbH | www.pluralverlag.eu

ISBN: 978-3-944441-03-0

Inhaltsverzeichnis

1. Teil
Mekka und die Kaaba

2. Teil
Prüfung in Mekka

3. Teil
Wirken in Medina

4. Teil
Nachspann

Anhang

1. Teil

Mekka und die Kaaba

Zamzam

Mekka war ein ödes, unfruchtbares Tal, ringsum von hohen Bergen umgeben. In der Mitte erhoben sich zwei niedrige Hügel. In deren Nähe machte eines Tages ein alter Mann mit seiner jungen Frau und seinem kleinen Kind Halt. Nach den Strapazen der langen Reise – denn sie waren von weither gekommen – kümmerte sich die junge Frau um ihr Kind, das sie immer noch stillte. Derweil holte ihr Mann Datteln und einen Schlauch voll Wasser aus einem abgewetzten Reisesack und schickte sich an, seinen Weg allein fortzusetzen.

Verwundert blickte Hadschar auf. „Wohin gehst du, Abraham?", fragte sie, „willst du uns etwa an diesem einsamen Ort mitten in der Wüste zurücklassen?" Abraham antwortete nicht und ging weiter. Sie lief ihm nach und wiederholte ihre Frage, aber er schwieg. Da begriff sie, dass er nicht aus seinem eigenen Willen heraus handelte. Ihr wurde klar, dass Allah[1] ihm befohlen haben musste, dies zu tun. Sie fragte: „Hat dein Herr dir befohlen, uns hier zurückzulassen, Abraham?" „Ja", antwortete er kurz. Diese Antwort beruhigte Hadschar. Zuversichtlich sprach sie: „So wird Allah, der es dir befohlen hat, uns bestimmt nicht im Stich lassen."[2]

---

1 „Allah" darf nicht als Gott der Muslime verstanden werden, der nicht auch Gott der Christen und Juden wäre. In diesem Buch wird sowohl die Bezeichnung „Allah" als auch „Gott" für das absolut höchste Wesen verwendet, den einzigen Gott, den Gott von Adam, Noah, Abraham, Moses, Jesus und Muhammad. Auch in der Muttersprache Jesu, dem Aramäischen, nennt man Gott „Allaha". Arabische, chaldäische und assyrische Christen nennen Gott ebenfalls „Allah".

2 Buhârî, 3364; *Sahîh as-Sîra an-Nabawiyya*, Ibn Kasîr/Albâni, S. 19; *Stories of the Prophets*, Ibn Kasîr

Abraham nahm nun Abschied von ihr und seinem kleinen Sohn Ismael und machte sich schweren Herzens auf den Weg. Nachdem er eine Weile gegangen war, hielt er an, erhob seine Hände zum Himmel und betete zu Allah, Er möge seine Familie mit Nahrung versorgen und ihnen Menschen zur Gesellschaft schicken.[3] Dann reiste er zurück nach Kanaan[4], von wo er mit Hadschar und Ismael gekommen war.

Hadschar war nun mit ihrem Kind ganz allein und wartete ab, was die Tage bringen würden. Ihr Glaube an ihren Schöpfer und Seinen Diener und Propheten Abraham verlieh ihr die Kraft, die Einsamkeit zu ertragen. Dieser Glaube gab ihr die Gewissheit, dass Allah sie nicht vergessen würde – fern von Städten, Dörfern und anderen Menschen. Sie wandte sich an Allah: „Mein Herr! Abraham hat uns Dir anvertraut, und bei Dir ist keine Hoffnung verloren!"

Der Wasservorrat, den Abraham ihr gelassen hatte, war inzwischen aufgebraucht, und ihre Milch versiegte. „Herr, was soll ich machen?", fragte Hadschar. Wie viele Tage waren schon vergangen, ohne dass sie eine Karawane gesehen hatte! Sie ließ ihr Kind, das sich vor Hunger und Durst hin- und herwälzte, allein und machte sich auf die Suche. Sie stieg auf den Hügel, der ihr am nächsten war, um nach Wasser oder Menschen Ausschau zu halten, doch rings um sich herum erblickte sie nur die öde, trockene, einsame Wüstenlandschaft. So stieg sie wieder hinunter und lief, bis sie den zweiten Hügel erreichte. Dort blickte sie erneut umher, konnte aber weder Wasser noch Mesnschen entdecken. „O Allah, mein Herr, was soll ich nur tun?", rief sie, während sie ihr Gesicht verzweifelt zum Himmel richtete.

In ihrer Sorge und Not eilte Hadschar siebenmal von einem Hügel zum anderen[5], ohne irgendeinen Hinweis auf Wasser oder Leben zu finden. Plötzlich glaubte sie, eine Stimme zu hören. Sie versuchte, sich zu

---

3 Sure Ibrâhîm, 14:37

4 Das heutige Palästina.

5 Dies gehört heute zu den Riten der Pilgerfahrt. Die Hügel heißen Safâ und Marwa; vgl. Sure Bakara, 2:158: *„Gewiss, Safâ und Marwa gehören zu den (Orten der) Kulthandlungen Allahs. Wenn einer die Pilgerfahrt zum Hause (Kaaba) oder die Besuchsfahrt (Umra) vollzieht, so ist es keine Sünde für ihn, wenn er zwischen ihnen (beiden) den Gang macht. Und wer (von sich aus) freiwillig Gutes tut, so ist Allah dankbar und allwissend."*

beruhigen und lauschte aufmerksam. Sie hörte die Stimme noch einmal und rief: „Wer auch immer du sein magst, du hast mich deine Stimme hören lassen. Hast du irgendetwas, um mir zu helfen?" Aber sie hörte nichts mehr. Jetzt schaute sie zu dem Platz, an dem sie ihren Sohn gelassen hatte, ob er noch lebte. Doch was war das? Schnell lief sie zu Ismael zurück. Als sie ihn erreichte, sah sie etwas, das sie in größtes Erstaunen versetzte. „O, wie wunderbar!", sagte sie, während sie auf etwas blickte, was sich zu Füßen ihres Kindes bewegte ...

Ein Trupp der Dschurhum zog in der Nähe des Tales von Mekka vorbei, als ihnen etwas auffiel, was es dort zuvor noch nie gegeben hatte. Verwundert beobachteten sie einen Vogelschwarm, der über dem Berg Abû Kubays kreiste. „Was sind das für Vögel, die über dem Berg kreisen, woher kommen sie?", fragte einer der Männer. Wie die benachbarten Stämme und Karawanen aus Syrien und dem Jemen wussten sie, dass es im Innern des Tales von Mekka weder Wasser noch Vegetation gab. Wo lag diese Wasserstelle, von der die Vögel tranken? Von Neugier gepackt entsandten sie zwei Kundschafter.

Hadschar traute ihren Augen nicht: Zwischen den Füßen ihres Sohnes war der Boden aufgescharrt und es sprudelte klares Wasser, frisch und lieblich. Von ihrer großen Sorge befreit beugte sie sich dankbar über das kühle Nass. Sie schöpfte es mit beiden Händen, um ihren durstigen Sohn trinken zu lassen und ihren eigenen Durst zu stillen. Bald spürte sie erleichtert, dass sie wieder Milch für ihr Kind hatte. Nun begann sie, das Wasser mit den Händen einzudämmen und mit Sand einzuschließen, um es in ihren Schlauch zu füllen, denn sie fürchtete, dass es versiegen könnte. Dabei murmelte sie immer wieder „Zummi! Zummi", was so viel bedeutet wie „Dämme dein Wasser ein!" So entstand der Name der Quelle Zamzam.

Plötzlich hörte Hadschar noch einmal dieselbe Stimme wie zuvor, die ihr zurief: „Fürchte nicht, im Stich gelassen zu werden. Denn an dieser Stelle werden einst Abraham und sein Sohn das Haus Allahs erbauen! Und Allah lässt Seine Leute nie im Stich."[6]

---

6 Ibn Kasîr/Albâni, S. 20

Hadschar wusste jetzt, dass Allah sie nicht vergessen hatte und dass die wundersame Stimme von Seinem Engel gekommen war, den Er ihr in ihrer Not zu Hilfe geschickt hatte.[7] Dankbar warf sie sich vor Allah nieder, um Ihm für die Wohltat, die Er ihr und ihrem Kind erwiesen hatte, zu danken und Ihn für Seine Gnade zu preisen. Von nun an sollte sie zusammen mit ihrem Sohn sicher in der Nähe der Quelle leben.

Die Kundschafter der Dschurhum waren inzwischen bis zum Grund des Tales vorgestoßen und in die Nähe der Hügel gelangt. Zu ihrer großen Überraschung erblickten sie eine Frau, die dort saß, mit einem Kind im Arm. Neben ihr floss eine klare Quelle, die wie Silber in der Sonne funkelte.

Den beiden Kundschaftern verschlug es die Sprache. Wie oft schon waren sie und ihre Gefährten hier vorbeigekommen, ohne eine Menschenseele, geschweige denn eine Quelle gesehen zu haben! Wer war diese Frau, und wer hatte das Wasser ausgegraben? Unverzüglich kehrten sie zu ihrem Stamm zurück und erstatteten Bericht. Sofort machte sich ein weiterer Trupp erfahrener Männer auf den Weg zu Hadschar und ihrem Sohn, um sich über sie zu erkundigen.

Hadschar erzählte den Ankömmlingen ihre Geschichte. Nachdem sich das erste Staunen gelegt hatte, fragten sie höflich: „Erlaubst du, dass wir uns in deiner Nachbarschaft niederlassen?“ Hadschar stimmte zu.

Die Kundschafter kehrten zu ihrem Stamm zurück, um sich mit ihren Angehörigen auf den Umzug in die neue Heimat vorzubereiten. Sie verließen ihren Lagerplatz und ließen sich in der Nähe der wundersamen Quelle nieder. Später kamen auch Karawanen aus Syrien und dem Jemen hinzu; sie alle entdeckten die neue Wasserstelle an der Station des Weges, an der sie sich sonst zu treffen pflegten. Sie machten nun immer wieder hier Halt, um sich mit Wasser zu versorgen und sich auszuruhen.

Auf diese Weise hatte Allah das Bittgebet Abrahams erhört. Das Wasser, das Allah für Hadschar und ihr Kind hatte hervorsprudeln lassen, brachte Menschen zu ihnen. Es brachte Karawanen, die sie mit allem

---

7 Es war der Engel Gabriel, der bei dem Kind mit seiner Ferse den Boden aufgescharrt hatte, sodass dort eine Quelle entsprang. *Stories of the Prophets*, Ibn Kasîr, S. 95

versorgten, was sie benötigten, und es brachte ihnen Nachbarn vom Stamme der Dschurhum, die in immer größerer Zahl zu ihnen strömten und das Tal von Mekka mit Leben füllten.

Eines Tages kam Abraham zurück und sah mit eigenen Augen, was Allah mit seiner Frau und seinem Sohn hatte geschehen lassen. Er hatte Allah damals gebeten: *„So mache ihnen die Herzen der Menschen zugeneigt und versorge sie mit Früchten, damit sie dankbar sein mögen.“* [8] Seine Bitte war auf wunderbare Weise erfüllt worden.

8 Sure Ibrâhîm, 14:37

Ein gesegnetes Haus

Hadschar sollte nicht mehr erleben, wie Abraham und Ismael die Kaaba erbauten. Kaum hatte ihr Sohn das Jugendalter erreicht, starb sie. Nachbarn vom Stamme der Dschurhum gaben Ismael eine ihrer Töchter zur Frau, die fortan das Leben mit ihm teilte.[9]

Eines Tages kam Abraham und sagte seinem Sohn, dass Allah ihnen beiden befohlen habe, Sein Haus in der Mitte des Tales von Mekka zu bauen. Der Bau sollte auf Fundamenten errichtet werden, die sich schon dort befanden. Abraham und Ismael arbeiteten hart, um den schwierigen Auftrag auszuführen. Als die zwei Männer die Grundmauern der Kaaba errichtet hatten, betete Abraham: „*Unser Herr, nimm es von uns an; denn wahrlich, Du bist der Allhörende, der Allwissende!*“ [10]

Voller Eifer rief Abraham nun die Menschen zum Glauben an Allah und zur Pilgerfahrt zu Seinem gesegneten Haus auf. Für die Zukunft vertraute er das Haus seinem Sohn an und erklärte ihm, wie er den Gläubigen die Riten und Handlungen der Pilgerfahrt beibringen sollte – so, wie Allah es ihn gelehrt hatte. Schließlich kehrte Abraham nach Kanaan zurück. Ismael hütete die Kaaba, und nach ihm hüteten sie seine Kinder und deren Onkel vom Stamme der Dschurhum.

Die Zeit verging; eine Generation folgte der anderen, so wie die Tage und Nächte einander folgen. Unterdessen hatten sich manche von Ismaels Nachkommen auf der arabischen Halbinsel zerstreut, während andere in Mekka geblieben waren. Doch statt der Religion Allahs zu folgen,

---

9 Tabarî, I, S. 118, 120

10 Sure Bakara, 2:127

zu der Abraham sie aufgerufen hatte, vergaßen sie viele. Nach und nach wurden Götzen und Götterbilder aufgestellt. Das Haus Allahs wurde zu einem Ort der Götzenanbetung. Menschen aus allen Gegenden der Halbinsel pilgerten hierher, um den Götzen Opfergaben und Schlachtopfer darzubringen. Kaum noch etwas erinnerte an die edle Absicht, mit der Abraham und Ismael die Kaaba im Auftrag Allahs erbaut hatten.

Dieser traurige Zustand fand seinen Tiefpunkt, als die Obhut der Stadt an Mudad bin Amr vom Stamme der Dschurhum überging. Seine Herrschaft erfüllte alles andere als den Zweck, die Kaaba in Ehren zu halten. Vielmehr wurde sie dermaßen vernachlässigt, dass einige Bewohner Mekkas es wagten, die Gaben, die für die Armen dargebracht worden waren und im Innern der Kaaba aufbewahrt wurden, zu stehlen. Sie schreckten nicht einmal davor zurück, Krieg zu führen – in Mekka, dem Ort des Friedens. Die reine Quelle Zamzam war den Menschen längst gleichgültig geworden – sie betrachteten sie als einen gewöhnlichen Brunnen. Auch war ihr Wasser inzwischen erschreckend knapp geworden.

Dies alles weckte die Aufmerksamkeit einiger der Nachbarstämme Mekkas, die seine unachtsamen und nachlässigen Bewohner vertreiben und sich des Brunnens bemächtigen wollten. So stürzten sich die Stämme von Huzâ[11] auf die Dschurhum und griffen sie an. Der erbitterte Kampf forderte so manches Opfer. Bald zeigte sich, dass die gut gerüsteten Eindringlinge den überraschten Dschurhum weit überlegen waren.

Als Mudad bin Amr sah, dass seine Herrschaft zu Ende ging und Mekka in die Hände der Huzâ fallen würde, begriff er, dass es keinen anderen Ausweg gab, als Mekka zu verlassen. Wehmütig grub er den Zamzam-Brunnen tiefer, versenkte die für die Kaaba gestifteten Geschenke in ihm und schüttete die Stelle sorgfältig mit Sand zu, bis nichts mehr an ihn erinnerte. Schweren Herzens verließ er die Stadt. Als er ging, hoffte er inbrünstig, eines Tages die Herrschaft über Mekka zurückgewinnen zu können. Mekka aber ging in die Hände der Huzâ über.[12]

---

11 Ein Stamm, der den Süden der arabischen Halbinsel bewohnte. Die Huzâ gehörten zu den Stämmen, welche wegen der Hungersnöte und Dürren in Richtung Norden zogen.

12 Ibn Hischâm, S. 56-59

Der Schatz

Kusay bin Kilâb, ein Nachkomme Ismaels, des Sohnes Abrahams, war Herrscher über Mekka geworden. Unter ihm lebten die Menschen ruhiger und zufriedener als zuvor, denn er war der Erste, der Häuser bauen ließ, um innerhalb sicherer, fester Wände zu wohnen anstatt in dünnen Lauben und Zelten. Bisher hatten die Bewohner Mekkas sich gescheut, Häuser in der Nähe der Kaaba zu errichten.

Kusay machte sich daran, ein Rathaus zu bauen, in dem alle wichtigen Beschlüsse gefasst werden sollten. Auch vereinigte er die verschiedenen Ämter, die mit der Kaaba verbunden waren, in seiner Hand und verwaltete sie mit Tatkraft und Klugheit. Zu ihnen gehörte die „Sikâya", die Bewirtung der Pilger, das heißt die Bereitstellung von Wasser, Dattelsaft und anderen Getränken sowie das Heranschaffen des Wassers von weit entfernten Brunnen, die an einigen Stellen Mekkas gegraben worden waren. Außerdem schuf Kusay das Amt der „Rifâda", das er den Kuraysch[13] übergab. Es bedeutete, dass sie ihm einen Teil ihres Vermögens abzugeben hatten, damit er davon die Pilger speisen konnte. So festigte Kusay die zukünftige Macht der Kuraysch. Beide Ämter wurden

13 Die Kuraysch waren ein mächtiger Stamm in Mekka. Sie gehörten zu den Stämmen, die den Norden und Osten der arabischen Halbinsel bewohnten. Einer ihrer Stammväter war Ismael, der Sohn Abrahams. Ihre Macht festigte sich in der Zeit Kusays, der die Sippen der Kuraysch unter seiner Herrschaft vereinte (s. hierzu auch den Stammbaum im Anhang). Der Stamm bestand aus zahlreichen Klans, die sich wiederum in Unterklans teilten. Die Klans waren: Banî Abdaddâr, Banî Abdumanâf (zu diesem Klan gehörten die Banî Hâschim), Banî Mahzûm, Banî Zuhra, Banî Taym, Banî Uday, Banî Asad, Banî Dschumah und die Banî Sahm. Der Begriff „Banî" oder „Banû" bedeutet „die Kinder von" oder „die Söhne von". Von den einzelnen Sippen wird an anderer Stelle die Rede sein.

nach seinem Tod an seine Söhne und deren Nachkommen weitergegeben, bis sie von Abdulmuttalib bin Hâschim bin Abdumanâf bin Kusay übernommen wurden.

Abdulmuttalib war ein gutaussehender, freundlicher Mann von kräftiger Statur. Im Laufe der Jahre war er zu einigem Wohlstand gelangt, welchen er stets zum Wohle aller einsetzte. Zu dieser Zeit hatte er nur einen Sohn, der Hâris hieß. Hâris arbeitete hart, um Wasser aus den äußeren Bezirken Mekkas heranzuschaffen, dessen Sauberkeit zu überwachen und es für die Pilger bereitzustellen.

Als Abdulmuttalib sah, wie sein Sohn sich abplagte, wünschte er, dass der berühmte Brunnen Ismaels, an den die Araber sich noch dunkel erinnerten, nicht zerstört worden wäre. Dann wäre Hâris das Amt der Wasserbereitstellung gewiss leichter gefallen. Dieser Wunsch beschäftigte ihn zunehmend; er konnte kaum noch an etwas anderes denken.

Während er eines Nachts in dem geschützten Bezirk nahe der Kaaba schlief, rief ihm jemand im Schlaf zu: „Grabe nach Tayyiba!“[14]

Abdulmuttalib fragte verwirrt: „Aber was ist Tayyiba?“

Doch die Stimme schwieg, und Abdulmuttalib erwachte.

In der folgenden Nacht schlief er wieder an demselben Ort, und diesmal rief ihm jemand zu: „Grabe nach Barra!“[15]

Abdulmuttalib fragte: „Doch was ist Barra?“

Die geheimnisvolle Stimme verstummte wie in der Nacht zuvor, und Abdulmuttalib erwachte wieder verwirrt.

In der dritten Nacht rief die Stimme: „Grabe nach Madnûna!“[16]

Als Abdulmuttalib wissen wollte, was Madnûna sei, schwieg die Stimme abermals.

---

14 „Süße Reinheit“; ein Name des Zamzam-Wassers; Ibn Hischâm, S. 70

15 „Reicher Überfluss“, einer von mehreren Namen des Zamzams, ebd.

16 „Verborgener Schatz“, ein weiterer Name des Zamzams, ebd.

In der vierten Nacht schließlich, als die unbekannte Stimme ihn aufforderte: „Grabe nach Zamzam!“, fragte Abdulmuttalib mehrmals: „Und wo ist Zamzam?“ Endlich beschrieb ihm die Stimme den Ort, an dem Zamzam zu finden war.

Als die Kuraysch erwachten, wunderten sie sich über Abdulmuttalib und Hâris, die schon eifrig dabei waren, zwischen den im geschützten Bezirk aufgestellten Götzenbildern Isâf und Nâila[17] zu graben – genau dort, wo sie gewöhnlich ihre Schlachtopfer darzubringen pflegten. Sie fragten die beiden, was sie da täten. Abdulmuttalib gab ihnen zur Antwort: „Ich grabe nach dem Zamzam-Brunnen, damit die Pilger daraus Wasser schöpfen können!“

Die Männer der Kuraysch wollten Abdulmuttalib daran hindern, zwischen ihren Götzenbildern zu graben. Ihre Drohungen und Versuche, ihn aufzuhalten, ließen Abdulmuttalib jedoch unberührt – beharrlich grub er weiter, und sein Sohn stellte sich schützend vor ihn. „Bei Allah! Ich werde tun, was mir befohlen wurde“, sprach er mit fester Stimme. Als die Männer der Kuraysch ihre Entschlossenheit sahen, ließen sie die beiden in Ruhe.

Plötzlich stieß Abdulmuttalib einen Freudenschrei aus. Die Männer des Stammes Kuraysch eilten herbei und scharten sich um ihn. Neben dem Sand und der Erde, die Abdulmuttalib und sein Sohn ausgehoben hatten, sahen sie einen Ring aus gemauerten Steinen. Die Männer riefen aufgeregt: „Das ist der Brunnen unseres Stammvaters und Propheten Ismael! Wir haben ein Recht auf diesen Brunnen, Abdulmuttalib, du musst ihn mit uns teilen!“ Abdulmuttalib jedoch erklärte mit ruhiger Stimme: „Das werde ich nicht tun! Die Verwaltung des Brunnens steht mir allein zu. Er wurde mir als Einzigem unter uns zuteil!“

Die Männer der Kuraysch gerieten in Zorn. Lautstark beschimpften sie Abdulmuttalib und stritten sich mit ihm um den Brunnen. Sie schrien durcheinander: „Wir werden keine Ruhe geben, bis wir mit dir einen Prozess um den Brunnen geführt haben!“ Doch schließlich beruhigten sie sich wieder und gingen fort.

---

17 Isâf und Nâila waren zwei der vielen Götzen, die auf der arabischen Halbinsel angebetet wurden.

Abdulmuttalib und Hâris gruben weiter. Es dauerte viele Stunden, den Sand und die Steine, mit denen der Brunnen zugeschüttet worden war, beiseite zu schaffen. Doch die Mühe lohnte sich. In der Tiefe des Schachtes stieß Abdulmuttalib zwischen den Sandmassen auf glänzendes Gold. „O Allah!“, jubelte er.

Sofort kamen die Kuraysch wieder herbeigelaufen, um zu sehen, was los war. Sie staunten nicht wenig, als er aus dem Sand Schwerter, Rüstungen und am Ende sogar zwei Gazellen aus funkelndem Gold zog. Nun stießen die Kuraysch ebenfalls Jubelrufe aus. Verwundert fragte Abdulmuttalib, ob jemand wisse, was das für wundersame Dinge seien, die er da gefunden habe.

„Dies sind die Gaben an die Kaaba, von denen man sich erzählt, dass sie Mudad vom Stamme der Dschurhum einst vergraben habe“, bekam er zur Antwort. Alles, was er gefunden hatte, verwendete Abdulmuttalib für die Kaaba. Aus den Schwertern ließ er eine herrliche Tür schmieden, und die beiden Gazellen aus Gold dienten als prachtvoller Türschmuck. Auf diese Weise kehrten die Gaben, die sich einst im Inneren der Kaaba befunden hatten, zu ihr zurück.

Zunächst aber grub Abdulmuttalib unermüdlich weiter am Ort des Brunnens Zamzam, bis ihm endlich das süße, köstliche Wasser entgegensprudelte, mit dem er von nun an die Pilger erfrischen konnte.[18] Seine Freude war groß, aber dennoch konnte er nicht den Kummer und die Mühsal vergessen, die ihn während des Ausgrabens begleitet hatten. Die Kuraysch hatten ihn und seinen Sohn bedroht. Niemand hätte ihnen Schutz gewährt, wenn es zu einer Konfrontation gekommen wäre. Abdulmuttalib wollte nie wieder so schwach sein. Er schwor, dass, wenn ihm zehn Söhne geboren werden würden und diese das Alter erreichen würden, in dem sie ihm Stärke und Schutz gewähren könnten, er einen von ihnen opfern würde.

---

18 Ibn Hischâm, S. 70-73

Zehn Söhne

Die Jahre vergingen, und Abdulmuttalib wurden tatsächlich zehn Söhne geboren. Sie wuchsen zu kräftigen jungen Männern heran, die ihm zu Stärke und Ansehen verhalfen. Als die Zeit gekommen war, seinen Schwur einzulösen, rief er sie zusammen. Nun, da alle Söhne, auch der jüngste und von ihm am meisten geliebte Abdullah, erwachsen geworden waren, schien es ihm unmöglich, einen auszuwählen. Schließlich wollte er das Los entscheiden lassen. Jeder seiner Söhne musste ihm einen Pfeil mit seinem Namen bringen – und ausgerechnet der von Abdullah wurde gezogen.

Als die Banî Mahzûm erfuhren, dass der Sohn ihrer Schwester geopfert werden sollte, schickten sie Mugîra, das Oberhaupt der Sippe, zu Abdulmuttalib. Mugîra, die übrigen Söhne und auch die Kuraysch flehten ihn an: „Bei Allah, opfere Abdullah nicht, sondern opfere an seiner Stelle etwas anderes! Auch wenn wir dafür unseren ganzen Besitz hergeben müssen. Denn wenn du das machst, wird dies ein Brauch, und die Araber werden immer weiter ihre Söhne opfern! Willst du das, Abdulmuttalib? Willst du das wirklich?“[19]

Schließlich war Abdulmuttalib mit dem Vorschlag einverstanden, eine weise Frau in Medina[20] zu Rate zu ziehen, von der man sagte, dass sie in solchen Fällen weiter wisse.[21] In Begleitung seiner zwei ältesten Söhne und des jüngsten, Abdullah, ritt Abdulmuttalib nach Medina. Als sie die Frau gefunden hatten, erzählten sie ihr von dem Schwur und dem Los,

---

19 Ebd., S. 73

20 Zu dieser Zeit hieß die Stadt noch Yasrib.

21 Ibn Hischâm, S. 74

das gefallen war, und fragten sie, ob das Opfer dargebracht werden müsse oder nicht. Die weise Frau bat Abdulmuttalib und seine Söhne um einen Tag Bedenkzeit.

Am nächsten Tag sprach sie zu ihnen: „Ich habe eine Antwort. Wie hoch ist euer Blutgeld normalerweise?"

„Zehn Kamele", antworteten sie.

„So geht zurück in euer Land, stellt euren Sohn neben zehn Kamele und werft das Los! Wenn der Pfeil auf ihn zeigt, dann stellt weitere Kamele dazu und werft das Los erneut. Werft so lange, bis der Pfeil auf die Kamele weist. Dann opfert die Kamele und nicht euren Sohn!"

Abdulmuttalib und seine Söhne ritten zurück nach Mekka. Als sie angekommen waren, führten sie feierlich zehn Kamele in den Hof vor der Kaaba. Dann warfen sie das Los. Der Pfeil fiel auf Abdullah. Sie stellten zehn Kamele hinzu, doch wieder wies der Pfeil auf Abdullah. Immer mehr Kamele wurden gebracht, bis es schließlich 100 waren. Jetzt endlich deutete das Los auf die Kamele. Abdulmuttalib aber wollte ganz sichergehen. Ein einziger Pfeil war für ihn nicht Beweis genug. Er bestand darauf, das Los ein zweites und ein drittes Mal zu werfen. Als der Pfeil schließlich dreimal auf die Kamele zeigte, war er sicher, dass Gott sein Opfer angenommen hatte. Dankbar schlachtete er die hundert Kamele.[22]

Um die Kaaba herum standen zu jener Zeit zahlreiche Götzen, die von verschiedenen Stämmen angebetet wurden. Ihre Anbetung rechtfertigten die Menschen damit, dass schon ihre Väter und Großväter das Gleiche getan hätten und es deshalb nicht falsch sein könne. Sie behaupteten sogar, dass sie dem Propheten Abraham und seinem Sohn Ismael folgten. Es gab aber immer noch einige unter ihnen, die die Götzen ablehnten und ihre Gegenwart bei der Kaaba als beschämend empfanden. Diese „Hanifen" genannte kleine Minderheit hatte die wahre Religion Abrahams bewahrt. Sie lehnten den Götzendienst ab und versuchten, ein tugendhaftes Leben zu führen.

---

22 Ebd., S. 74-75; Mubârakpûrî, S. 57

Sowohl die Rabbiner der Juden als auch die christlichen Gelehrten der Gegend erwarteten zu jener Zeit die Ankunft eines Propheten. Die jüdischen Gelehrten gingen davon aus, dass dieser Prophet ein Jude sein müsse, da sie sich als das von Allah auserwählte Volk betrachteten. Die Hanifen hofften, dass er unter den Arabern erscheinen würde, um der Götzendienerei ein Ende zu bereiten.

In dieser Zeit der Erwartung war Abdullah erwachsen geworden. Abdulmuttalib fand, dass nun die Zeit gekommen sei, um nach einer Braut für ihn Ausschau zu halten. Abdullah war zu einem kräftigen Mann mit edlen Gesichtszügen herangewachsen. Keiner in Mekka hatte je einen schöneren Mann gesehen. Nach einigem Überlegen erwählte Abdulmuttalib eine der edelsten jungen Frauen unter den Arabern, Âmina, die Tochter des Wahb.

Âmina war eine kluge und redegewandte Frau, die für ihren guten Charakter und ihre Schönheit bekannt war. Sie stammte aus einem der besten Häuser der Kuraysch. Abdullah und Âmina heirateten und es dauerte nicht lange, bis Âmina schwanger wurde. Während der Zeit ihrer Schwangerschaft reiste Abdullah mit einer Handelskarawane nach Syrien und Palästina. Âmina wartete geduldig und sehnsüchtig auf die Rückkehr ihres geliebten Mannes.

Neid und Tod

Nicht wenige der Bewohner der arabischen Halbinsel waren neidisch auf die Mekkaner, in deren Mitte sich die erhabene Kaaba befand. Seit Abrahams Bittgebet erhört worden war, wirkte die Kaaba wie ein Magnet, der Gläubige aus allen Himmelsrichtungen anzog.

Abraha[23], den Statthalter des Königs von Abessinien im Jemen, erfüllte das religiöse Leben in Mekka mit bitterem Neid. Deshalb ließ er eine gewaltige Kirche in Sanaa errichten. Er hoffte, dass die Pilger nun dorthin kommen würden, statt zur Kaaba. Die Arbeiten wurden unbarmherzig vorangetrieben. Jedem Arbeiter, der erst nach Sonnenaufgang zur Arbeit erschien, ließ Abraha eine Hand abhacken. Während die Menschen in Sanaa hungerten, gab er prächtige Kreuze aus Gold in Auftrag, und aus den Ruinen der Paläste der Königin von Saba ließ er Marmor herbeischleppen. Die neu erbaute Kirche nannte er Kulays.[24] Abraha warb um Pilger für sein Bauwerk. Er ließ die Nachricht über die Schönheit und Pracht seiner Kulays verbreiten und sprach zugleich in herabsetzender Weise von der alten Kaaba. Ungeduldig wartete er auf die Massen von Pilgern, die er dem Negus von Abessinien versprochen hatte.

Er sollte jedoch vergeblich warten. Als die Pilgerzeit kam, sah er mit eigenen Augen, wie die mit Schätzen beladenen und von Opfertieren begleiteten großen Karawanen an seiner prächtigen Kirche vorbeizogen und sich in die Hitze der Wüste begaben – in Richtung Mekka. Als Abraha sah, dass die Araber sein Gotteshaus mieden und weiterhin ihre

---

23 Nicht zu verwechseln mit dem Propheten Abraham.

24 Ibn Kasîr, S. 30

Wallfahrten nach Mekka unternahmen, kochte er vor Wut. All seine Werbeversuche waren wirkungslos geblieben, und als auch noch ein Mann vom Stamm der Banî Kinâna [25] das Innere der Kulays beschmutzte, um Abrahas Schmähung der Kaaba zu rächen, stand sein Entschluss fest: Die Kaaba musste zerstört werden.

Er rüstete eine Armee, um das Haus von Abraham und Ismael niederzureißen. Viel zu lange schon hatte seine prächtige Kirche im Schatten der Kaaba gestanden! Mit 60.000 Soldaten, 9 weiblichen und 13 männlichen Elefanten [26] marschierte Abraha gegen Mekka. Unterwegs zerstörte er rücksichtslos, was ihm in den Weg kam. Auch nahm er einen Anführer des Stammes Has'am [27] namens Nufayl gefangen, welchen er zwang, ihm den Weg nach Mekka zu zeigen.

Die Armee erreichte Tâif, deren Einwohner Abraha entgegeneilten und ihm versicherten, dass es hier keine Kaaba gebe. Sie befürchteten, er würde versehentlich ihren Götzen Lât [28] zerstören. Ein Mann namens Abû Rigâl[29] bot sich als Führer an, um der Armee den Weg zu zeigen. Kurz vor Mekka machten sie Halt und fingen alle Tiere ein, die sie als Beute für Abraha finden konnten – darunter auch 200 Kamele, die Abdulmuttalib gehörten.

Die schwangere Âmina wartete immer noch sehnsüchtig auf die Rückkehr ihres Mannes und verbrachte viele Nächte im Freien. In dieser Zeit, als sie und alle Bewohner Mekkas in Angst und Schrecken lebten, hätte sie ihn am meisten gebraucht.

Als sie den übermächtigen Gegner herannahen sahen, beschlossen die Kuraysch, nicht zu kämpfen. Abdulmuttalib ging mit einem seiner Söhne

---

25 Die Banî Kinâna waren eine Art Überstamm, dem viele Stämme entsprangen, auch die Kuraysch, sie bewohnten den Hedschas, die Gegend um Mekka.

26 Mubârakpûrî, S. 57

27 Die Has'am waren ein Stamm, der im Süden der arabischen Halbinsel ansässig war.

28 Lât war ein weiblicher Götze, der als Tochter Gottes verehrt wurde. Ihr Heiligtum war ein weißer Fels, um den herum eine Kultstätte errichtet worden war.

29 Abû Rigâl starb in Magmas kurz vor Mekka, wo man ihn begrub. Lange Zeit war es ein Brauch bei den Arabern, Steine gegen sein Grab zu schleudern, um ihre Wut wegen seines Verrates gegen die Kaaba zum Ausdruck zu bringen. (Ibn Hischâm, S. 26)

zu Abraha und bot ihm an, zu verhandeln. Einer von Abrahas Elefantenführern, der Unays hieß und Abdulmuttalib kannte, empfahl ihm: „O König, hier ist der Herr der Kuraysch und bittet um Erlaubnis, mit dir zu sprechen! Er ist jemand, der den Menschen und sogar den wilden Tieren auf den Berggipfeln zu essen gibt. Höre ihn an und sei gut zu ihm!“

Abraha nickte. Er war von der Erscheinung des alten Mannes beeindruckt, stieg sogar von seinem königlichen Sitz herab und setzte sich neben ihn auf einen Teppich. Als Abdulmuttalib lediglich nach seinen 200 Kamelen fragte, wunderte sich Abraha. Er sei doch gekommen, um die Kaaba und seine Religion zu zerstören, erklärte er unverhohlen. Abdulmuttalib stand langsam auf und sprach mit ruhiger Stimme: „Ich bin der Herr der Kamele. Die Kaaba hat einen Herrn, der sie beschützen wird!“

„Gegen mich und meine Armee kann niemand die Kaaba schützen“, erwiderte Abraha.

„Wir werden sehen, was zwischen dir und dem Herrn der Kaaba geschehen wird“, sagte Abdulmuttalib.[30]

Er erhielt seine Kamele und ging zurück in die Stadt. Er hatte den Bewohnern geraten, Mekka zu verlassen und außerhalb der Stadt hinter den Hügeln abzuwarten, was geschehen würde. Abdulmuttalib und einige Männer aus seiner Familie gingen zur Kaaba und beteten zu Allah, dass Er Sein Haus schützen möge. Dann begaben sie sich zu den anderen Kuraysch.

Am nächsten Tag, als die Soldaten ihre Panzer anlegten, ging Nufayl vom Stamm der Has'am, den Abraha unter Zwang als Führer des Zuges eingesetzt hatte, zu einem der riesigen Kriegselefanten und flüsterte ihm ins Ohr: „Knie nieder, Mahmûd, oder geh dorthin zurück, woher du gekommen bist; denn du bist in Allahs gesegnetem Land!“ Dann stieg er auf einen Berg und verbarg sich zwischen den Felsen.

Als Unays, der Elefantenführer, kam, um den Elefanten für den Ritt Abrahas vorzubereiten, blieb er überrascht stehen. Was war mit dem Tier geschehen? Der Elefant kniete – so, wie Nufayl es ihm befohlen hatte!

30 Ibn Hischâm, S. 27; Ibn Kasîr, S. 33

Unays war verblüfft, denn noch nie zuvor hatte er einen Elefanten knien sehen. Immer wieder murmelte er: „O Wunder, o Wunder!“ Unverzüglich brachte er die Nachricht von dem knienden Elefanten zu den Männern, die in seiner Nähe lagerten, und sie eilten herbei, um ihn zu sehen. Unays und die Männer um ihn herum versuchten, den Elefanten zum Aufstehen zu bewegen, aber es gelang ihnen nicht.

Die Nachricht vom knienden Elefanten verbreitete sich unter den Soldaten wie ein Lauffeuer und erreichte schließlich auch Abraha, der in ihr ein schlimmes Vorzeichen sah. Er befahl, den Elefanten zum Aufstehen zu bewegen – egal wie. Die Soldaten schlugen ihn mit Eisenstangen und stachen ihn mit Lanzen, bis er vor Schmerzen schrie. Aber er blieb reglos wie ein Fels. Als sie jedoch versuchten, ihn nach Jemen zu lenken, erhob er sich und lief los. Die Leute stürmten ihm nach, bis sie ihn eingeholt hatten. Sie packten ihn und versuchten, ihn zurück in Richtung Mekka zu drehen. Der Elefant aber weigerte sich aber, auch nur einen Schritt zu tun. Die Männer wendeten ihn nach Westen und nach Osten, und er lief los. Sobald sie ihn aber in Richtung Mekka drehten, blieb er stehen.

Trotz allem wollte Abraha auf keinen Fall aufgeben. Während er noch grübelte, wie er den ungehorsamen Elefanten zum Laufen bekommen könnte, geschah etwas Seltsames: Ein dunkler Schwarm Vögel näherte sich, schwoll an und bedeckte schließlich den gesamten Himmel wie eine schwarze Wolke. Schon kreiste die unheimliche Schar über der abessinischen Armee. Ein Hagel von Steinen prasselte auf das überraschte Heer nieder. Die schweren Panzerhemden der Soldaten konnten sie nicht schützen, denn es waren fürchterliche Steine aus glühendemTon, die vom Himmel stürzten – zwar nur linsengroß, aber sie durchbohrten ihre Körper. Schon wanden sich viele unter qualvollen Schmerzen.

Voll Todesangst versuchten die Überlebenden zu flüchten. Bis die Reste der einst so starken Armee im Jemen ankamen, waren die meisten unterwegs gestorben. Abraha wurde schwer verletzt in seine Burg getragen, wo seine Kinder und seine Frau ihn in seinem schrecklichen Zustand kaum erkannten. Unter entsetzlichen Qualen starb er kurze Zeit später.

Unays, der Elefant Mahmûd und einige wenige jedoch blieben verschont. Später berichteten sie immer wieder von dem schrecklichen Geschehen. Einige von ihnen blieben in der Gegend von Mekka.

„Was hat diese starken Männer getroffen?“, fragten sich die Menschen, als sie überall die Leichen liegen sahen, *„wie eine abgefressene Saat“.*[31] Gesund und stark, stolz auf ihre Zahl und Ausrüstung, waren sie ausgezogen. Fast vollständig zerrieben, krank, schwach und gedemütigt waren die Reste der Armee Abrahas dorthin zurückgekehrt, woher sie gekommen waren, ohne dass seine Soldaten Mekka betreten und ihre Augen das Haus Allahs gesehen hatten! Die Überraschung und Freude der Mekkaner waren groß, als sie hörten, dass das Heer geflüchtet war, ohne die Kaaba erblickt zu haben. Abdulmuttalib jedoch war nicht überrascht. Mit ruhiger Stimme erklärte er, dass er gewusst habe, dass Allah Sein Haus verteidigen werde.

Die Männer Mekkas eilten dorthin, wo das Heer der Abessinier gelagert hatte, um die Beute in Besitz zu nehmen. Über die Rettung der Kaaba verfassten sie viele Gedichte.[32] Ganz Arabien erfuhr, wie der Himmel die feindliche Armee vernichtet hatte. Bald gab es in ganz Mekka kein Haus mehr, in dem nicht zum Dank ein Freudenfest gefeiert wurde, und das Jahr ging als „Jahr des Elefanten“ in die Geschichte ein. In diesem Jahr sollte aber noch ein weiteres großes Ereignis geschehen.

---

31 Sure Fîl, 105:1-5

32 Gedichte, die bis heute die Weltliteratur bereichern. Einige dieser Gedichte sind bei Ibn Hischâm auf den Seiten 28 bis 33 zu lesen.

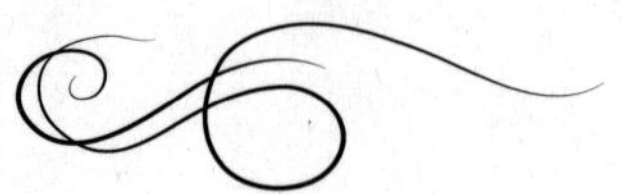

2. Teil

Prüfung in Mekka

Die Geburt des Gesandten

Abdullah erlebte die Bedrohung durch Abraha und das Vogelwunder nicht mit. Er war zu jener Zeit nicht in Mekka, sondern auf einer Handelsreise nach Syrien und Palästina. Auf dem Rückweg erkrankte er schwer und musste in Medina[33] bei der Familie seiner Großmutter bleiben, während die Karawane weiter nach Mekka zog. Als die Karawane ohne Abdullah heimkehrte, erschraken Abdulmuttalib, Âmina und die ganze Familie. Sofort schickte Abdulmuttalib seinen ältesten Sohn Hâris nach Medina. Doch schon bei seiner Ankunft ahnte er, was geschehen war: Sein Bruder lebte nicht mehr.[34]

Als Hâris mit der schrecklichen Nachricht zurück nach Mekka kam, trauerte man nicht nur in Abdulmuttalibs Haus, sondern in der ganzen Stadt. Der Kummer der jungen Âmina jedoch war am größten. In zahlreichen rührenden Gedichten hat sie ihm Ausdruck gegeben.[35] Ihr Kind war Halbwaise, noch bevor es zur Welt kam. Ganz Mekka konnte ihr keinen Trost bieten – nur das ungeborene Kind von ihrem geliebten Mann, das sie unter dem Herzen trug. Sie konnte es kaum erwarten, das Baby zu sehen, das sie wie eine kleine Sonne in ihrem Leib spürte.

Medina wurde von zwei großen arabischen Stämmen bewohnt, den Aws und den Hazradsch. Die beiden Stämme lagen oft im Streit und hatten schon manchen Krieg gegeneinander geführt. Außerdem lebten dort

---

33 Die Stadt Medina, die man zu jener Zeit noch Yasrib nannte, liegt ungefähr 450 Kilometer von Mekka entfernt. Anders als Mekka war ihr Boden fruchtbar. Daher lebten die Bewohner vom Ackerbau und dem Anbau von Dattelpalmen.

34 Abdullah wurde in Dâr an-Nabiga Alya'di bei Medina begraben, vgl. Mubârakpûrî, S. 59

35 Zu Âminas Gedichten siehe Ibn Sad, I, S. 100

drei jüdische Stämme, die Banî Kurayza, die Banî Nadîr und die Banî Kaynukâ. Diese Stämme hatten sich auf der Flucht vor der römischen Unterdrückung in Medina niedergelassen. Sie waren mittlerweile arabisiert, was Sprache und Stammesleben anbetraf, allerdings fühlten sie sich weiterhin als Träger der Offenbarung von Moses und lebten in der Erwartung eines neuen Propheten.

Zu dieser Zeit stieg eines Nachts in Medina ein Jude auf das Dach seines Hauses und rief: „Ihr Juden!" Als sie sich um ihn versammelt hatten, fragten sie, weshalb er sie gerufen habe. Da verkündete er ihnen, dass in dieser Nacht der Stern erschienen sei, der zur Geburt des Gepriesenen[36] angekündigt worden war.

So wie Âminas Schwangerschaft verlief auch die Geburt ihres Kindes trotz allen Kummers mühelos. Sie ließ Abdulmuttalib ausrichten: „Dir ist ein Junge geboren! Komm her und schau ihn dir an!" Abdulmuttalib eilte zu Âmina und betrachtete den Jungen. Er nahm das Kind in seine Arme, trug es zur Kaaba und betete zu Allah, um Ihm für dieses Geschenk zu danken. Dann gab er ihm den Namen Muhammad.

Seine Mutter und sein Großvater machten sich große Sorgen um ihn, denn selbst für Erwachsene war das Klima in Mekka damals gefährlich. Immer häufiger grassierten schwere Epidemien, an denen viele Menschen zugrunde gingen. In einer großen Handelsstadt, in die Menschen aus allen Orten der Erde strömten, um Handel zu treiben oder zur Kaaba zu pilgern, war das kein Wunder. Die Reisenden blieben oft mehrere Monate und brachten nicht nur ihre Waren mit, sondern auch gefährliche Krankheiten. Viele Kinder starben bereits kurz nach der Geburt. Daher gaben die wohlhabenden Bewohner Mekkas ihre Kinder in die Obhut von Ammen, die in den Gebieten außerhalb der Stadt lebten.

Aus Liebe zu ihrem Kind willigte Âmina ein, dass Muhammad einen Teil seiner Kindheit bei den Beduinen außerhalb der Stadt verbringen

---

36 Ibn Hischâm, S. 76; Dies geschah an einem Montag im Jahre des Elefanten. Hassân bin Sâbit, ein Gefährte des Propheten, sagte, er sei sieben Jahre alt gewesen, als ein Jude vom Dach seines Hauses aus verkündete, dass der Stern des „Ahmad", des „Hochgepriesenen", in dieser Nacht erschienen sei. Ahmad ist eine andere Form des Namens „Muhammad".

sollte – nicht nur, um ihn vor den gefährlichen Krankheiten zu schützen, sondern auch, um ihn in der klaren Luft der Wüste zu stärken. Auch sollte er das kostbare Werkzeug der Weisheit erwerben, die arabische Sprache klar sprechen lernen und einen scharfen Verstand bekommen.

Schon bald war es soweit: Die Ammen kamen, um Pflegekinder aus wohlhabenden Familien mitzunehmen. Eine von ihnen war Halîma von den Banî Sâd [37], die mit anderen Frauen des Stammes, zusammen mit ihrem Mann Hâris und ihrem neugeborenen Sohn, den sie stillte, gekommen war, um sich einen Säugling zu suchen.

Sie erzählte: „Es war ein Jahr der Trockenheit und uns blieb fast nichts mehr, als wir mit einer grauen Eselin und einer alten Kamelstute unterwegs waren. Bei Allah, der Euter der Kamelstute war so leer, dass sie uns keinen Tropfen Milch gab. Vor Hunger weinte unser Kind so sehr, dass wir die ganze Nacht nicht schlafen konnten.[38] Was in meiner Brust war, reichte ihm nicht. Wir hatten gehofft, dass es regnen und unsere Reise sich dadurch etwas erleichtern würde. Meine Eselin, auf der ich ritt, war so schwach und dünn, dass ich mit der Karawane nicht Schritt halten konnte, sodass die anderen es auch schwer mit uns hatten, bis wir schließlich doch in Mekka ankamen, und die Suche nach Säuglingen aufnahmen.

Âmina bot ihren Sohn Muhammad einer Amme nach der anderen an, doch wir alle lehnten ab, weil er ein Waisenkind war. Was hätten seine Mutter und sein Großvater uns geben können? Âmina und der Großvater des kleinen Muhammad waren sehr traurig, dass niemand den Jungen nehmen wollte. Sollte das Kind den gefährlichen Krankheiten Mekkas ausgesetzt bleiben und deshalb vielleicht früh sterben? Außer mir hatten inzwischen alle Frauen, die mitgekommen waren, einen Säugling.

Als wir uns versammelten, um heimzukehren, sagte ich zu meinem Mann: ‚Bei Allah! Ich kann doch nicht ohne einen Säugling zurückkehren! Ich nehme dieses Waisenkind!' ‚Tu das, vielleicht wird Allah uns durch ihn segnen', antwortete er. Ich nahm ihn nur, weil ich kein anderes Kind fand. Dann kehrte ich mit ihm zu unserem Lagerplatz zurück.

---

37 Die Banî Sad waren ein Stamm, der die Gegend um die Stadt Tâif in der Nähe von Mekka bewohnte.

38 Ibn Hischâm, S. 77; Mubârakpûrî, S. 62 f.

Dort legte ich ihn an meine Brust, die plötzlich so viel Milch gab, bis er satt war. Danach trank mein eigener Sohn, bis auch er satt und glücklich war. Dann schliefen beide ein. Vorher hatte unser Kind nicht schlafen können. Dann ging mein Mann zu der Kamelstute. Auch ihr Euter war voller Milch. Als er sie gemolken hatte, trank er, und auch ich trank so viel, bis wir richtig satt waren. Wir schliefen gut und es war eine sehr schöne Nacht für uns.

Am nächsten Morgen sagte mein Mann: ‚Bei Allah, Halîma, du hast ein gesegnetes Geschöpf zu dir genommen!' ‚Bei Allah, dies wünsche ich', antwortete ich. Auf meiner Eselstute trug ich Muhammad, während diese auf einmal so schnell lief, dass kein anderer Esel ihr folgen konnte und alle riefen: ‚O Tochter des Abû Duayb, hab Erbarmen mit uns. Ist das nicht dieselbe Eselin?' ‚Bei Allah, es ist dieselbe!', rief ich.

Schließlich kamen wir in unserer Heimat an. Mir ist kein Land auf Allahs Erde bekannt, das trockener ist als unseres. Doch ab diesem Zeitpunkt kamen meine Schafe am Abend immer mit prallen Eutern zurück, während andere keinen Tropfen Milch aus den Eutern ihrer Tiere holten![39] Wir erlebten Allahs Güte, bis Muhammad sein zweites Lebensjahr vollendet hatte und ich ihn abstillte. Er gedieh wie kein anderer gleichaltriger Junge.

Wir brachten ihn zu seiner Mutter zurück, obwohl wir ihn nach all dem Segen, den wir durch ihn erfahren hatten, gerne behalten hätten. Also bat ich sie: ‚Wenn du deinen Jungen doch bei mir ließest, bis er größer ist, weil ich Angst um ihn habe, wegen des ungesunden Klimas in Mekka!' Ich redete so lange auf sie ein, bis sie ihn mir aus Furcht, ihn in Mekka durch eine Krankheit zu verlieren, wiedergab. Wir kehrten mit ihm zurück."[40]

Halîma berichtet weiter: „Bei Allah, einen Monat später spielte Muhammad mit seinem Milchbruder draußen, als unser Sohn rief: ‚Zwei Männer mit weißen Kleidern haben meinen kurayschitischen Bruder zu Boden gelegt und seinen Bauch geöffnet, und sie schütteln ihn!'

---

39 Ibn Hischâm, S. 78

40 Ebd.; Tabarî, II, S. 158

Wir eilten hinter die Zelte, sahen ihn dort mit blassem Gesicht stehen und fragten: ‚Was hast du, mein Kind?' ‚Zwei Männer, weiß gekleidet, kamen zu mir, legten mich nieder, öffneten meine Brust und suchten etwas darin, ich weiß aber nicht, was sie suchten!' Ganz gleich, wie oft wir die Kinder befragten, sie erzählten immer wieder dieselbe Geschichte. Wir brachten Muhammad zum Zelt zurück."

Das seltsame Ereignis verunsicherte die Familie der Amme. Was war mit dem Kind? War es krank oder gar von einem bösen Geist besessen? „Halîma, gib ihn unverzüglich seiner Familie zurück!", riet ihr Mann. Halima und Hâris brachten den kleinen Muhammad also wieder nach Mekka zu seiner Mutter.

Überrascht fragte sie: „Was hat dich wieder zu uns geführt, o Halîma? Du hattest dich doch dafür eingesetzt, dass er noch bei dir bleibt!"

„Das ist richtig, aber Allah hat das Kind wachsen lassen und ich habe meine Aufgabe getan. Ich mache mir Sorgen um ihn und bringe ihn dir, wie du es auch wolltest, zurück!"

„Das ist nicht dein Ernst. Bitte sei ehrlich mit mir!" Âmina bedrängte die Amme so lange, bis diese ihr alles erzählte.

„Hast du Angst bekommen? Fürchtest du den Satan?"

„Ja", gab Halîma zu.

Âmina beruhigte sie: „Nein, bei Allah, der Satan kann ihm nichts anhaben! Große Dinge warten auf meinen kleinen Sohn."[41]

Dann verabschiedete sie sich von Halîma, indem sie sprach: „So lass ihn denn hier und komm gut nach Hause!"

Mutter und Sohn freuten sich, endlich zusammen zu sein und verbrachten drei glückliche Jahre in Mekka. Muhammad verstand sich gut mit seinem gleichaltrigen Onkel Hamza und seiner etwas jüngeren Tante Safiyya; die drei wurden unzertrennliche Freunde.

---

41 Gemäß Zahabî hat dieser Hadith einen guten Isnâd. (*Dalâil an-Nubuwwa,* Bayhakî)

Vollwaise

Aus Treue zu ihrem Mann beschloss Âmina eines Tages, mit Muhammad das Grab seines Vaters und ihre Verwandten in Medina zu besuchen. Sie nahm ihre Dienerin Baraka, die auch Umm Ayman genannt wurde, mit, und sie schlossen sich einer Karawane nach Medina an. Baraka, die den Jungen innig liebte, ritt mit ihm auf einem Kamel und Âmina auf einem anderen. So legten sie fast 500 Kilometer zurück.

Als sie ankamen, zeigte Âmina dem jungen Muhammad, wo sein Vater gestorben und begraben war. Dies war das erste Gefühl des Verlustes, das sich in die Seele des Knaben grub. Viel erzählte die Mutter ihm von dem geliebten Vater, der sie nach den wenigen Tagen, die er mit ihr gemeinsam verbracht hatte, verlassen musste und dann bei Verwandten vom Tode überrascht worden war.

Nachdem sie sich einen Monat in Medina aufgehalten hatten, entschloss sich Âmina zur Rückkehr. Unterwegs erkrankte sie. Vor einigen Tagen noch hatte Muhammad am Grab seines Vaters gestanden – und jetzt war seine geliebte Mutter krank. Die Krankheit verschlimmerte sich, und bis nach Mekka war es noch ein weiter Weg. Bei Abwâ, zwischen den beiden Städten Medina und Mekka, starb Âmina; während ihrer letzten Atemzüge war der kleine Muhammad an ihrer Seite. Sie wurde in Abwâ begraben.[42]

Baraka kehrte mit dem weinenden, einsamen Kind zurück. Sie tat ihr Bestes, um ihn zu trösten. Muhammad spürte nun doppelt, dass er verwaist war, und ihn überkam das Gefühl des Verlustes und des Schmerzes.

42 Ibn Hischâm, S. 80; Mubârakpûrî, S. 64

Nur einige Tage zuvor hatte er die Trauer seiner Mutter über den Verlust ihres Mannes, seines Vaters, erlebt. Jetzt musste er auch noch den Tod seiner Mutter verkraften.

Muhammad wurde in die Obhut seines Großvaters gegeben, der ihn mehr als seine eigenen Kinder liebte. Abdulmuttalib hielt sich sehr gerne in der Nähe der Kaaba auf. Keiner seiner Söhne wagte es, sich auf seinem Platz an der Kaaba niederzusetzen, aus Ehrerbietung ihm gegenüber. Nur Muhammad durfte dort sitzen. Seine Onkel versuchten, es ihm zu verbieten, doch Abdulmuttalib sagte: „Lasst meinen Sohn in Ruhe! Bei Allah, Großes erwartet ihn!“[43]

Als Muhammad acht Jahre alt wurde, war für Abdulmuttalib die Zeit gekommen – er lag im Sterben. Weinend sagte Abdulmuttalib zu seinem Sohn Abû Tâlib: „Ich weine, weil ich Muhammad nicht länger in die Arme schließen kann, und habe Angst, meinem Enkel könnte etwas zustoßen!“ Er vertraute ihn der Obhut Abû Tâlibs an, der auch sein Nachfolger als Oberhaupt der Banî Hâschim wurde.[44] Als Abdulmuttalib starb, sah Baraka, wie Muhammad in der Nähe des Bettes seines verstorbenen Großvaters saß und bitterlich weinte.

Abû Tâlib, der Onkel Muhammads, nahm ihn auf und sorgte für ihn. Auch seiner Frau Fâtima war ihm wie eine liebevolle Mutter. Abû Tâlib war arm, denn der Reichtum seines Vaters Abdulmuttalib war im Laufe der Jahre durch Zuwendungen an die Pilger fast aufgebraucht. Muhammad war hilfsbereit und fleißig und versuchte bald, sich selbst zu versorgen, um seinem Onkel die Ernährung der Familie zu erleichtern. So begann er, in Mekka für einen geringen Lohn Schafe und Ziegen zu hüten.[45]

Als er zwölf Jahre alt geworden war und Abû Tâlib mit einer Karawane nach Syrien reisen wollte, um Handel zu treiben, bat Muhammad ihn, mitkommen zu dürfen. Abû Tâlib überlegte nur einen Moment, ehe er zustimmte. „Bei Allah, ich nehme dich mit und wir trennen uns nie!“[46]

---

43 Ibn Hischâm, S. 80; Mubârakpûrî, S. 64

44 Ibn Hischâm, S. 85

45 Buhârî, 2143

46 Ibn Dschawzî schreibt in seinem *Talkih al-Fuhum Ahl al-Asar*, dass er 12 Jahre, 2 Monate und 10 Tage alt war. Vgl. Ibn Hischâm, S. 85

Bald machten sie sich auf den Weg. Im syrischen Busra machten die Reisenden aus Mekka gewöhnlich in der Nähe eines Klosters Rast. Busra war eine arabische Stadt, die von den Byzantinern besetzt war. In dem Kloster lebten seit vielen Generationen christliche Mönche, die wertvolle alte Schriften aufbewahrten und einander vererbten. Darunter gab es auch ein Buch, in dem etwas über die Erscheinung eines Propheten unter den Arabern geschrieben stand.

Zu dieser Zeit lebte dort ein Mönch namens Bahîrâ, der jenes alte Buch auswendig kannte und geduldig auf das Kommen des neuen Propheten wartete. Sein einziger Wunsch war es, noch dessen wunderbare Erscheinung zu erleben, bevor er starb.

Die mekkanischen Reisenden waren schon oft bei Bahîrâ vorbeigekommen und kaum von ihm beachtet worden. Doch diesmal sah er eine Wolke am Himmel, welche die Reisenden offenbar begleitete. Schließlich breitete sie ihren Schatten über einen Baum, und dieser ließ seine Zweige tiefer hängen, damit jene, die darunter saßen, zweifachen Schatten genießen konnten. Als Bahîrâ dies sah, kam er aus seinem Kloster und rief: „Ich habe Essen für euch vorbereitet! Ich möchte euch alle einladen!“[47]

Sie hatten mehrere Tage in der Wüste verbracht und waren müde, durstig und hungrig. Sie wunderten sich. „Heute muss es einen besonderen Anlass geben, Bahîrâ! Noch nie hast du uns eingeladen, obwohl wir schon öfter bei dir vorbeikamen. Was ist der Grund dafür?“

„Ihr habt recht, so ist es! Ihr seid meine Gäste, und ich möchte euch ehren. Ich habe für euch alle Essen vorbereitet!“ Bahira interessierte in Wahrheit nur das eine: der zu erwartende Prophet! Konnte er unter jenen Leuten aus Mekka sein – dem Ort, wo die Kaaba stand?

Alle kamen zu ihm ins Kloster. Nur Muhammad blieb unter dem Baum. Bahîrâ sah sich neugierig unter seinen Gästen um und fand niemanden, auf den die Beschreibungen passten, die er aus dem Buch kannte. Konnte es sein, dass nicht alle gekommen waren? Er rief wieder: „Nicht ein einziger von euch, Männer der Kuraysch, soll zurückbleiben!“

47 Ibn Hischâm, S. 85

„Nur der Jüngste von uns ist bei unserem Gepäck geblieben!"

„O nein! Ruft ihn, damit auch er mit euch essen kann!"

Ein Mann von den Kuraysch holte Muhammad und ließ ihn zwischen den Männern sitzen. Bahîrâ begann, aufmerksam die Zeichen zu studieren, von denen er wusste, dass sie auf den neuen Propheten hinweisen sollten. Nachdem seine Gäste gegessen und sich zerstreut hatten, ging Bahîrâ zu Muhammad und bat ihn: „O Junge, ich bitte dich bei Lât und Uzzâ [48], beantworte meine Fragen!"

Muhammad erwiderte: *„Du sollst mich nicht bei Lât und Uzzâ bitten! Bei Allah, nichts hasse ich mehr als sie!"*

„Dann bitte ich dich bei Allah, mir zu antworten!"

Muhammad erwiderte: *„Frage mich, was du fragen möchtest!"*

Er fragte nach seinen Träumen, nach seinem Körper und nach vielen Angelegenheiten in seinem Leben. Muhammads Antworten stimmten mit den Zeichen überein, die Bahîrâ kannte. Er sah sich nun den Rücken Muhammads an, auf dem er das ovale Muttermal entdeckte, das den Propheten kennzeichnen sollte. Nun wusste er, dass es sich bei dem Jungen um einen Gesandten Allahs handelte – einen Propheten, der es, wie Noah, Abraham, Moses und Jesus, sehr schwer haben würde.

Als er Muhammad zu seinem Onkel zurückbrachte, fragte er ihn: „Welcher Verwandtschaftsgrad besteht zwischen dir und diesem Jungen?"

„Er ist mein Sohn."

„Er kann nicht dein Sohn sein! Der Vater dieses Jungen soll nicht mehr am Leben sein!"

„Er ist der Sohn meines Bruders", berichtigte Abû Tâlib.

„Was ist seinem Vater zugestoßen?"

---

48 Uzzâ war ein weiblicher Götze, der wie Lât als Tochter Gottes verehrt wurde. Ihr Heiligtum war ein Baum mit einer ihn umgebenden Kultstätte zwischen Mekka und Tâif. Der Ort wurde Nahla genannt.

„Er starb, während die Mutter des Jungen mit ihm schwanger war."

„Jetzt hast du die Wahrheit gesagt! Bring deinen Neffen in seine Heimat zurück und beschütze ihn vor den Juden! Denn bei Allah, wenn sie wissen, was ich über ihn weiß, werden sie ihm Böses antun! Große Dinge erwarten deinen Neffen! Beeile dich und bring ihn nach Hause!" [49]

Kaum hatte Abû Tâlib seine Geschäfte erledigt, eilte er, Bahîrâs Warnung folgend, mit Muhammad nach Mekka zurück. Die Jahre vergingen und Muhammad wuchs zum Mann heran. Weil die Mekkaner ihn stets als ehrlichen, vertrauenswürdigen und freundlichen Menschen erlebten, nannten sie ihn „al-Amîn", den Vertrauenswürdigen. Händler der Stadt beauftragten ihn, ihre Ware mit Handelskarawanen ins Ausland zu bringen. Durch diese Reisen konnte Muhammad seine finanzielle Lage verbessern und seinem Onkel manche Last abnehmen.

Auch Hadîdscha, eine reiche und kluge Kaufmannswitwe, lebte zu jener Zeit in Mekka. Sie war schon zweimal verheiratet gewesen und hatte beide Männer verloren. Als sie von Muhammads Ehrlichkeit hörte, schickte sie eines Tages nach ihm und machte ihm das Angebot, ihre Handelsgüter mit einer Karawane nach Syrien zu bringen. Muhammad war zu dieser Zeit 25 Jahre alt. Sie bot ihm einen höheren Lohn als jedem anderen, und sie war sogar bereit, ihm einen ihrer Sklaven, einen Mann namens Maysara, zur Verfügung zu stellen. Muhammad nahm ihr Angebot an und schloss sich mit Maysara der Handelskarawane an.

Als sie in Busra ankamen, ließ Muhammad sich im Schatten eines Baumes in der Nähe eines Klosters nieder, in dem der Mönch Nestor lebte. Dieser fragte Maysara: „Wer ist der Mann unter diesem Baum?"

„Er gehört zum Stamm der Kuraysch, zu den Leuten der Kaaba", antwortete Maysara.

„Unter diesem Baum haben bisher nur Propheten gesessen!", sagte der Mönch und erzählte Maysara, dass er beobachtet habe, wie zwei Engel Muhammad Schatten spendeten.[50]

---

49 Ibn Hischâm, S. 85; Tabarî, II, S. 277-279; Tirmizî, V, 550, 3620; Mubârakpûrî, S. 65

50 Ibn Kasîr, I, S. 263; Ibn Hischâm, S. 88

Auf dem Markt verkaufte Muhammad die Waren und wählte sorgfältig aus, was er den Mekkanern zum Kauf anbieten wollte. Maysara, den die Worte Nestors sehr verwundert hatten, merkte, dass er einen Menschen begleitete, der anders war als alle anderen. Bei ihrer Rückkehr nach Mekka berichtete Maysara Hadîdscha von den Worten des Mönches. „Du hast mich mit ihm geschickt, damit ich ihm diene. Stattdessen hat er mir gedient. Wenn ich krank war, pflegte er mich, und wenn ich traurig war, tröstete er mich!", sagte Maysara.

Hadîdscha ging zu ihrem Vetter Waraka und erzählte ihm, was sie über Muhammad gehört hatte. Waraka bin Nawfal war in seiner Jugend Christ geworden, er konnte Hebräisch lesen und schreiben und hatte Kenntnis von den Schriften der Juden und Christen. Im Alter war er erblindet, wurde aber in Mekka wegen seiner Weisheit sehr geschätzt. „Hadîdscha! Wenn das stimmt, dann ist Muhammad der Prophet Allahs! Ich weiß schon seit Langem, dass ein Prophet erwartet wird. Seine Zeit ist jetzt gekommen!", sagte er.

Hadîdscha schickte Maysara zu Muhammad, um ihn zu holen. Als Muhammad bei ihr eintraf, brachte sie gleich ihre Gefühle ihm gegenüber zum Ausdruck, besonders ihre Wertschätzung seiner Gerechtigkeit. Sie sagte ihm: „Ich schätze dich wegen deiner Beliebtheit in deiner Familie, wegen der Schönheit deines Charakters und deiner Ehrlichkeit." Nach diesen Worten bot sie ihm die Ehe an.[51] Muhammad stimmte zu.

Muhammad sprach mit seinen Onkeln über sein Vorhaben. Diese beauftragten daraufhin seinen Onkel Hamza, zu Hadîdschas Familie zu gehen und – wie es der Brauch war – förmlich für Muhammad um ihre Hand anzuhalten. Hamza war wohl deswegen besonders gut dafür geeignet, weil seine Schwester Safiyya mit Hadîdschas Bruder Awwâm verheiratet war. Die Verwandten der Brautleute freuten sich über die Heirat, und Muhammad schenkte seiner Frau 20 Kamele als Brautgabe. Hadîdscha war zu diesem Zeitpunkt 40 Jahre alt, Muhammad war 25.

Bald verließ Muhammad das Haus seines Onkels. Er lebte nun bei seiner Frau und führte mit ihr eine glückliche Ehe. Sie gründeten eine große

---

51 Ebd., S. 89

Familie, die nicht nur aus ihren eigenen Kindern bestand. Ihr erstes Kind war Kâsim, der jedoch in seinem zweiten Lebensjahr starb.[52] Nach ihm brachte Hadîdscha vier Töchter zur Welt, die sie Zaynab, Rukayya, Umm Kulsûm und Fâtima nannten. Das letzte Kind, ein Junge, den Muhammad Abdullah[53] nannte, starb ebenfalls früh.

Muhammad war sehr dankbar für seine Töchter, die er sehr liebte. Baraka, die Dienerin seiner Mutter, die ihre Freiheit von der Sklaverei Muhammad zu verdanken hatte, lebte auch bei ihnen, nachdem sie ihren Mann verloren hatte. Zayd, ein Sklavenjunge, den Muhammad freigelassen und auf dessen eigenen Wunsch als Sohn angenommen hatte, gehörte ebenfalls zur Familie.[54]

Da Muhammads Onkel Abû Tâlib seine Kinder kaum ernähren konnte, weil er zu arm war, schlug Muhammad seinem Onkel Abbâs vor, dass jeder von ihnen einen seiner Söhne aufnehmen sollte. Abû Tâlibs Sohn Dschâfar wurde von Abbâs aufgenommen, sein Sohn Ali von Muhammad. So gehörte nun auch Ali zum Hause des Propheten.

---

52 Neben dem Namen „Ahmad" wird Muhammad (der Gepriesene) auch nach seinem ersten Kind „Abul Kâsim" (Kâsims Vater) genannt.

53 Mubârakpûrî, S. 67

54 Zayds Vater Hârisa war mit seinem Bruder Ka'b nach Mekka gekommen, um seinen Sohn freizukaufen, der bei einem Überfall auf sein Dorf geraubt und auf dem Sklavenmarkt verkauft worden war. Zuletzt hatte Muhammad ihn als Geschenk bekommen. Er schenkte ihm aber die Freiheit und nahm ihn als seinen Sohn an. Als Hârisa zu Muhammad kam, um seinen Sohn freizukaufen, wie es üblich war, sagte Muhammad, dass er ihn ihm ohne Lösegeld mitgeben würde – es sei denn, Zayd würde sich für Muhammad entscheiden. Zayd aber hatte schon entschieden, indem er sagte: „Muhammad ist für mich Vater und Mutter, denn ich habe bei diesem Mann Dinge erlebt, die mir keine andere Wahl lassen." Schließlich brachte Muhammad ihn zur Kaaba, versammelte die Menschen und sagte: *„Ihr Anwesenden, bezeugt alle: Zayd ist mein Sohn."* Sein Vater kehrte mit der Gewissheit zu seinem Stamm zurück, dass es seinem Sohn gutgehen würde.

Die Kaaba

Die friedliche Zeit in Mekka näherte sich ihrem Ende. Eine schlimme Überschwemmung beschädigte die Kaaba, und mancherlei dunkle Zeichen zeigten sich. Tag für Tag erschien auf den Mauern der Ruine der Kaaba eine riesige Schlange. Jeden, der sich ihr näherte, zischte sie an und versetzte alle in Angst und Schrecken. Daher konnte die Kaaba nicht wieder aufgebaut werden. War das furchterregende Tier ein übles Vorzeichen? Eines Tages, als die Schlange wieder in der Sonne lag, beobachteten einige Menschen, wie ein Adler über ihr kreiste, dann tiefer und tiefer flog, bis er sie schnappte und sogleich mit ihr verschwand.[55]

Die Kuraysch sahen darin ein Zeichen, dass Allah mit ihrem Vorhaben, die Kaaba wieder aufzubauen, einverstanden war. Doch wer würde sich trauen, Hand an Allahs Haus zu legen? Zwar waren die Mekkaner wieder Götzendiener geworden, aber an Allah glaubten sie immer noch, und die Botschaft seiner Propheten Abraham und Ismael war ihnen nicht unbekannt. Dass die Kaaba von ihrer Entstehung bis zum Tag der Auferstehung der Mittelpunkt der göttlichen Botschaft und ein Symbol der Einzigkeit Allahs sein sollte, wussten sie noch – aber in jener Zeit waren Unwissenheit, Götzendienst und Gewalt so verbreitet, dass sie manchmal nicht mehr zu unterscheiden vermochten, was zur Religion Abrahams gehörte und was zum Aberglauben. Würde Allah einen weiteren Gesandten schicken, um die Menschen wieder auf Seinen Weg zu führen? Reichten die Propheten Adam, Noah, Abraham, Ismael, Moses, Zacharias, Johannes, Jesus und alle anderen, die gesandt worden waren, nicht aus?

55 Ibn Kasîr, I, S. 276-277

Die christlichen und jüdischen Gelehrten erwarteten jenen Propheten, der barmherzig zu aller Welt sein sollte, mit unbeirrbarer Sehnsucht. Dessen letzte Botschaft sollte der ganzen Menschheit gelten – nicht nur einem bestimmten Volk. Wann nur war es endlich soweit? Wie lange sollten die Menschen noch ihre Töchter lebendig begraben?[56] Wie lange noch sollten Sklaven und Frauen auf der ganzen Welt, ob im Osten oder im Westen, im Morgen- oder im Abendland, unwürdig behandelt werden? Wie lange noch sollten die Menschen Steinfiguren anbeten und sich in ihrem Aberglauben damit rechtfertigen, dass diese ihnen den Befehl gäben, einander zu erschlagen und zu morden?

Walîd bin Mugîra, Sippenoberhaupt der Banî Mahzûm, trat vor die Menschen und erklärte mutig: „Ich beginne mit dem Abbruch der Kaaba!" Während Walîd sich dem Hause Allahs näherte, betete er: „O Allah, wir wollen nur Gutes!" Dann begann er, an den Steinen der Kaaba zu arbeiten. Als die anderen Männer am nächsten Tag sahen, dass Walîd in der Nacht kein Unglück geschehen war, schlossen sie sich ihm an und rissen die alten Mauern bis zu den Fundamenten Abrahams nieder. Als jedoch ein Arbeiter eine Stange zwischen zwei grüne Steine des Fundaments steckte, um diese auseinanderzubrechen, bebte ganz Mekka.[57] Die Arbeiter hörten mit dem Abriss auf. Das Fundament sollte unberührt bleiben. Sie hatten die Botschaft verstanden.

Nun begann der Wiederaufbau. Alle Sippen von Mekka nahmen daran teil, und die Arbeit ging zügig voran. Bald erreichten die Mauern die Stelle, wo der Schwarze Stein[58] an seinem angestammten Platz eingefügt werden sollte. Plötzlich fingen die Männer an, darüber zu streiten, wer von ihnen die Ehre haben sollte, den Schwarzen Stein an seinen Platz zu setzen. Fünf Tage lang ruhte die Arbeit und der Streit wogte hin und her, ohne dass die Männer eine Lösung fanden. Jeder Stamm wollte den

---

56 Bei den ärmeren Beduinen Arabiens gab es die Sitte, in Zeiten der Dürre ihre Kinder zu töten. Auch wurden des Öfteren unerwünschte Mädchen lebendigen Leibes begraben. Manche gingen so weit, dies damit zu rechtfertigten, dass ihre Götzen es ihnen befohlen hätten. Der Islam schaffte diese Verbrechen ein für alle Mal ab.

57 Ibn Hischâm, S. 92; Ibn Kasîr, I, S. 278

58 Der Schwarze Stein stammt aus dem Paradies, Abraham und Ismael hatten ihn in die Kaaba eingesetzt. Imam Ahmad überlieferte, dass der Stein ursprünglich weiß wie Schnee war, doch durch die Sünden der Menschen wurde er schwarz.

Ruhm für sich allein. Es drohte ein Kampf zu entbrennen – ausgerechnet vor dem Haus, das Abraham gebaut hatte, damit die Gläubigen sich dort vor Allah in Frieden und Sicherheit niederwerfen konnten! Vor dem gesegneten Haus des Friedens!

Abû Umayya, ein weiser alter Mann, hatte einen Vorschlag. „Ihr Männer der Kuraysch", rief er. „Beauftragt denjenigen, der als nächster durch das Tor der Moschee tritt, darüber zu urteilen, wer die Ehre haben soll, den Schwarzen Stein einzusetzen!" Er meinte das Tor, das zum Platz vor der Kaaba führte. Der Vorschlag beruhigte die Streitenden. Alle waren einverstanden und warteten. Lange Zeit kam niemand. Endlich näherte sich eine Gestalt dem Tor. „Es ist al-Amîn, der Vertrauenswürdige, Muhammad! Mit seinem Urteil sind wir einverstanden!"

Muhammad hörte sich an, worüber die Männer stritten. Er breitete ein Tuch auf dem Boden aus und legte den Schwarzen Stein genau in die Mitte. Dann sagte er: „Ein Angehöriger jeder Sippe nimmt eine Ecke des Tuches, dann heben alle gleichzeitig den Stein hoch!" Der Stein wurde zu seinem Platz gebracht. Dann nahm Muhammad ihn und schob ihn an seine Stelle.[59] Nun waren sie alle daran beteiligt, und ein Kampf war vermieden worden. Muhammad war zu dieser Zeit 35 Jahre alt. Er wurde von allen gelobt. Die Kuraysch setzten große Hoffnungen in ihn, denn sie wussten, dass er nicht wie jeder andere war.

Hadîdscha und ihre Schwester Hala hatten einander sehr gern. Halas Sohn Abul Âs, ein edler Mann unter den Kuraysch, bat Muhammad um die Hand seiner ältesten Tochter Zaynab. Muhammad sagte seiner Tochter, dass ihr Vetter sie heiraten wolle, und wollte wissen, was sie dazu meinte. Durch ein Lächeln brachte Zaynab ihre Zusage zum Ausdruck. Hadîdscha liebte ihren Neffen, daher freute sie sich über die Heirat.

Auch Abû Lahab erschien eines Tages bei Muhammad und bat ihn um die Ehre, seine Töchter Rukayya und Umm Kulsûm mit seinen Söhnen Utba und Utayba zu verloben. Nach Beratung mit seinen Töchtern und seiner Frau war Muhammad einverstanden. Die Heirat sollte aber erst zu einem späteren Zeitpunkt stattfinden.

---

59 Ibn Hischâm, S. 93; Tabarî, II, S. 289-290

Gabriel

Während jener Zeit vollzogen sich bedeutsame Veränderungen in Muhammad. Ereignisse, die er im Traum sah, traten wirklich ein. Ihm wurde die Einsamkeit lieb und er verbrachte viele Nächte in einer einsamen Höhle auf dem Berg Hira.

Als er wieder einmal sehr lange dort blieb, machten Hadîdscha und ihre Töchter sich große Sorgen. Schließlich schickten sie Boten auf den Berg, um ihn zu suchen. Doch vergeblich. Während Hadîdscha noch überlegte, wo er nur sein könnte, stand Muhammad plötzlich vor ihr – in einem verstörten, verängstigten Zustand. Was war mit ihm geschehen?

„Bedecke mich! Bedecke mich!", bat er seine Frau, die ihn sogleich mit einem Gewand zudeckte. „Ich fürchte um mein Leben!", fügte er hinzu. Hadîdscha beruhigte ihn. „Niemals wird Allah dich im Stich lassen; denn du bist wahrlich jemand, der die Verwandtschaftsbande pflegt, den Schwachen hilft, den Mittellosen gibt, den Gast freundlich aufnimmt, nur Wahres spricht und dem Notleidenden unter die Arme greift!"[60]

Muhammad erzählte seiner Frau, was in jener Nacht in der einsamen Höhle geschehen war: Ihm war ein Engel erschienen! *„Der Engel erschien und befahl mir: ‚Lies!' Ich sagte: ‚Ich kann nicht lesen!' Aber der Engel packte und drückte mich, so dass ich dachte, ich würde sterben. Er ließ von mir ab und befahl noch einmal: ‚Lies!' Ich antwortete erneut: ‚Ich kann nicht lesen.' Der Engel packte mich wieder, bis ich es nicht mehr ertragen konnte. Erst dann ließ er mich los und befahl mir wieder: ‚Lies!' Da rief ich: ‚Was soll ich denn lesen?' Da begann der Engel, mir vorzusprechen:*

60 Mubârakpûrî, S. 75; Ibn Hischâm, S. 111

‚Lies, im Namen deines Herrn, der erschuf. Erschuf den Menschen aus einem Anhängsel. Lies; denn dein Herr ist Allgütig, der mit der Schreibfeder lehrt, lehrt den Menschen, was er nicht weiß.‘ [61]

Es war, als ob die Worte in mein Herz geschrieben würden“, erzählte Muhammad.[62] Als er aufgeregt die Höhle verließ, erschien der Engel erneut und rief: „Muhammad, du bist der Gesandte Allahs, und ich bin Gabriel!“

Muhammad sah den mächtigen Engel mit ausgebreiteten Flügeln am Horizont; die gewaltige Gestalt füllte den ganzen Himmel aus. *„In welche Richtung ich mich auch drehte, überall sah ich ihn! Im Norden, Süden, Osten und Westen!“*

Hadîdscha, die nicht an seinen Worten zweifelte, lief eilig zu ihrem Vetter Waraka und erzählte ihm, was Muhammad erlebt hatte. „Heilig! Heilig!“, rief Waraka. „Bei dem, der die Seele Warakas in den Händen hält, es war der große Nâmûs [63], der Muhammad erschienen ist, derselbe Nâmûs, der auch Moses erschien! Wahrlich, Muhammad ist der Prophet! Sag ihm, er möge geduldig und standhaft sein!“

Hadîdscha erzählte Muhammad, was Waraka gesagt hatte. Schließlich wollte Waraka aber von ihm selbst hören, was geschehen war. Muhammad berichtete ihm von dem Zusammentreffen mit Gabriel. Der blinde Waraka wiederholte seine Bestätigung und schwor: „Beim Schöpfer, in dessen Hand meine Seele liegt, du bist der Prophet Allahs! Die Botschaft ist zu dir gekommen, wie sie zu Moses kam. Wenn ich doch nur ein junger Mann wäre! Wenn ich doch nur noch am Leben wäre, wenn dein Volk dich vertreibt!“

„Werden sie mich wirklich vertreiben?“, fragte Muhammad überrascht. Er konnte sich nicht vorstellen, dass ein so beliebter und harmloser

---

61 Sure Alak, 96:1-5

62 Ibn Hischâm, S. 111

63 Der „große Nâmûs“ ist der Erzengel Gabriel.

Mensch wie er von seinem Volk vertrieben werden sollte. „Ja", erklärte Waraka, „niemand ist bisher mit dieser Botschaft gekommen, ohne verfolgt zu werden!" Er ermutigte ihn, standhaft zu bleiben.[64]

Hadîdscha bekannte sich als Erste zum Islam. Sie war überzeugt davon, dass die Botschaften, die Muhammad erhielt, tatsächlich von Allah kamen. Von nun an besuchte Gabriel ihn häufig.

Als er ihm eine Zeit lang nicht erschien und keine Offenbarungen mehr brachte, wurde Muhammad bekümmert und traurig. Hadîdscha aber bestärkte ihn, weiter zu warten, bis Gabriel ihm schließlich die berühmte Sure „Die Morgendämmerung" überbrachte.[65] Es folgten weitere göttliche Offenbarungen zur Bestätigung dessen, dass Muhammad *„dank der Gnade seines Herrn nicht besessen, sondern"* der Prophet Allahs *„von großartiger Wesensart"*[66] war.

Muhammad selbst beschrieb die Art und Weise, wie ihm die göttlichen Offenbarungen zuteilwurden, so: *„Manchmal überkommt sie mich wie Glockengeläut, und das ist die schmerzhafteste Art. Sobald ich die Botschaft fassen kann, verklingt das Läuten. Manchmal erscheint der Engel vor mir in der Gestalt eines Menschen und spricht zu mir, und ich bewahre in meinem Gedächtnis, was er sagt."*[67]

64 Ibn Hischâm, S. 112; Mubârakpûrî, S. 76

65 Sure Duhâ, 93:1-11: *„Im Namen Allahs, des Allerbarmers, des Barmherzigen! Bei der Morgenhelle und bei der Nacht, wenn sie alles umhüllt! Dein Herr hat dich weder verlassen noch verabscheut. Wahrlich, das Jenseits ist besser für dich als das Diesseits. Und wahrlich, dein Herr wird dir geben und du wirst wohlzufrieden sein. Hat Er dich nicht als Waise gefunden und aufgenommen, und dich irregehend gefunden und dann rechtgeleitet, und dich bedürftig gefunden und dann reich gemacht? Was nun die Waise angeht, so unterjoche sie nicht. Und was den Bettler angeht, so fahre (ihn) nicht an, und was die Gunst deines Herrn angeht, so erzähle (davon)."*

66 Sure Kalam, 68:2-4

67 Âischa berichtete über die Offenbarungen: „Und ich habe ihn im Zustand gesehen, als die Offenbarung zu ihm kam: An einem sehr kalten Tag lief der Schweiß von seiner Stirn hinunter, als er (der Engel) ihn verließ." (Beide Hadithe aus Sahîh Buhârî, Nr. 2, 3215 bzw. Sahîh Muslim, 233)

Der Prophet Muhammad [68], wie er nun von den Muslimen genannt wurde, begann, denjenigen aus seiner Sippe, zu denen er Vertrauen hatte, im Geheimen von seiner Botschaft zu berichten.

Als das Gebet zur Pflicht wurde, erschien Gabriel auf der höchsten Stelle Mekkas in der Gestalt eines Mannes [69] und schlug mit seinem Fuß ein Loch in die Erde, aus dem sogleich Wasser sprudelte. Der Engel nahm die rituelle Waschung vor, während Muhammad ihn dabei beobachtete und anschließend das Gleiche tat. Dann stellte der Engel sich zum Gebet auf, und Muhammad stellte sich neben ihn und betete mit ihm.[70] Der Prophet ging zu Hadîdscha, wusch sich und betete mit ihr, wie Gabriel mit ihm gebetet hatte, damit auch sie es lernte.[71]

Er begann, den Menschen die klare monotheistische Botschaft des Einzigen Gottes zu predigen. Ihm war bewusst, dass diese Botschaft Gefahren mit sich brachte, denn die Gleichheit, die Allah für die Menschen wollte, bedeutete für viele reiche Männer in Mekka und in der übrigen Welt das Ende ihrer Tyrannei gegenüber den Schwachen.

Diejenigen, die Hunderte von Sklaven besaßen und sie wie Tiere behandelten, sollten sie nach der neuen Religion nämlich freilassen. Frauen sollte das Recht zu erben erhalten und eigenen Besitz haben dürfen. Muhammad ermutigte die Menschen, Sklaven freizulassen. Männer durften nicht mehr eine unbegrenzte Anzahl von Frauen heiraten. Er bestand darauf, den Frauen ihre Rechte, eine Aussteuer, Erbe und Eigentum zu geben. Er erklärte den zum Besten, der seine Frau am besten behandelte.[72]

---

68 „Sallallâhu alayhi wa sallam – Allah segne ihn und schenke ihm Heil." Diesen Segenswunsch sprechen die Muslime für den Propheten Muhammad jedes Mal, wenn sein Name erwähnt wird, so wie es im Koran (Sure Saba, 33:56) empfohlen wird: *„Wahrlich, Allah sendet Segnungen auf den Propheten, und Seine Engel bitten darum für ihn. O ihr, die ihr glaubt, bittet (auch) ihr für ihn und wünscht ihm Frieden in aller Ehrerbietung."*

69 In seiner ursprünglichen Gestalt, mit welcher der Engel Gabriel erschaffen wurde, sah ihn der Prophet nur zweimal: *„Ich sah ihn vom Himmel herabkommen, als seine riesige Gestalt alles zwischen Himmel und Erde ausfüllte."* (Muslim, 177; Buhârî, 4612, 4855, 7380, 7531; Tirmizî, 3068, 3278)

70 Ibn Hischâm, S. 114

71 Ebd., S. 115

72 Tirmizî, 1162

Frauen wurden damals verachtet – nicht nur im vorislamischen Arabien, sondern auch bei den Römern und Persern. Die Mekkaner machten sich lustig über den Propheten Muhammad, wenn er sich für die Rechte der Schwachen einsetzte und Tränen über Mädchen vergoss, die lebendig begraben wurden. Der Koran verkündete offen, dass diejenigen, die solches tun, sich dafür einst verantworten werden müssen. „*... und wenn das lebendig begrabene Mädchen gefragt wird, für welche Schuld es getötet wurde.*“[73]

Eines Tages erzählte einer seiner Gefährten dem Propheten, was er vor der Annahme des Islams getan hatte. „O Gesandter Allahs, in der vorislamischen Unwissenheit haben wir unsere Kinder getötet! Auch ich hatte eine Tochter, die ich eines Tages im Sand begrub.“ Als der Prophet dies hörte, traf es ihn so sehr, als habe er eines seiner eigenen Kinder verloren. Er weinte, bis sein Bart von den Tränen nass wurde; und doch konnte er den Mann für seine Tat nicht bestrafen. Er hatte sie ja bereut und dies nur erzählt, um zum Ausdruck zu bringen, wie schrecklich sich die Menschen vor dem Islam verhalten hatten.[74]

Viele begriffen bald, dass der Prophet nur das Beste für sie wollte, sie vom Aberglauben befreien und ihnen zeigen wollte, dass die Götzen nur Steine waren, die weder nützen noch schaden. Die Kuraysch aber betrachteten die neue Religion, die durch Muhammad verkündet wurde, als Verunglimpfung ihrer Götter und Beleidigung ihrer Vorfahren. Außerdem war der Kult um die Götzen, die vor der Kaaba standen, für sie die Grundlage ihres Wohlstands und ihrer Macht. Dass sich die Kaaba und die Götzen in ihrer Obhut befanden, war der Grund für ihre Vormachtstellung in Arabien. Der Handel, der während der Pilgerzeit getrieben wurde, war die Quelle ihres Reichtums.

Nach Hadîdscha waren Ali, Zayd und Abû Bakr die Ersten, die den Islam annahmen. Abû Bakr war bekannt für seine große Weisheit und brauchte keine Bedenkzeit, um sich dem Propheten anzuschließen. Er kannte ihn besser als jeder andere und wusste, wie ehrlich und aufrecht

73 Sure Takwîr, 81:8-9; „Koran“ bedeutet wörtlich „Lesung“. Er ist die abschließende, verbale, in arabischer Sprache gesprochene, dem Propheten Muhammad offenbarte, an die gesamte Menschheit gerichtete Botschaft Allahs.

74 Dârimî, S. 7

sein Freund war. Er begann, die Leute aufzufordern, dem Propheten zu folgen. Durch ihn wurden Abû Ubayda bin Dscharrâh, Abdurrahman[75] bin Awf und später noch viele andere Muslime.

Hâlid war der Sohn des mächtigen Anführers der Banî Abduschams, Saîd bin Âs. Einmal träumte er, er stehe am Rande eines Abgrunds, in dem ein verzehrendes Feuer wütete. Plötzlich kam sein Vater und versuchte, ihn ins Feuer zu stoßen. Während sie noch miteinander rangen, spürte er den Griff zweier Hände, die ihn zurückhielten. Er schaute sich um: Sein Retter war al-Amîn – der Vertrauenswürdige, Muhammad. Da erwachte er und ging sogleich zu Abû Bakr. „Freue dich!", rief Abû Bakr, „der Mann, der dich gerettet hat, ist der Gesandte Allahs! Folge ihm! Bestimmt wirst du ihm folgen, den Islam annehmen und so vor dem Feuer gerettet werden!" Hâlid begab sich zum Propheten, erzählte ihm seinen Traum und fragte ihn nach seiner Botschaft. Der Prophet lehrte ihn, was er wissen wollte. Hâlid nahm den Islam an, hielt dies aber geheim.

In jener Zeit war der Händler Usmân bin Affân in der Wüste von Syrien nach Mekka unterwegs, als er von einer Stimme geweckt wurde: „Wache auf, in Mekka ist bereits Ahmad[76], der Hochgepriesene, erschienen!" Bevor er Mekka erreichte, begegnete er Talha, einem Vetter Abû Bakrs. Usmân erzählte ihm von der Stimme in der Wüste, während Talha von einem Erlebnis mit einem Mönch berichtete, der ihn gefragt hatte, ob der Prophet Ahmad erschienen sei. Beide machten sich auf den Weg zu Abû Bakr, der sie, nachdem er sie angehört hatte, sogleich zu Muhammad brachte, damit sie den Islam annehmen könnten.

Noch wurde der Islam im Verborgenen verkündet. Daher sahen die Kuraysch in der Botschaft nur indirekt eine Bedrohung und ihre Reaktion war entsprechend schwach. Das sollte sich aber nun ändern.

---

75 Ursprünglich hieß er Abdulamr (Diener des Amr). Diesen und viele andere Namen aus der Zeit der Unwissenheit ersetzte der Prophet durch schönere Namen.

76 Der Superlativ „Ahmad" heißt „der Hochgepriesene" bzw. „Muhammad", „der Gepriesene".

Anfeindungen

Den reichen Herrschern von Mekka war die soziale Gleichheit, die Muhammad predigte, ein Dorn im Auge. Deshalb wollten sie unbedingt verhindern, dass er Anhänger um sich sammelte. Es hätte auch ihre Geschäfte ruiniert – denn einen einzigen, anbetungswürdigen Gott als unsichtbaren Schöpfer anzuerkennen und Ihm allein zu dienen, bedeutete, allen Götzen abzuschwören. Viele Menschen hatten Steine als Götzen um die Kaaba herum aufgestellt und beteten diese als Götter an; sie glaubten, dass sie für Glück, Reichtum und Ehre sorgten. In Mekka herrschte damals das Recht des Stärkeren: Wer reich und stark war, konnte sich alles erlauben. Frauen und Sklaven wurden ausgebeutet.

Drei Jahre war die Botschaft vom Propheten im Verborgenen verbreitet worden, doch nun wurde ihm von Allah der Befehl erteilt, sie öffentlich zu verkünden. Zuerst sprach der Prophet mit seinem Klan, den Banî Hâschim. Es bekannten sich zwar nur wenige von ihnen zum Islam, aber Abû Tâlib sicherte ihm den Schutz der Banî Hâschim zu und sagte ihm, dass er mit der Verkündung seiner Botschaft fortfahren könne. Nur einer der Banî Hâschim stellte sich gegen ihn – Muhammads eigener Onkel Abû Lahab.

Am folgenden Tag stieg der Prophet auf den Hügel Safâ in der Nähe der Kaaba und rief: „*O Banî Mahzûm, o Banî Zuhra, o Banî …*“ So rief er alle Stämme der Kuraysch. Als sie hörten, dass es Muhammad war, der rief, eilten sie zu ihm. Nachdem die Kuraysch sich alle versammelt hatten, fragte der Prophet: „*Wenn ich euch berichten würde, dass sich hinter diesem Berg Reiter befinden, die euch angreifen wollen, würdet ihr mir glauben?*“ Sie antworteten: „Ja sicher, wir haben von dir noch nie eine Lüge gehört und kennen dich als jemanden, der immer die Wahrheit spricht.“

Da sagte der Prophet: „*Ich bin für euch ein Warner vor einer schlimmen Strafe. Ich bin wie jemand, der einen Feind erspäht hat und nun seine Stammesangehörigen warnt.*“ Er erzählte ihnen von seiner Botschaft und dem Auftrag, den Allah ihm gegeben hatte. Er schloss mit den Worten: „*O Kuraysch, glaubt an Allah, rettet euch vor dem Feuer der Hölle, denn ich kann euch nach dem Tode weder nützen noch schaden!*“[77] Damit wollte er ihnen erklären, dass vor Allah jeder Mensch für sich selbst verantwortlich sei. Vor Allah gibt es keinen Schutz durch Stämme oder durch Reichtum. Alle Menschen sind gleich.

Die Leute der Kuraysch hatten zugehört, äußerten sich aber nicht dazu. Sie waren gerade dabei zu gehen, als Abû Lahab rief: „Wehe dir, hast du uns dafür versammelt?“[78] Dies sollte der Beginn einer tiefen Feindschaft Abû Lahabs gegenüber seinem Neffen und den Muslimen sein. Auch bei vielen der Anführer der Kuraysch wuchs eine Gegnerschaft zum Islam. Sie versuchten einerseits, den Islam und den Propheten zu verleumden, und andererseits, die Vorteile des alten Glaubens hervorzuheben, was ihnen jedoch beides misslang.

Nachdem es den Kuraysch mit Argumenten und Worten nicht gelungen war, dem Islam etwas entgegenzusetzen, wandten sie Gewalt an. Ihre Aggressionen trafen als erstes die Schwachen und Schutzlosen. So begannen die Mächtigen der Kuraysch, jene ihrer Sklaven und Diener zu foltern, welche den Islam angenommen hatten, um sie dazu zu zwingen, zum Götzendienst zurückzukehren.

Der Gesandte Allahs prangerte die Misshandlung und Ausbeutung der Schwachen und Schutzlosen mit scharfen Worten an. Er verlangte ein Ende der betrügerischen Verträge und des Zinswuchers, der die Armen zu Sklaven machte. Er sprach eindringlich von den Rechten der Unterdrückten und Schwachen.

Er warnte jeden, der gegen andere Gewalt anwandte, und sagte, dass jeder dereinst für seine Taten von Allah zur Rechenschaft gezogen werden würde. Er erklärte aber auch, dass er persönlich weder für seinen

---

77 Mubârakpûrî, S. 84

78 Wegen dieses Verhaltens von Abû Lahab wurde die Koransure 111 (Sure Tabbat) herabgesandt, in der er getadelt wird.

Onkel Hamza noch für seine Tante Safiyya oder für seine Tochter Fâtima – sein eigen Fleisch und Blut – etwas tun könne, sollten sich diese etwas zuschulden kommen lassen.[79] Jeder sei also für sich selbst verantwortlich. Er sprach von den Wundern der Natur, die von der Einheit und Allmacht ihres Schöpfers zeugen. Er berichtete auch von der Gnade, Güte und Weisheit Allahs. Er rezitierte die bewegenden Verse des Korans, die seine Anhänger schnell aufnahmen und geschwind weitergaben.

Die Freundlichkeit der Muslime war bald in aller Munde: Ob arm oder reich, Diener oder Herr, sie alle begrüßten sich mit dem Friedensgruß „Assalâmu alaykum" (Friede sei mit euch). Es waren die Worte, die Gabriel den Propheten gelehrt hatte. Je mehr Offenbarungen gesandt wurden, umso klarer wurde den Menschen, was für ein ungerechtes und würdeloses Leben sie bislang geführt hatten. Wer ernsthaft nachdachte, begriff, dass die Verse des Korans nicht von Muhammad stammen konnten, sondern aus einer den Menschen überlegenen Quelle. Das einzige Argument der Götzendiener war, dass auch ihre Väter schon so gelebt hatten, wie sie es jetzt taten. Ganz gleich, was der Islam den Menschen brachte und wie ehrlich der Prophet Muhammad war – sie wollten ihre Lebensweise nicht ändern!

Sein Onkel Abû Lahab erklärte ihn für verrückt. Manche nannten ihn einen Dichter, der die Herzen der Menschen nach der ersten Begegnung änderte – obwohl er vor der Sendung gar kein Talent zur Dichtkunst gezeigt hatte und weder Lesen noch Schreiben konnte. Die Kuraysch fragten sich, wer ihm von heute auf morgen Poesie und Weisheit beigebracht haben könnte.

Schließlich gingen sie zu Abû Tâlib, der selbst kein Muslim geworden war. Aufgebracht forderten sie von ihm, dass der Prophet aufhören solle, die Religion ihrer Väter als Irrtum zu bezeichnen. Sie boten sogar an, Muhammad zu ihrem König zu machen, ihm so viele Frauen zu geben, wie er nur wollte, oder so viel Geld, dass er der Reichste unter ihnen würde. Er solle nur endlich mit der Verkündung der Offenbarungen und dem Fordern von Rechten für die Frauen, die Kinder, die Armen und die Schwachen aufhören! Das würde ihre Geschäfte ruinieren.

---

79 Mubârakpûrî, S. 85

Abû Tâlib ließ den Propheten zu sich rufen. Er berichtete ihm, was die Vertreter des Stammes ihm angeboten hatten. Dann bat er seinen Neffen: „Belaste mich nicht mit etwas, was ich nicht verkraften kann!“Da fürchtete der Prophet, dass sein Onkel ihn nicht mehr unterstützen würde. Sein Volk aber tat ihm leid, und er wünschte doch, dass sie die Ersten sein würden, die vom Licht des Islams rechtgeleitet werden. Muhammad machte deutlich, dass er nie aufhören würde, Allahs Botschaft zu verkünden, selbst wenn er dafür sterben müsse. Dann stand er auf. Als er gehen wollte, rief Abû Tâlib ihn zurück und versprach: „Verbreite, was du möchtest, bei Allah, für nichts werde ich dich preisgeben!“ [80]

Nach den ersten acht Muslimen erreichte die Zahl der Frauen und Männer, die den Islam annahmen, schnell 130. Unter ihnen waren einige Verwandte des Propheten, seine beiden Vettern Dschâfar und Zubayr sowie dessen Mutter Safiyya. Umm Fadl, die Frau des noch unsicheren Abbâs, brachte ihre Schwestern Salmâ, Asmâ und Maymûna zum Propheten. Dschâfar heiratete Asmâ, während Hamza ihre Schwester Salmâ heiratete.[81] Sie alle waren Kurayschiten.

Hadîdscha war weiterhin eine große Stütze für den Propheten. Er liebte sie sehr und heiratete zu ihren Lebzeiten keine weitere Frau. Sie war bekannt als „at-Tâhira“, die Reine – sogar schon vor dem Islam. Deshalb wurden ihre Töchter „Banât at-Tâhira“, die Töchter der Reinen, genannt. Ihre Tugenden und Vorzüge waren in ganz Mekka bekannt.

Um sich vor ihren Stämmen zu verstecken, gingen die Gefährten des Propheten zum Verrichten der Gebete in die Schluchten außerhalb Mekkas. Als Sad bin Abî Wakkâs einmal mit einigen Gefährten dort beim Gebet war, kam eine Gruppe Mekkaner bei ihnen vorbei. Sie störten ihr Gebet, beschimpften sie und wurden gewalttätig. Als sie sich nicht mehr anders zu helfen wussten, schlug Sad einen der Angreifer mit dem Kieferknochen eines Kamels und verletzte ihn am Kopf. Dies war das erste Mal, dass zur Verteidigung der Muslime Blut vergossen wurde.

---

80 Ibn Hischâm, S. 122

81 Ebd., S. 117-120; Mubârakpûrî, S. 81

Auch Abû Tâlib sah seinen Sohn Ali mit dem Propheten beten und fragte sie, was sie da täten. Die beiden erklärten ihm die Bedeutung des Gebets. Er hörte es sich an und ermutigte sie, weiterzumachen.[82]

Die Kuraysch merkten, dass Abû Tâlib Muhammad seine Unterstützung nicht entziehen würde. Deshalb dachten sie sich etwas Neues aus: Sie gingen mit Umara, dem Sohn des Walîd, zu ihm.

„Abû Tâlib! Das ist Umara. Er ist der stärkste und schönste Junge unter den Kuraysch! Nimm ihn! Sein Verstand und seine Kraft gehören dir. Als deinen Sohn sollst du ihn haben, wenn du uns dafür deinen Neffen Muhammad übergibst, der sich von unserer und deiner Religion abgewendet hat, unsere Gemeinschaft spaltet und ihre Wünsche und Träume zerstört ... damit wir ihn töten. Dann steht es Mann für Mann!"

„Bei Allah, was für einen unfairen Handel schlagt ihr mir da vor! Ihr wollt mir euren Sohn geben, damit ich ihn versorge, und ich soll euch meinen Sohn geben, damit ihr ihn tötet? Bei Allah, das wird niemals geschehen!"

Mut'im bin Adî sagte: „Bei Allah, Abû Tâlib, was sie dir vorschlagen, ist fair. Sie bemühen sich nur, dich von dem zu befreien, was du ja selbst nicht magst. Aber du willst nichts von ihnen annehmen!"

„Bei Allah, es ist nicht fair. Vielmehr habt ihr euch gegen mich verbündet und wollt mein Volk gegen mich aufhetzen. So macht doch, was ihr wollt!" [83]

Die Lage wurde immer schlimmer. Die einzelnen Sippen hetzten nun gegen die Gefährten des Propheten. Jede Sippe versuchte, die Muslime, die unter ihnen lebten, mit Gewalt von ihrem Glauben abzubringen. Als Abû Tâlib sah, was die Kuraysch taten, rief er seine beiden Sippen, die Hâschim und die Abdulmuttalib, auf, ihm dabei zu helfen, den Propheten zu schützen. Denn als Oberhaupt des Stammes besaß er das Recht, dem Propheten Schutz zu gewähren. Alle, mit Ausnahme Abû Lahabs, kamen seinem Wunsch nach und stellten sich auf seine Seite.

---

82 Ibn Hischâm, S. 116; Tabarî, II, S. 313; Mubârakpûrî, S. 81

83 Ibn Hischâm, S. 122-123

Obwohl die Repressalien der Kuraysch immer mehr zunahmen, begann der Islam nun, sich in Mekka auch unter den Männern und Frauen der kurayschitischen Stämme auszubreiten. So kam es wieder zu einem Treffen der Kuraysch mit dem Propheten. Sie sagten: „Muhammad, wenn du Besitz brauchst, geben wir dir von unserem Geld so viel, bis du der Reichste von uns bist! Wenn du möchtest, ernennen wir dich zu unserem König. Solltest du aber von einem Geist besessen sein, werden wir unser ganzes Geld für dich ausgeben, um dir ein Heilmittel zu besorgen."

Der Prophet antwortete freundlich: *„Es fehlt mir nichts von dem, wovon ihr sprecht! Ich brauche weder euren Besitz noch die Ehre und auch kein Königreich. Allah beauftragte mich als Propheten und hat mir ein Buch offenbart, und ich habe den Befehl, euch Freudenbote und Warner zu sein. Ich bringe euch die Botschaften meines Herrn und gebe euch guten Rat. Nehmt ihr es von mir an, wird das euer Vorteil im Diesseits und im Jenseits sein. Weist ihr mich jedoch zurück, so werde ich Allahs Urteil abwarten, bis Er zwischen mir und euch entscheidet."*

Sie verspotteten ihn und verlangten von ihm, er solle ihnen Berge versetzen, Flüsse wie im Irak und in Syrien fließen lassen und ihre verstorbenen Vorfahren wie Kusay bin Kilâb lebendig machen, damit sie diesen fragen könnten, ob es stimme, was er sage. Muhammad sagte ihnen nichts von sich aus, sondern war bemüht, ihnen klar zu machen, dass er einen bestimmten Auftrag habe, den er getreu weitergeben wolle. Als er erkannte, dass die Kuraysch nur auf Streit aus waren, stand er auf, um zu gehen.

Sein Vetter Abdullah bin Abî Umayya stand auch auf und rief: „Ich werde nicht an dich glauben, bevor ich gesehen habe, wie du auf einer Leiter zum Himmel steigst und mit vier Engeln zu uns kommst, die deine Worte bestätigen! Bei Allah, und selbst wenn das geschieht, werde ich nicht an dich glauben!"[84]

Da ging Muhammad zu seiner Familie zurück – traurig und enttäuscht. Als der Prophet sie verlassen hatte, fragte Abû Dschahl die Anwesenden: „Männer der Kuraysch, ist es wahr, dass Muhammad sein Gesicht mit

84 Ebd., S. 135-136

Staub bedeckt [85], während er sich unter euch allen befindet?" Die Leute bejahten. Da schwor Abû Dschahl: „Bei Lât und Uzzâ, wenn ich sehe, dass er das tut, werde ich ihm mit meinem Fuß auf den Nacken stampfen und sein Gesicht in den Staub drücken."

Am nächsten Morgen wartete er auf Muhammad in der Nähe der Kaaba, wo die Kuraysch schon zusammensaßen. Der Prophet kam und begann wie gewöhnlich zu beten. Als er sich niederwarf, ging Abû Dschahl auf ihn zu. Doch kaum war er losgegangen, als er erschreckt auf den Fersen kehrtmachte, wobei er seine Hände schützend über sich hielt.

„Was ist mit dir, Abul Hakam?", riefen die Kuraysch ihm zu.

„Zwischen mir und ihm ist ein Feuergraben", stieß Abû Dschahl entsetzt hervor, „gewaltig, furchtbar … und riesige Flügel!"

Der Prophet erklärte später: *„Wäre er noch einen Schritt näher gekommen, hätten ihn die Engel gepackt und in Stücke gerissen."* [86]

Nadr bin Hâris [87] sprach: „Ihr Männer der Kuraysch! Bei Allah, ihr habt keine Lösung für euer Problem! Muhammad lebte unter euch als ein junger Mann, mit dem ihr vollkommen zufrieden ward, er war der Ehrlichste und Zuverlässigste unter euch. Erst nachdem er älter wurde und mit seiner Botschaft kam, habt ihr ihn einen Zauberer genannt; ein Zauberer aber kann er nicht sein, denn wir haben die Zauberer gesehen und wie sie auf ihre Knoten spucken. Dann nanntet ihr ihn einen Hellseher, was er auch nicht sein kann, und dann einen Dichter. Doch auch das ist er nicht, denn wir kennen alle Dichtkünste. Schließlich habt ihr ihn als verrückt bezeichnet, was ebenso wenig stimmen kann, denn man sieht an ihm keinerlei Zeichen für Verrücktheit und keine geistige Verwirrung. Männer der Kuraysch, nehmt diese Sache ernst! Bei Allah, es ist eine große Sache!"

---

85 Das heißt sich niederwirft.

86 Vgl. dazu Muslim, 2797, 7243

87 Nadr war einer der schlimmsten Feinde des Propheten. Er kannte die Geschichten der persischen Könige und Fürsten. Um die Menschen abzulenken, begann er jedes Mal Geschichten zu erzählen, wenn der Prophet versuchte, vom Islam zu sprechen. (Ibn Hischâm, S. 137)

Nadr war einer von den Kuraysch, die den Propheten immer wieder kränkten, verspotteten und anfeindeten. Ihn beauftragten die Kuraysch nun, in Begleitung eines weiteren Mannes zu den jüdischen Rabbis nach Medina zu gehen, um ihnen den Propheten zu beschreiben. Sie sprachen zu ihnen: „Ihr seid die Leute der Thora, und wir brauchen euren Rat, was wir mit Muhammad tun sollen!"

Die Rabbis antworteten: „Fragt ihn nach drei Sachen! Wenn er darüber berichten kann, dann ist er ein Gesandter. Stellt die erste Frage über die jungen Männer, die in alter Zeit fortgingen; fragt nach einem Wunder, das mit ihnen passierte. Dann fragt ihn nach einem Reisenden, der das Ende der Welt, den Osten und den Westen, erreichte. Und schließlich fragt ihn nach der Seele. Wenn er euch eine Antwort geben kann, so ist er wirklich ein Prophet Allahs. Dann gehorcht ihm!"

Die Männer beeilten sich, nach Mekka zurückzukehren, und berichteten den Kuraysch, dass sie mit einer wichtigen Sache gekommen seien, die zwischen ihnen und Muhammad entscheiden würde. Dann gingen sie zu ihm und stellten ihm die drei Fragen. Der Prophet sagte ihnen: *„Morgen werde ich sie euch beantworten"*, vergaß jedoch, „inschallah" (so Allah will) hinzuzufügen. 15 Nächte vergingen, doch Allah offenbarte ihm keine Antwort. Die Mekkaner stellten fest: „Muhammad versprach uns, am nächsten Tag zu antworten, und inzwischen sind 15 Nächte vergangen. Nicht einmal eine einzige Frage kann er beantworten!"

Das Ausbleiben der Offenbarungen und das Gerede der Mekkaner machten Muhammad sehr traurig. Als er schon fast keine Hoffnung mehr hatte, brachte Gabriel die Antwort – die berühmte Sure „Die Höhle"[88], in der Allah den Propheten wegen seiner Vergesslichkeit tadelt: *„... und sprich von keiner Sache: ‚Ich werde dies morgen tun', es sei denn (du fügst hinzu), ‚so Allah will'."*[89]

Erleichtert ging der Prophet zu den Mekkanern und berichtete ihnen, was Allah ihm durch Gabriel offenbart hatte. Als er den Männern ihre

88 Ibn Hischâm, S. 138; „Die Leute der Höhle": Unter dieser Bezeichnung werden im Koran jene Jünglinge aufgeführt, welche im Okzident gewöhnlich „die Siebenschläfer von Ephesus" genannt werden (Sure Kahf, 18:9-11).

89 Sure Kahf, 18:23-24

Fragen beantwortete, begriffen sie, dass diese kraftvollen Worte richtig waren und er wirklich ein Prophet Allahs sein musste. Die neue Offenbarung stärkte Muhammad und die Gläubigen, und für manchen unsicheren Mekkaner bedeutete sie eine eindrucksvolle Bestätigung, dass die Offenbarungen vom Himmel kamen und nicht von Muhammad. Er, der nicht lesen und schreiben konnte, war ja nicht in der Lage, sich selbst ein derartig schönes, aber auch verborgenes Wissen anzueignen – ganz gleich, wie lange er es versucht hätte.

Die erste Frage betraf die Geschichte von den jungen Schläfern von Ephesus, die dem reinen Glauben an Allah treu blieben und dafür von ihrem Volk, das Götzen verehrte, verfolgt wurden. Die jungen Gläubigen flüchteten in eine Höhle, in der Allah sie in einen tiefen Schlaf versetzte. Erst 309 Jahre später erweckte Er sie wieder. Die Genauigkeit und dazu noch die Schönheit, mit der der Koran diese Geschichte wiedergibt, verwunderte die Menschen.[90] Die zweite Frage betraf einen großen Reisenden, nämlich Zulkarnayn.[91] Auch hier fiel die Antwort des Korans durchaus klar und ausführlich aus.[92] Über die dritte Frage – nach dem Wesen der menschlichen Seele – wurde offenbart, dass die Seele den menschlichen Verstand überfordere.[93]

Nach der Beantwortung der drei Fragen wurden weitere Offenbarungen über die Worte Allahs herabgesandt.[94] Diese waren Anlass für viele noch unsichere Mekkaner und auch für einige Juden, zum Islam zu konvertieren. Je größer die Zahl der Muslime wurde, desto größer wurden auch der Neid und die Verfolgung, die ihnen entgegenschlugen.[95]

Auch in Medina gab es immer wieder Streit zwischen Juden und den Götzendienern, die nicht an die Einzigartigkeit des Einen Gottes und die Auferstehung nach dem Tod glauben wollten. Die Rabbis erwähnten oft,

---

90 Sure Kahf, 18:9-22

91 Hier handelt es sich um einen König, der bis an alle Grenzen der ihm bekannten Welt gereist war; er war von Allah mit großer Macht ausgestattet worden, die er zum Wohle der Menschheit nutzte.

92 Sure Kahf, 18:83-98

93 Sure Isrâ, 17:85

94 Sure Kahf, 18:109

95 Ibn Hischâm, S. 172

dass in Mekka bald ein Prophet erscheinen würde. Manchmal drohten sie auch, wenn dieser Prophet käme, würden sie, die Juden, die Götzendiener vernichten.

Dazu kam noch das Bekenntnis eines jüdischen Gelehrten namens Ibn Alhayaban, der einst zu den jüdischen Stämmen gesagt hatte: „Was wohl könnte der Grund dafür sein, dass jemand das Land von Wein und Brot verlässt und in das Land der Anstrengung und des Hungers zieht? Ich bin in dieses Land gekommen, weil ich auf einen Propheten warte, der bald erscheinen und in diese Stadt auswandern wird. Ich hatte die Hoffnung, ihn zu erleben und ihm zu folgen. Doch ihr werdet ihn erleben, also folgt ihm!“ [96] Es gab genügend Menschen, die all dies hörten.

96 Ebd., S. 99-100; Ibn Ishâk sagte: „Dies haben wir von den Rabbinern erfahren“ (*Sahîh as-Sîra an-Nabawiya,* Ibn Kasîr/Albânî)

Verleumdung, Unterdrückung, Hoffnung

Immer mehr Besucher und Pilger, die aus ganz Arabien nach Mekka kamen, um hier die Götzen zu verherrlichen, hörten von dem neuen Propheten. Die Mekkaner sahen, wie schnell dieser die Menschen von den einfachen und praktischen Lehren seiner Religion überzeugen konnte. Um das zu verhindern, versuchten die Kuraysch, den Propheten der Zauberei zu bezichtigen. An allen Straßen wurden Männer postiert, die die Besucher schon außerhalb der Stadt davor warnen sollten, mit Muhammad zu sprechen. So wollten die Kuraysch verhindern, dass die Besucher Mekkas die Lehre des Islams zu hören bekamen.

Als Tufayl vom Stamm Banî Daws [97] Mekka besuchen wollte, hielt man auch ihn auf und warnte ihn, er solle Muhammad nur nicht zuhören, denn dieser sei gefährlich und würde jeden, der mit ihm spreche, für immer verzaubern und von seinem Stamm trennen. Tufayl war klug, ein Dichter und ein wichtiger Mann in seinem Stamm. Man redete so lange auf ihn ein, bis er Angst bekam, verzaubert zu werden. Als er die Moschee[98] betrat, stopfte er sich deshalb Watte in die Ohren.

In der Moschee sah Tufayl den Propheten, der aus dem Koran rezitierte. Er sagte später: „Allah wollte, dass ich etwas von den wunderbaren

97 Die Banî Daws waren ein Stamm, der in Tihama im Süden der arabischen Halbinsel lebte.

98 Da die Kaaba schon immer eine Moschee, also ein Ort der Niederwerfung war, nannte man sie auch schon immer „Masdschid". Allerdings ist sie ja relativ klein, so dass der sie umgebende Hof mit zur Moschee gerechnet wird.

Worten höre, und ich sagte zu mir: ‚Ich bin doch ein kluger Mann und ein Dichter, der selbst unterscheiden kann, ob etwas gut oder nicht gut ist. Wenn es gut ist, werde ich es befolgen, und wenn es nicht gut ist, dann ignoriere ich es einfach.' Ich ging also dem Propheten nach, bis er in sein Haus kam, und rief ihn: ‚Muhammad, die Leute haben mir so viel Angst vor dir gemacht, dass ich meine Ohren mit Watte zustopfte, damit ich dich nicht hören konnte. Aber Allah wollte, dass ich dich doch höre! Sprich zu mir von deiner Wahrheit!'"

Der Prophet rezitierte Koranverse und begann vom Islam zu erzählen. Bis dahin hatte Tufayl von den Gegnern Muhammads nur Unwahrheiten gehört. Was er jetzt aber aus dem Mund des Propheten vernahm, überzeugte und begeisterte ihn so sehr, dass er sich ihm anschloss.

Hierauf reiste er nach Hause, berichtete seiner Frau und seinem Vater von seiner Begegnung mit dem Propheten und überzeugte auch sie, sich dem Islam anzuschließen. Als er jedoch andere Mitglieder seines Stammes gewinnen wollte, lehnten diese ab. Daraufhin wurde er so traurig und wütend, dass er zum Propheten zurückkehrte und ihn aufforderte, sein Volk zu verfluchen. Dies tat der Prophet jedoch nicht. Im Gegenteil – er sprach ein Bittgebet für sie, schickte Tufayl wieder nach Hause und bat ihn, sein Volk freundlich zu behandeln. Darauf wurden nach und nach viele Familien seines Stammes Muslime.[99]

Auch ein Mann vom Stamm der Banî Gifâr [100] hielt sich zur Pilgerzeit in Mekka auf. Nach seiner Rückkehr erzählte er seinem Bruder Abû Zar, dass dort ein Prophet erschienen sei, und dass dieser von seinem Volk verfolgt werde, nur weil er sage, dass es keinen Anbetungswürdigen außer Allah gebe und er den Götzendienst zurückweise.[101] Abû Zar, der fest an Allah glaubte und sich ebenfalls weigerte, Götzen zu verehren, machte sich sofort auf den Weg nach Mekka. Schon bevor er in die Stadt kam, erzählten ihm die an den Straßen wartenden Kuraysch, was für ein

---

99 Ibn Hischâm, S. 176

100 Ein Stamm, der in der Nähe Medinas lebte.

101 „Wegen dieses Satzes wollt ihr einen Menschen umbringen?", fragte Abû Bakr einmal weinend, als er sah, wie die Kuraysch Muhammad behandelten. Sie griffen Abû Bakr an und verletzten ihn am Kopf, woraufhin er bewusstlos wurde. Als er wieder erwachte, war seine erste Frage, ob dem Propheten etwas zugestoßen sei.

gefährlicher Mann Muhammad sei. Dennoch gelang es Abû Zar, unbehelligt zum Haus des Propheten zu gelangen. Er begrüßte ihn ehrfürchtig und bat: „Erzähle mir von deinem Werk."

Der Prophet trug aus dem Koran vor. Es dauerte nicht lange, und Abû Zar war sich sicher, dass er wirklich einen Propheten vor sich hatte. Daraufhin sprach er das Glaubensbekenntnis und wurde Muslim. Als Abû Zar berichtete, aus welchem Stamm er war, sagte der Prophet überrascht: *„Allah leitet recht, wen er will."* [102] In Mekka war bekannt, dass viele Männer vom Stamm der Banî Gifâr Straßenräuber waren. Abû Zar kehrte zu seinem Stamm zurück und konnte viele von seinen Leuten überzeugen, zum Islam zu konvertieren und das Straßenräuberleben aufzugeben.

Da der Prophet unter dem Schutz Abû Tâlibs stand, konnten die Kuraysch ihren Plan, ihn zu ermorden, nicht so einfach ausführen. Deshalb begnügten sie sich vorerst damit, die Schwachen unter den Muslimen zu verfolgen, vor allem die Sklaven, die in ihrer Gewalt waren. Um sie vom Islam abzubringen, sperrten sie sie ein, folterten sie, ließen sie hungern und dursten und setzten sie der Sonnenhitze aus, wenn diese mittags am stärksten war. Einige wurden so schwer misshandelt, dass sie ihren Folterern sagten, was diese hören wollten, während sie aber innerlich Muslime blieben. Andere jedoch ertrugen die Qualen und blieben standhaft.

Suhayb „der Römer" wurde unter der Folter so oft bewusstlos, dass er am Ende nicht mehr wusste, was er sprach. Habbab, ein Schmied, wurde mit einer glühenden Eisenstange gefoltert, damit er Muhammad abschwor. Er ertrug jedoch die Qualen, und sein Glaube wurde umso stärker. Ein Mann namens Abû Fukayha wurde in Ketten gelegt, man riss ihm die Kleider vom Leib und legte einen gewaltigen Stein auf seinen Rücken, so dass er sich nicht mehr bewegen konnte. Einmal band man sogar einen Strick um ihn und zog ihn bis zur Ramda[103], wo man ihn für tot erklärte. Abû Bakr kam weinend hinzu und rettete ihn, indem er ihn von seinen Peinigern loskaufte; dann ließ er ihn frei.[104]

---

102 Ibn Sad, IV, S. 164

103 Ramda war ein Ort nahe Mekka, der dafür bekannt war, dass er keinerlei Schutz vor der Sonne bot, da es dort weder Felsen noch Bäume gab. Dieser Ort wurde von den Kuraysch oft genutzt, um die Muslime zu foltern.

104 Ibn al-Asîr, I, S. 591; Mubârakpûrî, S. 91

Zunayra, eine römische Sklavin, hatte durch furchtbare Folter ihr Augenlicht verloren. Man sagte ihr, die Götzen Lât und Uzzâ hätten sie blind gemacht. Sie erwiderte: „Bei Allah, das stimmt nicht, und Allah wird es wieder in Ordnung bringen!“ Am nächsten Tag konnte sie wieder sehen. Nun behaupteten die Kuraysch, dies sei etwas vom Zauberwerk Muhammads.[105]

Umayya folterte Bilâl, wenn die Mittagshitze nicht zu ertragen war. Im Tal von Mekka warf er ihn auf den Rücken, befahl seinen Männern, ihm einen großen Stein auf die Brust zu wälzen und erklärte: „Du wirst solange hier liegen bleiben, bis du stirbst oder Muhammad verleugnest und zu den Göttinnen Lât und Uzzâ betest!“ „Ahad, ahad!“ (Einer! Einer!), rief Bilâl und bekannte sich trotz seiner Bedrängnis zu Allah.

Waraka bin Nawfal ging vorüber und sah, wie Bilâl gequält wurde und seine beschwörenden Worte rief. Er bekräftigte ihn in seinem mutigen Glauben: „Bei Allah, so ist es Bilâl, er ist Einer, Einer!“ Dann rief er Umayya und die anderen vom Stamm Dschuma[106], die Bilâl folterten: „Ich schwöre bei Allah, wenn ihr ihn dafür tötet, dass er standhaft bleibt, werde ich sein Grab zu einer Pilgerstätte machen!“

Abû Bakr wohnte in dem Viertel und kam eines Tages vorbei, als die Banî Dschuma wieder einmal Bilâl folterten. Er fragte Umayya: „Hast du keine Furcht vor Allah, wegen dem, was du diesem Armen antust? Wie lange noch?“ „Du hast ihn verdorben, also rette ihn doch“, zischte Umayya wütend. Daraufhin bot Abû Bakr an, Bilâl zu kaufen, und Umayya willigte ein. Abû Bakr nahm Bilâl mit und schenkte ihm die Freiheit, so wie er es schon mit vielen anderen Sklaven getan hatte.

Unter denen, die Abû Bakr befreit hatte, waren auch Âmir bin Fuhayra und Nahdiya mit ihrer Tochter, die unter schlimmer Folter zu leiden gehabt hatten, sowie Zunayra, die römische Sklavin, die vorübergehend ihr Augenlicht verloren hatte. Weil Abû Bakr so viele Sklaven befreite, wurde er von seinem Vater Abû Kuhâfa getadelt. Dieser fragte ihn, warum er nur die Schwächsten freikaufe, die ihm keinen Nutzen brächten.

---

105 Ibn Sad, VIII, S. 256; Ibn Hischâm, S. 146-147; Mubârakpûrî, S. 91

106 Die Banî Dschumah waren einer der Stämme der Kuraysch.

Abû Bakr antwortete, dass er es für Allah tue und nicht zu seinem eigenen Vorteil. Das Lob für diese Taten Abû Bakrs findet sich in einem Koranvers, welcher die Menschen motiviert, solange diese Erde existiert, Gutes zu tun, ohne deswegen im Diesseits einen Nutzen zu erwarten.[107]

Es war vor allem Abû Dschahl, der die Kuraysch gegen die schwachen Muslime aufhetzte. Wenn er hörte, dass jemand von einer adligen Sippe seinen Angehörigen Schutz gewährte, machte er ihn lächerlich und sagte zu ihm: „Du verlässt die Religion deines Vaters, dabei ist er besser als du. Wir werden dich für wahnsinnig erklären und deinen Ruf ruinieren!" Wenn es sich um einen Händler handelte, sagte er zu ihm: „Wir boykottieren deine Geschäfte und vernichten dein Vermögen!" Und wenn es ein Schwacher war, folterte er ihn, hetzte die anderen gegen ihn auf, und gemeinsam verspotteten sie ihn und seinen Glauben.

Durch Offenbarungen sprach Allah zu Muhammad: *„Schon vor dir wurden Gesandte verspottet, doch das, worüber sie spotteten, erfasste die Spötter unter ihnen."* [108] *„Und sprich: ‚Gekommen ist die Wahrheit und dahin geschwunden ist die Falschheit; wahrlich, das Falsche verschwindet bestimmt.'"* [109] *„Und verkünde den Gläubigen die frohe Botschaft, dass ihnen von Allah große Huld zuteil werde."* [110]

Yâsir war als junger Mann mit seiner Frau Sumayya nach Mekka gezogen. Da er ein Fremder war, begab er sich unter den Schutz der Banî Mahzûm. Sie lebten fortan in Mekka und bekamen einen Sohn, den sie Ammâr nannten. Ammar gehörte zu den Ersten, die den Islam annahmen. Er überzeugte auch seine Eltern, Muslime zu werden. Nun traf die drei der Zorn der Banî Mahzûm; da sie unter deren Schutz standen, waren sie ihnen ausgeliefert. Alle drei wurden auf einem Platz der Mittagshitze ausgesetzt und gefoltert. Doch sie ertrugen die Demütigungen und Qualen voller Geduld. Der Prophet Muhammad sagte zu ihnen: *„Habt Geduld, Familie von Yâsir, euer Treffpunkt wird das Paradies sein."* [111]

---

107 Sure Layl, 92:5-6, 19-21; Ibn Hischâm, S. 147; Ibn Sad, VIII, S. 256; Mubârakpûrî, S. 92

108 Sure An'âm, 6:10

109 Sure Isrâ, 17:81

110 Sure Ahzâb, 33:47

111 Ibn Hischâm, S. 147

Eines Tages kam Abû Dschahl an Sumayya vorbei, während sie gefoltert wurde. Er beschimpfte sie auf die übelste Weise. Als sie ihm keine Beachtung schenkte, stach er seinen Speer in ihren Schoß. Die schwache, magere, alte Frau war die Erste, die für ihren Glauben starb. Ihr Mann Yâsir starb ebenfalls kurze Zeit später unter der Folter. Ihr Sohn Ammâr wurde von Abû Dschahl weiter gefoltert, um ihn zu zwingen, den Propheten zu beschimpfen und die Götzen zu preisen. Nachdem er seine Eltern hatte sterben sehen und die Folter nicht nachließ, sagte er, was Abû Dschahl hören wollte.

Nach seiner Freilassung ging er weinend zum Propheten und berichtete, was er getan hatte. Muhammad beruhigte ihn, und kurz darauf wurde ein Koranvers offenbart, in dem den Muslimen mitgeteilt wurde, dass sie nicht für Dinge getadelt oder bestraft werden, zu denen sie gezwungen werden.[112]

Eines Tages, als der Prophet sich in der Nähe des Hügels Safâ aufhielt, kam Abû Dschahl vorbei und begann, ihn schrecklich zu beschimpfen. Der Prophet wurde nie ausfallend oder stritt sich gar mit anderen – ganz gleich, wie schwer er beleidigt wurde. Er schwieg, sah Abû Dschahl nur an, und als dieser fertig war, wandte er sich von ihm ab und ging. Da warf er einen Stein auf den Propheten und verletzte ihn. Danach setzte er sich zu einer Gruppe von Männern der Kuraysch, welche sich gewöhnlich in der Nähe der Kaaba trafen.

Kurz darauf kehrte Hamza, mit seinem Bogen in der Hand, von der Jagd zurück. Er pflegte, immer wenn er von der Jagd nach Mekka heimkehrte, die Kaaba zu umrunden und anschließend die Männer der Kuraysch, welche sich dort trafen, zu begrüßen und mit ihnen zu sprechen. Als er nun auf dem Weg zur Kaaba war, hielt eine Frau ihn auf und erzählte ihm, was Abû Dschahl dem Propheten Muhammad angetan hatte. Bebend vor Zorn ging er zu dem Treffpunkt der Kuraysch. Ohne zu grüßen oder sonst etwas zu sagen, lief Hamza auf Abû Dschahl zu. „Du beschimpfst meinen Neffen, obwohl ich seiner Religion angehöre", rief er und schlug Abû Dschahl so fest mit seinem Bogen ins Gesicht, dass er ihm eine tiefe Wunde zufügte. „Schlag zurück, wenn du kannst!"

112 Sure Nahl, 16:106; Ibn Hischâm, S. 147; Ibn Sad, III, S. 248; Mubârakpûrî, S. 91

Die anwesenden Banî Mahzûm – Abû Dschahls Sippe – wollten Hamza angreifen, doch da sprach Abû Dschahl: „Lasst ihn, denn ich habe seinen Neffen wirklich schlimm beschimpft."[113] Mit Hamza war ein starker und gefürchteter Held der Kuraysch Muslim geworden, was ihre Position natürlich verbesserte.

Dass die Muslime immer zahlreicher wurden, ärgerte die Kuraysch. Deshalb schickten sie Utba bin Rabîa, das mächtige Oberhaupt des Stammes Abduschams, zum Propheten, um mit ihm zu sprechen. Nachdem ihm dieser, wie es seine Art war, höflich zugehört hatte, bat er Utba darum, auch ihm zuzuhören, denn er wollte erklären, was er tat und warum. Utba hörte mit großen Augen zu. Dann kehrte er zu der Versammlung der Kuraysch zurück.

Als sie ihn kommen sahen, waren sie über den veränderten Ausdruck seines Gesichts überrascht. Sie riefen: „Was ist mit dir geschehen, Utba?"

Er antwortete: „Noch nie habe ich solch wunderbare Worte gehört! Bei Allah, sie sind weder Dichtung noch Zauberei. Ihr Männer der Kuraysch, hört, was ich euch sage: Lasst diesen Mann tun, was er tut. Lasst ihn! Denn bei Allah, was ich von ihm hörte, wird eine große Sache werden. Wenn die anderen Araber ihn niederschlagen, dann habt ihr ihn durch andere erledigen lassen, wenn er sie aber unterwirft, dann ist seine Herrschaft eure Herrschaft und seine Macht eure Macht und ihr werdet durch ihn die glücklichsten aller Menschen sein!"

Die Männer verspotteten Utba und riefen zornig: „Mit seiner Zunge, o Abû Walîd, hat er dich verzaubert!"[114]

Obwohl immer wieder das eine oder andere Wunder die Botschaft des Propheten bestätigte, blieben die Offenbarungen der Verse des Korans selbst doch das deutlichste aller Zeichen. Wenn die Kuraysch vom Propheten eigennützige Wunder verlangten, machte er ihnen klar, dass es ihm nicht möglich war, seinen Herrn um so etwas zu bitten. Ohnehin wurden alle Wunder, die er mit Allahs Hilfe bewirkte, als Zauberei bezeichnet, ganz gleich, welcher Art sie waren. Die Kuraysch verhielten

---

113 Ibn Hischâm, S. 133; Mubârakpûrî, S. 102 f.

114 Ibn Hischâm, S. 134; Mubârakpûrî, S. 107

sich in diesem Punkt nicht anders als die Völker der anderen im Koran erwähnten Propheten, die ihre Gesandten als Zauberer verleumdeten. Sie wollten einfach nicht wahrhaben, dass Muhammad ein Prophet war, daher bedrängten sie ihn immer wieder, ihnen ein Wunder zu zeigen.

In einer Vollmondnacht gingen einige Götzendiener zum Propheten und forderten ihn auf, den Mond zu spalten. Da geschah dieses Wunder tatsächlich: Der Mond spaltete sich vor den Augen der Mekkaner in zwei Teile; jede Hälfte erhellte einen Teil des Berges. Der Prophet sprach: *„Ihr seid meine Zeugen!"*

Dieses Wunder stärkte den Glauben der Muslime; auch nahmen weitere Frauen und Männer dadurch den Islam an. An jene aber, die dieses Zeichen gesehen hatten und das Prophetentum Muhammads dennoch leugneten, wandte sich die folgende Offenbarung: *„Näher ist die Stunde (der Auferstehung) gekommen, und gespalten hat sich der Mond. Und wenn sie ein Zeichen sehen, wenden sie sich ab und sagen: ‚fortdauernde Zauberei.'"*[115]

Die Offenbarungen ermahnten den Propheten und die Muslime weiterhin zur Geduld.[116]

115 Sure Kamar, 54:1-2

116 *„Ertrage in Geduld, was sie sprechen, und halte dich fern von ihnen mit einem höflichen Gruß."* (Sure Muzzammil, 73:10); und auch: *„Doch wenn du dich nun von ihnen abwendest – im Trachten nach einer Barmherzigkeit von deinem Herrn, die du dir erhoffst –, so sag zu ihnen milde Worte."* (Sure Isrâ, 17:28)

Vor dem Negus

Um den ständigen Verfolgungen und Demütigungen durch die Mekkaner zu entgehen, fasste der Prophet einen Entschluss. „*Wenn ihr in das Land der Abessinier geht, findet ihr dort einen König, bei dem euch kein Unrecht zustoßen wird*“, sprach er zu den Muslimen. So wurden also Vorbereitungen für die Reise getroffen. Um nicht abgefangen zu werden, verließen die ersten Muslime Mekka heimlich im Schutze der Nacht. Jedoch bemerkten die Kuraysch ihre Flucht schon bald und entsandten eine Truppe, um die Auswanderer zurückzuholen.

Zu jener Zeit – man schrieb das Jahr 615 – wurde Abessinien[117] von einem christlichen Negus [118] regiert, der, wie der Prophet ihn beschrieb, ein gerechter König von aufrichtigem Glauben war. Unter den Auswanderern war auch Muhammads Tochter Rukayya mit ihrem Mann Usmân.

Die Auswanderer eilten zum Hafen Schuayba. Als ihre Verfolger von den Kuraysch dort ankamen, waren sie jedoch schon mit zwei Handelsschiffen in See gestochen und somit gerettet.[119] Vom Negus wurden die Muslime herzlich aufgenommen. Fortan konnten sie in Freiheit leben und ihre Religion ungestört ausüben. Einige Zeit später folgte ihnen eine größere Gruppe nach. Für diejenigen, die in Mekka zurückblieben, wurde das Leben nun immer schwieriger.

---

117 Das heutige Äthiopien.

118 „Negus“, auf Amharisch, der Sprache Äthiopiens, der damals in Abessinien gebräuchliche Titel für „König“.

119 Ibn Kayyim, I, S. 24; Mubârakpûrî, S. 98; Ibn Hischâm, S. 148. Es waren etwa 80 Auswanderer, ihre Namen finden sich bei Ibn Hischâm auf S. 149.

Abessinien war ein wichtiger Handelspartner Mekkas. Die Kuraysch pflegten gute Kontakte zum Negus und seinem Hof. Daher waren sie sehr verärgert darüber, dass die Muslime in Abessinien Zuflucht gesucht hatten. Sie dachten: „Nun genügt es Muhammad nicht mehr, bei uns zu Hause für Unruhe zu sorgen, jetzt stört er auch noch unsere Außenbeziehungen!" Also schmiedeten sie einen Plan: Sie wollten den Abessiniern Geschenke machen, um sie dazu zu bewegen, die Muslime auszuliefern. Mit diesem Auftrag schickten die Mekkaner eine Delegation, zu der auch der angesehene Amr bin Âs gehörte, nach Abessinien.

Umm Salama berichtet: „Als wir in das Land der Abessinier kamen, bereiteten uns die Leute den besten Empfang. Unter dem Negus erhielten wir die Sicherheit, unseren Glauben zu praktizieren, und wir dienten Allah, ohne Unrecht zu erleben oder etwas Verletzendes zu hören. Als diese Nachricht die Kuraysch erreichte, beschlossen sie, unseretwegen zwei Männer zum Negus zu entsenden. Aus Mekka sollten sie für ihn wertvolle Geschenke mitnehmen. Was man in Abessinien besonders hoch schätzte, war Leder.Sie packten nun für den Negus viel Leder ein, auch für die Geistlichen an seinem Hof. Abdullah bin Abî Rabîa und Amr bin Âs wurden von den Kuraysch nach Abessinien geschickt mit dem Befehl, zuerst die Geistlichen zu beschenken und sie darum zu bitten, ihnen die Auswanderer auszuliefern, bevor diese mit dem König sprechen würden. Erst dann sollten sie dem Negus seine Geschenke geben.

Sie machten sich also auf den Weg. In Abessinien angekommen, gaben sie zuerst den Geistlichen ihre Geschenke und sprachen: „Einige unserer jungen Besessenen sind in euer Land gekommen. Sie haben die Religion ihres Volkes verlassen und auch eure Religion nicht angenommen. Sie sind mit einer neuen Religion gekommen, die weder ihr noch wir kennen. Die Edlen ihres Volkes schicken uns zu eurem König, damit er sie abschiebt. Wenn wir nun mit dem König gesprochen haben, sagt ihm, er soll sie uns überlassen, ohne mit ihnen zu reden. Denn ihr Volk weiß ja am besten über sie Bescheid!"

Die Geistlichen waren einverstanden. Die Mekkaner überreichten nun auch dem Negus die Geschenke und begannen, das Thema der Auswanderer zur Sprache zu bringen. Sie wollten auf jeden Fall verhindern, dass er sich mit ihnen unterhielt. Auch die Generäle versuchten, ihn zu überreden. Das Ganze machte den Negus wütend, und er sagte zu seinen Gefolgsleuten: „Nein, bei Allah, ich werde sie nicht übergeben! Leute, die mich wählten und mein Land aussuchten, werde ich nie ausliefern, ohne sie vorher angehört zu haben. Wenn es stimmt, was man ihnen vorwirft, werde ich sie zu ihrem Volk zurückschicken. Wenn es aber nicht stimmt, werde ich sie vor den Kuraysch beschützen, solange sie mich brauchen."

Dann ließ er die Gefährten des Propheten rufen. Auch seine Bischöfe ließ er mit ihren heiligen Schriften kommen. Dabei hatten die beiden Mekkaner gehofft, dieses Treffen würde nicht stattfinden und die Muslime würden nicht zu Wort kommen.

Als die muslimischen Männer und Frauen zum Thronsaal geführt wurden, merkten die Abessinier, dass diese ihnen viel sympathischer waren als die Kurayschiten. Schon bevor sie zu sprechen begannen, waren der König und die Anwesenden bewegt.[120]

Der Negus fragte die Muslime: „Welche Religion ist es, wegen der ihr euer Volk verlassen habt, während ihr weder meine noch eine andere Religion angenommen habt?"

Dschâfar, der Sohn Abû Tâlibs, sprach für die Muslime: „O König, wir waren ein Volk der Dschâhiliya – der Unwissenheit; wir beteten Götzen an, aßen Kadaver, begingen Freveltaten, behandelten unsere Nachbarn schlecht, und die Starken unter uns nutzten die Schwachen aus. So lebten wir, bis Allah uns einen Propheten aus unserer Mitte schickte. Wir kennen seine Abstammung, seine Ehrlichkeit, Vertrauenswürdigkeit und seinen Anstand. Er lehrte uns, die Einzigkeit Allahs anzuerkennen, Ihm alleine zu dienen und nicht Steinen und Götzen. Er lehrte uns, stets die Wahrheit zu sprechen, Treue zu wahren, Versprechen zu halten, die Rechte der Familie und Nachbarn zu achten und kein Blut zu vergießen. Er verbot uns, falsche Zeugenaussagen zu machen, den Besitz der Waisen

120 Die ruhige und fromme Haltung der Muslime offenbarte eine natürliche Schönheit. Besonders zwei angenehme und sympathische Paare, Dschâfar mit seiner Frau Asmâ und Usmân mit Rukayya, waren eine wichtige Quelle der Kraft und Hoffnung für die Auswanderer. Der Prophet hatte zu Dschâfar gesagt: „Du ähnelst mir im Aussehen und im Charakter" (Tabaqat Ibn Sad). Es waren noch viele Vetters des Propheten und viele Söhne und Töchter der reichen Mekkaner dabei.

zu veruntreuen oder unschuldige Frauen zu verleumden. Er befahl uns, nur Allah anzubeten und Ihm keine Götter beizugesellen, den Armen Almosen zu geben und zu fasten. Wir glauben ihm und der Offenbarung, mit der er von Allah gesandt wurde. Wir beten Allah alleine an, ohne Ihm Partner beizugesellen. Was Allah uns verboten hat, betrachten wir als verboten, und was Er uns erlaubt hat, betrachten wir als erlaubt. Aber unser Volk fing an, uns zu foltern, damit wir unseren Glauben aufgeben und anstelle Allahs Götzen anbeten und diese schrecklichen Sachen der Vergangenheit wieder als erlaubt anerkennen. Nachdem sie uns unterdrückten, und uns das Leben und die Praktizierung unseres Glaubens erschwerten, wählten wir dein Land. Wir sind überzeugt, o König, dass wir bei dir kein Unrecht erleiden werden!"

Der Negus fragte: „Ist etwas von dem, was von Allah offenbart wurde, bei dir?"

„Ja."

„Dann trage es mir vor!"

Dschâfar rezitierte aus der Sure Maryam (Maria). In dieser Sure wird die Geschichte von der Geburt Jesu erzählt: *„Und gedenke im Buch Maryams, als sie sich von ihren Angehörigen an einen östlichen* [121] *Ort zurückzog. Sie nahm sich einen Vorhang vor ihnen. Da sandten Wir Unseren Geist zu ihr. Er stellte sich ihr als wohlgestaltetes* [122] *menschliches Wesen dar. Sie sagte: ‚Ich suche beim Allerbarmer Schutz vor dir, wenn du gottesfürchtig bist.'*

Er sagte: ‚Ich bin nur der Gesandte deines Herrn, um dir einen lauteren Jungen zu schenken.' Sie sagte: ‚Wie soll mir ein Junge gegeben werden, wo mich doch kein menschliches Wesen berührt hat und ich keine Hure bin.' Er sagte: ‚So wird es sein. Dein Herr sagt: „Das ist Mir ein leichtes, und damit Wir ihn zu einem Zeichen für die Menschen und zu einer Barmherzigkeit von Uns machen. Und es ist eine beschlossene Angelegenheit."'

So empfing sie ihn und zog sich mit ihm an einen fernen Ort zurück. Die Wehen ließen sie zum Palmenstamm gehen. Sie sagte: ‚O wäre ich doch zuvor

---

121 Auch: an einen östlich gelegenen oder nach Osten ausgerichteten Ort.

122 Wörtlich: „ebenmäßiges"

gestorben und ganz und gar in Vergessenheit geraten!' Da rief er ihr von unten her zu: ‚Sei nicht traurig; dein Herr hat ja unter dir ein Bächlein geschaffen. Und schüttle zu dir den Palmenstamm, so lässt er frische, reife Datteln auf dich herabfallen. So iss und trink und sei frohen Mutes. Und wenn du nun jemanden von den Menschen sehen solltest, dann sag: „Ich habe dem Allerbarmer zu fasten gelobt, so werde ich heute mit keinem Menschenwesen sprechen."'

Dann kam sie mit ihm zu ihrem Volk, ihn (mit sich) tragend. Sie sagten: ‚O Maryam, du hast da ja etwas Unerhörtes begangen. O Schwester Hârûns, dein Vater war doch kein sündiger Mann, noch war deine Mutter eine Hure.'

Da zeigte sie auf ihn. Sie sagten: ‚Wie können wir mit jemandem sprechen, der noch ein Kind in der Wiege ist?' Er sagte: ‚Ich bin wahrlich Allahs Diener; Er hat mir die Schrift gegeben und mich zu einem Propheten gemacht. Und gesegnet hat Er mich gemacht, wo immer ich bin, und angeordnet hat Er mir, das Gebet (zu verrichten) und die Abgabe (zu entrichten), solange ich lebe und gütig gegen meine Mutter zu sein. Und Er hat mich weder gewalttätig noch unselig gemacht. Und der Friede sei auf mir am Tag, da ich geboren wurde, und am Tag, da ich sterbe, und am Tag da ich wieder zum Leben auferweckt werde.'

Das ist Îsâ, der Sohn Maryams: (Es ist) das Wort der Wahrheit[123]*, woran sie zweifeln. Es steht Allah nicht an, Sich ein Kind zu nehmen. Preis sei Ihm! Wenn Er eine Angelegenheit bestimmt, so sagt Er dazu nur: ‚Sei!', und so ist es. (Îsâ sagte:) ‚Und gewiss, Allah ist mein Herr und euer Herr; so dient Ihm. Das ist ein gerader Weg."'* [124]

Als der Negus diese Worte hörte, weinte er, bis sein Bart nass wurde. Auch seine Bischöfe weinten, als sie die Rezitation aus dem Koran hörten, bis die Tränen ihre Bücher befeuchteten, die sie in den Händen hielten. Als der König sich wieder gefasst hatte, wandte er sich an die Mekkaner. „Diese und die Offenbarung Jesu sind Strahlen desselben Lichtes. Bei Allah, ich gebe sie euch nicht und werde sie nicht verraten!" [125] So wies der König die Delegation Mekkas zurück.

---

123 Auch: (Er – Îsâ – ist) das Wort der Wahrheit.

124 Sure Maryam, 19:16-35

125 Ibn Hischâm, S. 156

Amr sagte zu Abdullah, er werde am nächsten Tag erneut zum König gehen und ihn mit einer anderen Geschichte überraschen. „Tu das nicht! Sie sind immer noch unsere Verwandten!", sagte Abdullah.

„Bei Allah, ich werde dem König erzählen, dass sie sagen, Jesus, der Sohn Marias, sei nur ein Diener Allahs."

Am nächsten Tag erschien Amr erneut beim König und sagte: „O König, sie sagen etwas Schlimmes über Jesus. Lass sie kommen und frage sie nach dem, was sie sagen!"

Der Negus ließ sie erneut kommen und fragte, was sie von Jesus hielten. Sie überlegten, was sie sagen sollten. „Bei Allah, wir sagen, was Allah sagt und was dem Propheten offenbart wurde; ganz gleich, was passiert, wir werden nur die Wahrheit sagen."

Wieder ergriff Dschâfar das Wort: „Über Jesus sagen wir, was unserem Propheten offenbart wurde: Er ist Diener und Prophet Allahs, Sein Geist und Sein Wort, das Er der Jungfrau Maria eingab."

Der Negus bestätigte, was Dschâfar über Jesus sagte. „In meinem Land seid ihr in Sicherheit." Dreimal sagte er: „Wer euch beschimpft, wird bestraft!", und fuhr fort: „Selbst für einen Berg Gold würde ich euch nicht hintergehen. Wir brauchen ihre Geschenke nicht, gebt sie zurück! Bei Allah, auch Allah nahm keine Bestechung, als Er mir mein Königreich zurückgab; weshalb sollte ich es tun? Er gehorchte nicht den Leuten gegen mich, wie kann ich ihnen gegen Ihn gehorchen?"

Gedemütigt machten sich die Kuraysch mit ihren Geschenken auf den Heimweg.[126] Sie kamen mit der Nachricht zurück, dass sie mit ihrem Vorhaben gescheitert seien und ihre Beziehungen zu Abessinien nun gestört seien.

---

126 Ebd., S. 155-157; Mubârakpûrî, S. 101

Verbannung

Einer der Gegner des Islams, unter dem die Muslime viel zu leiden hatten, war Umar bin Hattâb. Er war ein Neffe Abû Dschahls und ein gefürchteter Mann in Mekka, bekannt für seinen Mut, aber auch für sein heftiges Temperament. Außerdem war er ein gebildeter Mann, der lesen und schreiben konnte.

Umar empfand das Verhalten der Muslime als Verrat an den Vorvätern. So kam es, dass er sich entschied, die Quelle des Problems zu beseitigen. Er fasste den Entschluss, Muhammad zu töten. Unterwegs, mit dem Schwert in der Hand, begegnete er Nuaym, der ihn fragte, wohin er denn gehe. Als Umar ihm von seiner Absicht erzählte, wandte Nuaym ein: „Wie willst du dich vor der Rache der Banî Hâschim schützen, wenn du Muhammad tötest? Du solltest dich besser um deine eigene Familie kümmern, denn deine Schwester Fâtima und ihr Mann sind längst Muslime geworden und folgen Muhammad."

Sofort machte sich Umar auf den Weg zum Haus seiner Schwester und seines Schwagers. Als er schon ganz nahe war, hörte er, wie jemand etwas vorlas. Wütend pochte er an die Tür und verlangte Einlass. Bei seiner Schwester war gerade Habbab, einer der Gefährten des Propheten, der sie und ihren Mann Koranverse lehrte, die auf Pergament geschrieben waren. Als sie hörten, wer an der Tür war, erschraken sie. Schnell versteckten sie Habbab und das Pergament mit den Koranversen; dann ließen sie ihn herein. Umar herrschte sie an: „Was war das, was ich da eben gehört habe?"

„Du hast nichts gehört!", erwiderten die beiden. „Doch", beharrte Umar, „und ich habe auch erfahren, dass ihr Muhammads Religion folgt!"

Nun griff er Saîd an. Fâtima wollte ihrem Mann zu Hilfe eilen, aber Umar schlug ihr so heftig ins Gesicht, dass sie blutete. Da bekannte sie mutig: „Ja, wir glauben an Allah und an Seinen Gesandten, so mach doch mit uns, was du willst." Als Umar seine Schwester blutend vor sich stehen sah, tat ihm sein Verhalten leid und er schämte sich für das, was er getan hatte.

„Würdest du mich einen Blick in den Koran werfen lassen?", fragte er. Nach langem Zögern gab ihm Fâtima das Pergament mit den Koranversen, welches sie verborgen hatte. Es enthielt die ersten acht Verse der Sure „Das Eisen". Als Umar zu Ende gelesen hatte, rief er: „Wie schön und edel sind diese Worte!"

Habbab, der dies gehört hatte, kam aus seinem Versteck hervor und sagte: „Umar, ich hoffe, Allah hat dich durch das Gebet Seines Propheten auserwählt, denn ich hörte ihn gestern beten: ‚O Allah, stärke den Islam mit Amr bin Hischâm, Abû Dschahl oder mit Umar bin Hattâb!'"

Umar nahm sein Schwert und fragte, wo er den Propheten finden könne. Dieser saß gerade mit einigen Gefährten und Gefährtinnen in einem Haus am Hügel Safâ zusammen. Umar klopfte an die Tür. Einer der Gefährten sah durch einen Spalt, dass es Umar war, mit gezogenem Schwert, und sagte es angsterfüllt den anderen. Hamza rief: „Macht ihm die Tür auf! Wenn er Gutes will, werden wir ihm mit Gutem begegnen; wenn er aber Böses will, dann töten wir ihn mit seinem eigenen Schwert!"

Als die Türe aufging, ergriff ihn der Prophet sogleich an seinem Gürtel und seinem Kleid, zog ihn kräftig zu sich und fragte: „Was führt dich hierher, o Sohn des Hattâb?"

„O Gesandter Allahs, ich komme, um an Allah und an Seinen Gesandten zu glauben und an das, was er von seinem Herrn gebracht hat", erklärte Umar.

Die Freude des Propheten und seiner Anhänger war groß. „Allâhu akbar! – Allah ist der Größte!", schallte es durch ganz Mekka.[127] Bald wusste jeder, dass Umar den Götzendienst aufgegeben hatte.

---

127 Ibn Hischâm S. 159-160; Ibn Sad, III, S. 267-269

Bislang hatten die Muslime ihren Glauben vor den Mekkanern verheimlichen müssen und konnten ihre Gebete nicht in der Öffentlichkeit verrichten. Umar jedoch wollte jedem seine Religion bekanntgeben. Er erzählte: „Als ich Muslim wurde, überlegte ich mir, wer in Mekka dem Gesandten Allahs am meisten wehgetan hatte, um zu ihm zu gehen und ihm zu sagen, dass ich Muslim geworden war. Ich sagte mir: ‚Abû Dschahl!' Also ging ich am nächsten Morgen, gleich nachdem ich aufgewacht war, zu Abû Dschahl und klopfte an seine Tür. Er kam heraus und sagte: ‚Willkommen, Sohn meiner Schwester! Was hat dich zu mir geführt?' Ich sagte: ‚Ich komme, um dir zu sagen, dass ich an Allah und an Seinen Gesandten Muhammad glaube und dass ich an das glaube, was er brachte!' Er schlug mir die Tür ins Gesicht und schrie: ‚Allah verfluche dich, und verflucht sei das, womit du gekommen bist!'" [128]

Umar bat den Propheten, bei der Kaaba beten zu dürfen. Es erschien ihm unerträglich, dass die Kuraysch öffentlich Steine anbeteten, während die Muslime im Geheimen beten mussten. Er selbst führte einen Teil der Muslime dorthin, und ein zweiter Teil wurde von Hamza geführt. Als alle beisammen waren, wurde das Gebet unter der Leitung des Propheten gemeinsam verrichtet. Es war das erste Gebet dieser Art bei der Kaaba.

Nachdem Umar und Hamza den Islam angenommen hatten, gewann dieser unter den arabischen Stämmen an Beliebtheit. Die Kuraysch sahen das Wachsen des Islams mit großem Unbehagen und waren nun zu immer härteren Schritten bereit. Sie beschlossen einen Boykott gegen die Banî Hâschim und die Banî Abdulmuttalib, die beiden Stämme, die Muhammad schützten.

In einer Urkunde hielten sie fest, dass niemand eine Ehe mit den Frauen und Männern dieser beiden Sippen eingehen darf, und nichts mehr an sie verkauft oder von ihnen gekauft werden darf. Es wurden also alle Angehörigen dieser Sippen kollektiv bestraft, die Muslime wie auch die Götzendiener, außer Abû Lahab, der den Kuraysch gegen seine eigene Sippe half. Die auf ein Pergament geschriebenen Bedingungen wurden in der Kaaba aufgehängt. Gegen den Boykott konnten nicht einmal Hamza und Umar etwas tun.

---

128 Ibn Hischâm, S. 162; Mubârakpûrî, S. 105

Der Boykott währte drei Jahre. Die beiden Sippen hatten sich auf Abû Tâlibs Rat hin in ein Tal außerhalb Mekkas zurückgezogen. Sie waren Hunger und Entbehrungen ausgesetzt, da sie durch die Bedingungen des Boykotts nicht mehr in der Lage waren, sich mit dem Lebensnotwendigen zu versorgen. Kam eine fremde Karawane mit Waren in die Stadt, trieben die Kuraysch die Preise in die Höhe, um zu verhindern, dass die Banî Hâschim deren Waren kaufen konnten. Es kam so weit, dass sie sich von Blättern ernähren mussten.

Abû Dschahls Hass war so groß, dass er den Hungertod von Menschen – Muslimen und Götzendienern – in Kauf nahm. Eines Tages hielt er Hadîdschas Neffen Hakîm an, als dieser mit einem Sklaven, der einen Sack Mehl trug, an ihm vorbeiging. Abû Dschahl beschuldigte die beiden, den Banî Hâschim Nahrung zu liefern. Es kam zu einem Streit, zu dem auch Abulbahtarî[129] stieß. Dieser hob einen Kamelknochen auf und schlug ihn auf Abû Dschahls Kopf, sodass dieser zu Boden stürzte. Dann traten sie ihn mit den Füßen, was Hamza, der in der Nähe war, auch sah. Weder Abulbahtarî noch Hakîm waren Muslime, aber es schien ihnen eine Schande, ihre Solidarität mit den Unterdrückten nicht zu zeigen.

Auch andere Mitglieder der Kuraysch schämten sich für das, was sie ihren eigenen Stammesangehörigen antaten. Einer von ihnen war Hischâm bin Amr, ein edler Mann und einer derer, die sich entschlossen, etwas dagegen zu unternehmen. Oft ging er nachts mit seinem Kamel zur Einmündung der Schlucht, in welcher sich die beiden boykottierten Stämme aufhielten, und ließ dann den Zügel seines Tieres, das er mit Nahrung oder Kleidung beladen hatte, los, damit es zu den Hungernden lief.[130]

---

129 Abulbahtarî bin Hischâm gehörte zu der Gruppe der Kuraysch, die zwar keine Muslime wurden, aber die Boshaftigkeit und Grausamkeit der Kuraysch ablehnten. Er hat nie ein böses Wort über den Propheten gesagt und fügte ihm keinen Schaden zu. Er war ein offener Gegner der Repression und Gewalt, die die Kuraysch gegenüber den Muslimen ausübten.

130 Ibn Hischâm, S. 163, 173. Hischâm bin Amr gehörte zum Stamm der Banî Amr, einem der Stämme der Kuraysch. Er war von Beginn an gegen den Boykott, denn er hielt es für unehrenhaft, sich gegenüber den eigenen Stammesbrüdern so zu verhalten.

Eines Tages machte Hischâm sich auf den Weg zu Zuhayr, einem jungen Mann, dessen Mutter Âtika eine Tante des Propheten war. Er fragte ihn: „Zuhayr, wie kannst du ruhig schlafen, wenn deine Verwandten arm und rechtlos sind und kaum noch das Nötigste zum Leben haben?"

„Wehe dir, Hischâm, was soll ich machen?", antwortete Zuhayr. „Ich bin nur ein einzelner Mann! Hätte ich einen anderen Mann mit mir, wäre ich bereit, mich für die Aufhebung des Boykotts einzusetzen!"

„Du hast bereits einen zweiten Mann gefunden!"

„Wer ist es?"

„Ich!"

„Dann finde noch einen dritten!"

Er ging zu Mut'im bin Adî [131] und sagte zu ihm: „O Mut'im, wie kannst du beim Untergang der zwei Sippen Abdumanâfs ruhig und zufrieden sein? Bei Allah, wenn ihr tatenlos zuseht, werdet ihr selbst schneller drankommen, als ihr glaubt!"

„Wehe dir, was soll ich alleine machen? Ich bin ein einziger Mann! Hätte ich einen anderen Mann mit mir..."

„Du hast bereits einen weiteren Mann gefunden!"

„Wer ist es?"

„Ich!"

„Dann finde noch einen dritten!"

„Einen dritten Mann habe ich schon!"

„Wen hast du gefunden?"

„Zuhayr bin Abî Umayya", antwortete Hischâm.

---

131 Mut'im bin Adî war auch ein Gegner der Repression, die die Kuraysch gegenüber den Muslimen ausübten. Er beschützte den Propheten, als dieser von Tâif zurückkehrte, nachdem dieser von dort vertrieben worden war.

„Dann suche einen vierten Mann!“

Hischâm lief gleich zu Abulbahtarî und – nachdem auch dieser überzeugt war – zu Zama'a bin Aswad.[132] Zama'a war immer gegen den Boykott gewesen, weil er es nicht dulden konnte, den eigenen Stammesbrüdern so etwas anzutun. Nun waren sie fünf wichtige Männer, die nur noch eine Idee brauchten, wie sie es am besten anfingen.

Sie trafen sich in der Nacht außerhalb Mekkas. Dort einigten sie sich für den nächsten Morgen auf einen Plan. Als der Morgen anbrach und die Kuraysch in ihren Versammlungen erschienen, ging auch Zuhayr in festlicher Kleidung zur Kaaba und umschritt sie siebenmal. Dann stellte er sich vor die Leute und rief: „Ihr Bewohner von Mekka! Wollen wir noch länger mit ansehen, wie unsere Verwandten vom Stamm der Banî Hâschim hungern? Wie könnt ihr noch essen und euch kleiden angesichts dieser Ungerechtigkeit? Ich sage euch, wir werden nicht nach Hause gehen, bevor nicht diese ungerechte Boykotturkunde zerrissen wird!“

„Du lügst, wir werden sie nicht zerreißen!“, schrie Abû Dschahl zornig. „Bei Allah, du bist ein größerer Lügner, denn wir waren nie damit einverstanden, dass diese Urkunde geschrieben wurde!“, fiel Zama'a ihm ins Wort. Jetzt stand Abulbahtarî auf und rief: „Zama'a sagt die Wahrheit, wir sind nicht einverstanden mit dem, was geschrieben wurde und wir erkennen es nicht an!“ Auch Mut'im bestätigte: „Die beiden sprechen die Wahrheit, und wer etwas anderes behauptet, der lügt! Wir sind, was diese Urkunde angeht und was darin steht, Allah gegenüber unschuldig!“ Hischâm bin Amr sprach ähnlich wie seine Vorredner.

Abû Dschahl kochte vor Wut und schrie: „Diese Sache ist eine Verschwörung, die ihr in der Nacht beschlossen habt!“ Doch als er sich umschaute, begriff er, dass die meisten Leute auf dem Platz gegen den Boykott waren. Dem Propheten Muhammad wurde inzwischen offenbart, dass Termiten die Urkunde gefressen hätten – nur die Worte „In Deinem Namen, o Allah!“ seien erhalten geblieben. Er erzählte dies seinem Onkel Abû Tâlib, der sich sofort auf den Weg machte, um die Nachricht zu überbringen. Als der Streit anfing, hatte er neben der Kaaba gesessen.

132 Ibn Hischâm, S. 173-174

Nun richtete er den Streitenden aus, was sein Neffe gesagt hatte. Wenn es stimmte, dann dürfte die Urkunde keine Gültigkeit mehr haben! Die meisten waren der Ansicht, dass dies nur gerecht wäre.

Während die Männer noch mit Abû Dschahl stritten, machte sich Mut'im auf, die Urkunde aus der Kaaba zu holen, um sie zu zerreißen. Als er sah, dass die Urkunde tatsächlich zerfressen worden war, außer den Worten „Bismikallahumma – In Deinem Namen, o Allah!", staunte er. Der Unterdrückungsvertrag wurde nichtig, und der Prophet und seine Anhänger kehrten in ihre Häuser zurück.[133] Für die Götzendiener war dies ein weiteres Zeichen für das Prophetentum Muhammads, doch: „*... wenn sie ein Zeichen sehen, wenden sie sich ab und sagen: ‚fortdauernde Zauberei.'*" [134]

Die Kuraysch sahen mit Besorgnis, dass die Sympathie für die Werte des Islams [135] wuchs. Sie begriffen, dass es nichts nützte, den Gesandten der Zauberei zu bezichtigen, und dass auch ein Boykott nichts brachte. So beschlossen sie, ihn umzubringen. Aber wie sollten sie das anstellen? Wie ein Lauffeuer hatte es sich überall herumgesprochen: Allah hat einen neuen Gesandten geschickt! Muhammad ist der lang ersehnte Prophet Allahs!

Immer mehr Menschen wollten wissen, was der neue Prophet zu sagen hatte; aus allen Teilen Arabiens strömten Besucher zu ihm nach Mekka. Er nahm sich Zeit für jeden von ihnen – so auch für die etwa zwanzig Christen, die aus Nadschran zu ihm kamen.[136] Sie fragten den Propheten vieles und er antwortete, lud sie zum Islam ein und rezitierte aus dem Koran. Beim Hören des Korans liefen Tränen über ihre Wangen. In diesem

---

133 Ibn Kayyim, II, S. 46; Ibn Hischâm, S. 162-164, 173-176; Mubârakpûrî, S. 112-114;

134 Sure Kamar, 54:2

135 „Heute bekennen sich über 1,4 Milliarden Menschen zum Islam; er ist in der Postmoderne zur einzigen weltweit wachsenden Religion geworden, als einzige ernsthafte Alternative zur westlichen Konsumgesellschaft. Auch in den USA, Großbritannien, Frankreich und in Deutschland gibt es inzwischen jeweils Millionen von Muslimen mit einer ständig wachsenden Zahl ‚weißer' und ‚schwarzer' Konvertiten." (Der Islam als Alternative, Murad Hofmann, München 1999)

136 Nadschran liegt im Südwesten der arabischen Halbinsel. Es wird auch berichtet, dass diese Christen aus Abessinien und nicht aus Nadschran stammten. (Ibn Hischâm, S. 180)

Gespräch erkannten sie, dass es sich bei Muhammad um den von Allah gesandten Propheten handelte, über den sie schon in ihren Schriften gelesen hatten.

Als sie gehen wollten, hielten Abû Dschahl und einige andere Männer der Kuraysch sie auf und sagten: „Euer Volk hat euch entsandt, um für sie Informationen über diesen Mann zu sammeln! Doch kaum habt ihr euch zu ihm gesetzt, da habt ihr ihm schon geglaubt und eure Religion verlassen. Wie kann man nur so dumm sein!"

Diese Delegation bestand aber aus gebildeten Leuten, die nicht bereit waren zu streiten, und sie erwiderten: „Salâmun alaykum – Friede sei mit euch; wir möchten kein niveauloses Gespräch führen. Wir haben unsere Taten zu verantworten und ihr die euren." Damit wandten sie sich von ihnen ab.[137]

Inzwischen erreichte eine Nachricht Abessinien, dass nämlich alle Mekkaner rechtgeleitet seien und ihre Götzenbilder und ihren Aberglauben aufgegeben hätten. Viele der Auswanderer kehrten daraufhin erleichtert zurück. Dschâfar und einige andere hingegen wollten noch abwarten.

Die drei Jahre des Boykotts waren überstanden und die Muslime begannen, sich zu erholen. Bald aber folgten zwei traurige Ereignisse aufeinander. Zuerst wurde Abû Tâlib krank. Seine Krankheit kam nicht überraschend, denn er hatte in den letzten Jahren, wie die meisten, sehr unter dem Boykott gelitten. Die Kuraysch sahen hierin eine mögliche Gefährdung ihres Planes, den Propheten zu töten. Sie fürchteten um ihren Ruf unter den arabischen Stämmen, falls sie den Tod des alten Mannes ausnutzten, um Muhammad zu schaden. Deshalb gingen die Führer

137 Ibn Hischâm, S. 180. Auf sie beziehen sich die folgenden Koranverse: *„Diejenigen, denen Wir die Schrift zuvor gegeben haben, glauben an ihn (den Koran). Und wenn er ihnen verlesen wird, dann sagen sie: ‚Wir glauben daran. Wahrlich, es ist die Wahrheit von unserem Herrn; wir hatten uns (Ihm) schon vordem ergeben.' Diese werden ihren Lohn zweimal erhalten, weil sie geduldig waren und das Böse durch das Gute abwehrten und von dem spendeten, was Wir ihnen gegeben hatten. Und wenn sie leeres Gerede hören, so wenden sie sich davon ab und sagen: ‚Für uns (seien) unsere Taten und für euch (seien) eure Taten. Friede sei auf euch! Wir suchen keine Unwissenden.'"* (Sure Kasâs, 28:52-55)

der Kuraysch, Utba, Schayba, Abû Dschahl, Umayya und Abû Sufyân[138] zu Abû Tâlib, der in seinem Bett lag, und sprachen: „Abû Tâlib! Du weißt, welche Stellung du bei uns hast, und du siehst, in welcher Lage du dich befindest. Wir haben Angst, dass du stirbst! Und du weißt auch, was zwischen uns und deinem Neffen ist. Vermittle doch eine Einigung zwischen uns!"

Abû Tâlib schickte nach Muhammad. Als dieser erschien, richtete er sich auf und sagte zu ihm: „O mein Neffe! Dies sind die Edlen deines Volkes, die versammelt sind, um dir zu geben und von dir zu nehmen!"

Der Prophet sagte: *„Ja, ihr sollt mir nur ein einziges Wort geben, womit ihr die Araber und die Nichtaraber beherrschen werdet!"*

Abû Dschahl antwortete: „Ja, sogar zehn Worte!"

Der Prophet sagte: *„Sprecht: ‚Ich bezeuge, dass es keinen Anbetungswürdigen gibt, außer Allah' und hört auf, etwas anderes neben Ihm anzubeten!"*

Sie klatschten in die Hände und sagten: „Machst du, o Muhammad, die Götter zu einem einzigen Gott? Das ist fürwahr etwas sehr Verwunderliches!" Dann ging die führende Schar und sie sagten zueinander: „Dieser Mann wird euch nichts von dem geben, was ihr erreichen wollt. Deshalb geht und haltet beharrlich an der Religion eurer Väter fest, bis Allah zwischen euch und ihm richtet!" Dann verstreuten sie sich.

„Bei Allah! Mein Neffe, ich sehe nicht, dass du das Maß überschritten hast bei dem, was du fordertest",[139] sprach Abû Tâlib zum Propheten und ließ sich wieder auf sein Lager fallen. Der Prophet verabschiedete sich. Nicht lange danach starb Abû Tâlib. Nun war der Rückhalt des Propheten in seinem Stamm sehr schwach geworden.

Doch das Unglück sollte noch größer werden. Kurze Zeit nach Abû Tâlib starb Hadîdscha, die Frau des Propheten. Sie war ihm nicht nur eine treue Ehefrau, sondern auch eine aufrichtige Stütze und geduldige

---

138 Abû Sufyân bin Harb vom Stamm Abduschams war das Oberhaupt Mekkas und war oft mit den Handelskarawanen der Kuraysch unterwegs. Er war ein kluger und weitsichtiger Mann, aber auch einer der einflussreichsten Gegner des Propheten.

139 Ibn Hischâm, S. 192

Freundin gewesen, mit der er 25 glückliche Jahre verbracht hatte. Muhammad, dem verheißenen Propheten, war sie eine Beschützerin, Muhammad, dem Tapferen, eine Inspiratorin, und Muhammad, dem Auserwählten, eine Quelle der Gewissheit, der Geborgenheit, des Friedens und des Vertrauens. Hadîdscha war seine erste Frau, und solange sie lebte, heiratete er keine andere. Vier Töchter hatten die beiden miteinander: Fâtima, Zaynab, Umm Kulsûm und Rukayya. Als ihre Mutter starb, waren die Mädchen erschüttert und von Trauer erfüllt. Der Prophet tröstete sie, indem er sie daran erinnerte, was der Engel Gabriel ihm einst gesagt hatte: „Richte Hadîdscha von Allah, unserem Herrn, den Friedensgruß aus! Und sage ihr, dass für sie eine Wohnstätte im Paradies vorbereitet ist."[140] Schon zu ihren Lebzeiten hatte er manches Mal den Finger zum Himmel gerichtet und gesagt: *„Maryam, die Mutter Jesu, ist dort die Beste"* und – den Finger zur Erde – *„Hadîdscha ist hier die Beste."*

Das Jahr, in dem Hadîdscha und Abû Tâlib starben, nannten die Muslime fortan „Jahr der Trauer". Hadîdscha erhielt den Titel „die erste Muslima" und „die erste Mutter der Gläubigen", wodurch sie vor allen muslimischen Frauen und den anderen Müttern der Gläubigen ausgezeichnet ist. Sie war die erste Frau im Islam, der das Paradies versprochen wurde.

Nachdem Hadîdscha und Abû Tâlib gestorben waren, begann für den Propheten eine Zeit voller Schwierigkeiten und Härten. Abû Tâlib hatte ihn stets geschützt. Jetzt aber war er tot, und die Kuraysch fingen an, ihm so viel Leid anzutun, wie sie es zuvor nie gewagt hätten. Er wurde mit Gemeinheiten, die an die Grenzen der menschlichen Belastbarkeit gingen, auf die Probe gestellt.

Ein frecher Bursche von den Kuraysch lauerte ihm in der Stadt auf und warf Dreck auf seinen Kopf. Als er zu Hause ankam, weinte seine Tochter darüber und wusch ihm die Haare. Alle diese Demütigungen aber führten nur dazu, dass er sich mit seinem Herzen noch mehr Allah zuwandte, in der Gewissheit, dass Seine Hilfe kommen würde. Er sagte zu seiner Tochter: *„Weine nicht, o meine Tochter! Allah wird deinen Vater schützen!"*

---

140 Mubârakpûrî, S. 118; Der Koran geht in der Sure Duhâ (93:6-8) auf Muhammads Ehe mit ihr ein: *„Hat Er dich nicht als Waise gefunden und dir Obdach gewährt? Und dich herumirrend gefunden und rechtgeleitet! Und dich bedürftig gefunden und reich gemacht!"*

Aber er sagte zwischendurch auch: *„Die Kuraysch taten mir so etwas Hassenswertes nicht an, bis Abû Tâlib starb."* [141]

Der Verlust Hadîdschas hinterließ bei Muhammad tiefe Trauer. Er trug nun allein die Last der Verantwortung für seine Botschaft und seine Gemeinde sowie für die Betreuung und Erziehung seiner Töchter.

In der ersten Zeit nach ihrem Tod versuchte niemand, ihm eine neue Heirat vorzuschlagen. Es war auch fraglich, ob er überhaupt noch einmal heiraten würde. Seine glücklichen Jahre als Ehemann hatte er mit Hadîdscha verbracht. Außerdem – wenn er überhaupt noch einmal heiratete – wer sollte die Ehre haben, die Frau des Gesandten zu werden?

Eine mitfühlende Gefährtin namens Hawla bint Hakîm war es, die sich schließlich bemühte, den Propheten von der Notwendigkeit einer neuen Ehe zu überzeugen, die nicht nur für ihn und seine Töchter, sondern auch zum Wohle der Gemeinde wichtig war. Sie schlug ihm Sawda, die Tochter des Zama'a, vor. Der Prophet war einverstanden.

Sawda war eine fröhliche und gutherzige Frau. Sie lebte in Mekka und war mit ihrem Vetter Sakrân, dem Sohn des Amr, verheiratet gewesen. Sie und ihr Mann gehörten zu den ersten Muslimen. Zusammen mit den anderen Anhängern des Propheten waren sie in Mekka wegen ihres Glaubens gequält und geschlagen worden. Beide waren unter den Auswanderern, die nach Abessinien flüchteten. Bei ihrer Rückkehr nach Mekka starb ihr Mann. Sie war einige Jahre älter als Hadîdscha.

Hawla kam nun als Vermittlerin zum Hause Sawdas und begrüßte sie mit den Worten: „Welche Güte und welchen Segen dir Allah doch gewährte, Sawda!"

Sawda fragte erstaunt: „Und welche Güte soll das sein, Hawla?"

Hawla antwortete: „Der Gesandte Allahs schickt mich, um für ihn um deine Hand anzuhalten!"

Sawda reagierte erfreut. Sie bat Hawla, zunächst ihren Vater davon zu unterrichten, und wies zu dem Zimmer, in dem er sich aufhielt.

---

141 Ibn Hischâm, S. 191

Sawdas Vater Zama'a war ein betagter Mann, der an seinem alten Glauben hing. Als Hawla ihm Muhammads Antrag überbrachte, äußerte er sich nur ganz knapp über ihn: „Edel und fähig." Dann fragte er: „Und was sagt deine Gefährtin Sawda dazu?"

Sie erwiderte: „Sie mag es."

Daraufhin rief Zama'a seine Tochter zu sich und fragte sie: „O Sawda, diese hier behauptet, dass Muhammad bin Abdullah sie zu dir geschickt hat, um dich um die Ehe mit ihm zu bitten. Er ist ein fähiger Mann, willst du, dass ich dich mit ihm verheirate?"

Sie war sehr zufrieden damit und die Heirat wurde bald vollzogen. Zwar konnte sich niemand in der islamischen Gemeinschaft vorstellen, dass sie je die Stellung Hadîdschas einnehmen könnte, da sie bereits in fortgeschrittenem Alter war, doch ihr Glaube verband sie aufs Innigste mit dem Propheten. Sawda war sich wohl bewusst, dass Muhammad sie aus Güte und Barmherzigkeit geheiratet hatte, doch dies bedeutete für sie auch eine zweifache Auszeichnung: Zum einen war es eine Belohnung, da sie eine der ersten Musliminnen war, die dem Druck der Mekkaner nicht nachgegeben hatte und der Botschaft stets treu geblieben war, und zum anderen war es eine Aufnahme in den Schutz des Propheten.

Sie wurde Muhammad eine freundliche, gütige, bescheidene und fröhliche Ehefrau. Oft erzählte sie ihm lustige Dinge, mit denen sie ihn zum Lachen brachte. So berichtete sie ihm eines Tages: „Ich habe hinter dir die Nacht hindurch gebetet, o du Gesandter Allahs, und fiel nieder mit dir, bis ich meine Nase festhalten musste, da ich befürchtete, dass Blut aus ihr tropfen würde!" Darüber musste er herzlich lachen und verstand ihren Wink, für sie die freiwilligen Nachtgebete, die sie so gerne mit ihm gemeinsam verrichtete, etwas zu erleichtern.

Nun versuchte der Prophet bei den Sakîf, den Bewohnern der Stadt Tâif[142], seine Botschaft zu verbreiten – möglicherweise auch mit dem

---

142 Die Stadt Tâif befindet sich ca. 70 Kilometer südöstlich von Mekka. Sie hat ein angenehmes Klima und fruchtbare Erde, daher waren viele ihrer Einwohner im Ackerbau tätig. In der Nähe der Stadt befand sich das Heiligtum von Lât, welche die Hauptgöttin der Sakîf war.

Gedanken, für seine verfolgte Gemeinde einen Zufluchtsort zu finden. Unwissenheit und Götzendienst waren dort aber noch stärker verbreitet als in Mekka. Sie schmähten und beschimpften den Propheten, dann hetzten die Anführer der Sakîf die Bewohner der Stadt auf ihn, die ihn mit Steinen bewarfen und ihn zwangen, Tâif zu verlassen. Mit blutigen Füßen, aber geduldig, kehrte er nach Mekka zurück.

Unterwegs ließ er sich im Schatten eines Rebstockes nieder und betete sein heute noch bekanntes Gebet: *„O Allah, zu Dir klage ich über meine Kraftlosigkeit, meine Hilflosigkeit und meine Armseligkeit unter den Leuten. O Barmherzigster der Barmherzigen, Du bist der Herr der Schwachen und Du bist mein Herr. Wem wirst Du mich überlassen? Einem Fremden, der mich misshandelt? Oder einem Feind, dem Du mich übergibst? Wenn Du mir nicht zürnst, bekümmert mich das nicht ...*“[143]

Utba bin Rabîa und sein Bruder Schayba, denen in Tâif ein Weinberg gehörte, befanden sich zu jener Zeit dort und hatten gesehen, was dem Propheten widerfahren war. Obwohl sie Gegner des Propheten waren, schmerzte es sie, dass einer ihrer Stammesbrüder so von den Sakîf behandelt wurde. Sie riefen ihren Sklaven, einen Christen namens Addâs: „Nimm von diesen Trauben und gib sie diesem Mann!“

Als der Prophet danach griff, sprach er: *„Bismillah – Im Namen Allahs.“* Dann aß er davon.

Addâs sagte: „Die Menschen dieses Landes sprechen solche Worte nicht!“

Darauf fragte der Prophet: *„Aus welchem Land bist du, o Addâs und was ist deine Religion?“*

„Ein Christ aus Ninive“, antwortete er.

„Aus der Stadt des rechtschaffenen Propheten Jonas, dem Sohn des Matta“, fügte der Prophet hinzu.

„Woher weißt du, wer Jonas, der Sohn Mattas, ist?“, fragte Addâs.

---

143 Ibn Hischâm, S. 193

Der Prophet sagte: *„Er ist mein Bruder, denn er war ein Prophet und ich bin ein Prophet.“*

Addâs beugte sich über ihn und küsste seinen Kopf, seine Hände und seine Füße. Als er wieder zu den zwei Brüdern ging, beschimpften sie ihn: „Wehe dir, was war das?“

„O mein Herr, auf dieser Erde gibt es keinen Besseren als diesen! Er hat mir von einer Sache berichtet, von der kein anderer wissen kann, außer einem Propheten!“[144]

Auf dem Rückweg nach Mekka machte der Prophet halt in Nahla.[145] Während er dort betete, kam eine Gruppe von Dschinn[146] und hörte seiner Koranrezitation zu. Durch eine Offenbarung erfuhr der Prophet davon.[147] Das sollte ein weiteres Zeichen für die Universalität seiner Botschaft werden. Er war nicht nur ein Prophet für die Menschen, sondern auch für die Dschinn.

In Mekka wurde die Situation für die Muslime immer schlimmer. Niemand blieb verschont, selbst Abû Bakr nicht. Er wurde so lange bedrängt und gequält, bis er sich gezwungen sah, auszuwandern, und Mekka verließ. Doch noch bevor er das Rote Meer erreichte, traf er einen edlen

---

144 Ebd., S. 194; Mubârakpûrî, S. 125

145 Ein Ort zwischen Mekka und Tâif, an dem man zu rasten pflegte. In Nahla befand sich auch das Heiligtum der Uzzâ.

146 Dschinn sind aus Feuer erschaffene Wesen, für die Menschen meist unsichtbar, die eine ganze Art wie die Menschheit bilden. Sie sind wie die Menschen mit eigenem Willen und eigener Entscheidungsfreiheit ausgestattet; einige von ihnen sind Gott ergeben. Ebenso wie die Menschen sind sie erschaffen worden, um Allah zu dienen. Siehe hierzu auch Sure Zâriyât, 51:56.

147 Sure Ahkâf, 46:29-31: *„Und (gedenke), als wir eine kleinere Schar der Dschinn veranlassten, sich zu dir zu begeben und dem Koran zuzuhören. Als sie sich bei ihm eingefunden hatten, sagten sie: ‚Horcht hin!‘ Als er dann zum Ende kam, kehrten sie zu ihrem Volk zurück, um sie zu warnen. Sie sagten: ‚O unser Volk, wir haben ein Buch gehört, das nach Moses (als Offenbarung) herabgesandt worden ist, das zu bestätigen, was vor ihm war, und das zur Wahrheit und zu einem geraden Weg leitet. O unser Volk, erhört Allahs Rufer und glaubt an ihn, so vergibt Er euch (etwas) von euren Sünden und gewährt euch Schutz vor schmerzhafter Strafe ...‘“* (Vgl. auch Sure Anbiyâ, 21:107)

Mann aus Mekka namens Ibn Dugunna.[148] Als dieser hörte, was die Kuraysch mit Abû Bakr gemacht hatten, sagte er zu ihm: „Bei Allah, du bist der Schmuck deines Stammes und ein Helfer im Kummer, du tust das Gute und hilfst den Bedürftigen."

Er gewährte Abû Bakr Schutz, damit er nach Mekka zurückkehren konnte. Die Kuraysch aber wollten ihm diesen Schutz nur unter einer Bedingung erlauben: Er dürfe nicht öffentlich beten und aus dem Koran rezitieren. Denn wenn er dies täte und dabei weine, würde es die Söhne und Frauen der Kuraysch überzeugen. Da er die Bedingungen der Kuraysch nicht akzeptierte, verzichtete Abû Bakr auf den Schutz des Ibn Dugunna und sagte: „Ich gebe dir deinen Schutz zurück, mir ist der Schutz Allahs genug." Abû Bakr blieb in Mekka und ertrug weiterhin geduldig die Schikanen der Kuraysch.[149]

---

148 Ibn Hischâm, S. 172; Ausgabe des As-Safâ Verlags, Band 1, Teil 2, S. 16

149 Ibn Hischâm, S. 172

Die Nachtreise

Nach all den Prüfungen und Rückschlägen wurde der Prophet von Allah mit einer Auszeichnung belohnt, die ihm neue Kraft und Mut auf seinem Weg geben sollte: die Nachtreise. Sie war ein Wendepunkt für den Propheten und die Muslime.

In einer Nacht im dreizehnten Jahr seiner Sendung kam Gabriel mit einem Reittier [150] zu ihm. Sie reisten zuerst nach Jerusalem, wo Muhammad vorher noch nie gewesen war. Dort betete er in der Aksâ-Moschee, gemeinsam mit den anderen Propheten, seinen Vorgängern. Nach dem Gebet stieg er mit Gabriel in den Himmel auf. Der Aufstieg führte ihn durch sieben Himmel. In jedem der Himmel traf er einen Propheten; er begrüßte sie und sie hießen ihn willkommen. Vom siebten Himmel ging der Weg zum Allmächtigen, der ihm die fünf täglichen Gebete befahl, die seit diesem Zeitpunkt von den Muslimen verrichtet werden. Sie sind der wichtigste Gottesdienst im Islam. Der Prophet sah auch das Paradies und die Hölle. Diese Reise stärkte ihn und gab ihm Gewissheit. Als er nach Mekka zurückkehrte, war seine Schlafstelle noch warm. Er hatte für die Reise nicht einmal eine Nacht benötigt.

Als der Prophet den Kuraysch von seinem Erlebnis erzählte, bezichtigten sie ihn der Lüge und machten sich über ihn lustig. Sie forderten ihn auf, ihnen doch die Moschee in Jerusalem zu beschreiben. Er beschrieb sie so genau, dass alle staunten.

---

150 Dieses Reittier wird Burak genannt. Es gibt keine genauen Angaben, um was für ein Tier es sich handelte. Der Prophet band das Tier an einer Mauer bei der Aksâ-Moschee an, als er Jerusalem erreichte.

Als Abû Bakr gefragt wurde, was er von der Schilderung des Propheten Muhammad halte, antwortete er: „Wenn der Prophet es gesagt hat, dann ist es wahr!" Deswegen wurde er „as-Siddîk", der Glaubende, genannt, da er dem Propheten glaubte, als die meisten anderen es nicht taten.[151]

Die Zeit der Pilgerfahrt kam und der Prophet nutzte jede Gelegenheit, mit den Angehörigen der arabischen Stämme, die Mekka besuchten, zu sprechen, um sie für den Islam zu gewinnen. Abû Lahab folgte ihm dabei ständig, und immer, wenn der Prophet sich einem Stamm vorgestellt hatte, lobte er den alten Götzendienst und sprach herabwürdigend von seinem Neffen. Dies machte er wieder und wieder. Doch es gab einen Lichtblick, der zeigte, dass Allah der Wahrheit zum Sieg verhilft, egal wie ihre Gegner sich anstrengen. Bei Akaba, einem Ort nahe Mekka, ging der Prophet zu einigen Männern aus Medina vom Stamm der Hazradsch.

Der Prophet fragte: *„Darf ich mit euch sprechen?"*

Sie sagten: „Ja!"

Sie saßen mit ihm zusammen und er lud sie zum Glauben an Allah ein, erklärte ihnen den Islam und rezitierte aus dem Koran. In Medina lebten sie mit Juden zusammen, die als Volk der Schrift den Götzendienst verachteten. Immer wenn es einen Zwischenfall gab, drohten ihnen die Juden: „Die Zeit der Erscheinung eines Propheten ist gekommen. Wir werden ihm folgen und euch besiegen, so wie Âd und Iram[152] besiegt wurden." Jedem von ihnen war diese jüdische Drohung bekannt sowie auch andere Einzelheiten über das Erscheinen des neuen Gesandten. Nach diesem Gespräch sagten sie sich: „Muhammad ist ganz gewiss der Prophet, mit dem die Juden uns ständig drohen! Wir dürfen nicht zulassen, dass sie ihm vor uns folgen!"

Nachdem ihre Zweifel an seinem Prophetentum ausgeräumt waren, bezeugten sie die Wahrheit der Botschaft des Islams und verpflichteten sich, nach ihr zu leben. Sie erwähnten dem Propheten gegenüber auch:

---

151 Mubârakpûrî, S. 135-138

152 Ibn Hischâm, S. 197; Âd und Iram waren das altarabische Volk des Propheten Hûd, das sich gegen die Gebote Allahs wandte und dafür von Allah bestraft wurde. Der Stamm wurde vernichtet. Siehe hierzu Sure Arâf, 7:65-72 und Sure Hûd, 11:50-60.

„Es gibt kein Volk, das zerstrittener ist als das unsere. Möge Allah es durch dich vereinigen! Sobald wir in Medina sind, versuchen wir, unseren Stammesbrüdern diesen Glauben nahezubringen."[153] Sie hofften, durch diese neue, friedliche Religion die Feindschaft und Gewalt zwischen ihren Stämmen Aws und Hazradsch beenden zu können. In Medina angekommen, erzählten sie ihren Familien ganz begeistert vom Propheten, dessen Ankunft die Juden und Christen prophezeit hatten. Bald gab es kein Haus mehr, in dem nicht vom Propheten Muhammad und seiner Botschaft gesprochen wurde.

In der Pilgerzeit des nächsten Jahres kamen 12 Leute aus Medina und verabredeten sich mit dem Propheten in Akaba. Zwei von ihnen waren vom Stamm der Aws. Durch den Treueid verpflichteten sie sich, Allah nichts beizugesellen, keinen Diebstahl und keinen Ehebruch zu begehen, ihre Kinder nicht zu töten, niemanden zu verleumden und dem Propheten im Guten nicht zu widersprechen. *„Wenn ihr euch daran haltet"*, versprach ihnen der Prophet, *„ist euch das Paradies bestimmt. Wenn ihr eines dieser Verbote übertretet, ist eure Sache bei Allah, ob Er euch strafen oder euch verzeihen will!"* [154]

Der junge Mus'ab bin Umayr ging mit ihnen als erster Botschafter des Islams nach Medina, um aus dem Koran zu rezitieren und die Menschen den Islam zu lehren. Deshalb wurde Mus'ab in Medina auch „der Lesende" genannt. Mus'ab gehörte zu den Banî Abdumanâf. Er wurde in eine der wohlhabendsten Familien Mekkas geboren und lebte verwöhnt in Luxus und Überfluss. Man sagte von ihm: „Es gibt niemanden, der besser gekleidet ist und besser speist als Mus'ab." Er gehörte zu den ersten Muslimen, verheimlichte seinen Glauben aber aus Furcht vor seiner Mutter, die ihn zwar liebte, aber einen Glaubenswechsel nicht akzeptierte.

Sie erfuhr dennoch davon und ließ ihren Sohn einsperren, um ihn zu zwingen, den Islam zu verlassen. Doch Mus'ab blieb standhaft. Da verstieß ihn seine Mutter und enterbte ihn. Beim Abschied bat er sie noch, den Islam anzunehmen, doch sie beschimpfte ihn nur. Er lebte fortan in

153 Dieser Bericht und die Namen der beteiligten Frauen und Männer sind in Ibn Hischâm auf Seite 197 zu lesen.

154 Tabarî, II, S. 356; Ibn Hischâm, S. 199

großer Armut, trug die rauesten Kleider, hatte an einem Tag zu essen und hungerte am nächsten Tag. Er war bekannt für sein Wissen, seine Redegewandtheit und seine feine, angenehme Art.

In Medina angekommen, begann er sofort, den Auftrag, mit dem ihn der Prophet betraut hatte, auszuführen. Sad bin Muâz[155] und sein Freund Usayd, zwei edle Männer aus Medina, störten sich an den friedlichen Gesprächen, die Mus'ab mit einigen neu konvertierten Muslimen in einem der Gärten am Rande der Stadt führte. Usayd ging zu ihnen, mit der Absicht, sie zu verjagen. Doch Mus'ab sprach zu ihm: „Wie wäre es, wenn du dich zu uns setztest, um zu sehen, wie es dir gefällt!"

Usayd gefielen diese Worte. „Das finde ich gerecht", sagte er und setzte sich zu ihnen. Er hörte Mus'ab über die Werte des Islams sprechen und Verse aus dem Koran rezitieren. Usayd war fasziniert: „Wie edel sind diese Worte und wie wahr! Was macht man, um dieser Religion beizutreten?"

Mus'ab erklärte ihm, wie einfach es ist, den Islam anzunehmen. Usayd wusch sich, säuberte sein Gewand und erklärte: „Ich bezeuge, dass es keinen Anbetungswürdigen gibt, außer Allah, und Muhammad ist sein Prophet!" Nachdem er gebetet hatte, sprach er: „Hinter mir steht ein Mann, Sad bin Muâz. Wenn er euch folgt, wird niemand aus seinem Volk zurückbleiben! Ich schicke ihn gleich zu euch!"

Als Usayd zu Sad zurückkam, schilderte er ihm, dass er nichts Böses an diesen Männern fand. Sad war verblüfft und wunderte sich. Nun ging auch er zu den beisammen sitzenden Muslimen. Er nahm sich vor, sich von ihrem Gerede nicht einfangen zu lassen. Aber es erging ihm wie Usayd – die Worte der Offenbarung rührten sein Herz. Zurück in Medina berief er eine Versammlung ein und fragte: „O Volk von Banî Abdulaschhal [156], welchen Rang besitze ich unter euch?"

Sie antworteten: „Du bist unser Herr und unser Anführer, der unsere Interessen am besten vertritt!"

---

155 Sad bin Muâz war das Oberhaupt der Aws. Er war ein fähiger, kluger und mutiger Mann, der in seinem Stamm ein sehr hohes Ansehen genoss.

156 Ibn Hischâm, S. 200-201. Die Banî Abdulaschhal waren eine Sippe der Aws.

„Dann verspreche ich, dass ich mit keinem Mann und mit keiner Frau von euch mehr spreche, bis ihr alle Allah und Seinem Propheten folgt!" Bis es Abend wurde, hatte sein Stamm den Islam angenommen.[157]

Mus'ab blieb in Medina und rief die Menschen zum Islam auf, bis es dort kein Haus mehr gab, in dem nicht einige muslimische Männer und Frauen lebten. Zu Anfang musste er selbst die Muslime im Gebet leiten, da die beiden verfeindeten Stämme Aws und Hazradsch auf keinen Fall einem Mann des jeweils anderen Stammes den Vorrang geben wollten – vor Kurzem erst hatten die Sippen sich gegenseitig ihre Paläste und Häuser zerstört, und sie waren immer noch bereit, zu töten und zu vernichten, bis nichts mehr übrig bliebe. Doch in dem gleichen Maße, in dem nun der Glaube in den Herzen der Menschen Wurzeln schlug, wuchs auch ihre Bereitschaft zum Frieden. Schließlich konnte Mus'ab nach Mekka zurückkehren.

In der Pilgerzeit des nächsten Jahres erschienen in Mekka zahlreiche neue Muslime aus Medina, aber auch viele, die immer noch Götzendiener waren. Wieder trafen sie sich mit dem Propheten bei Akaba. Diesem war inzwischen klar geworden, dass das wasserreiche Land, das er einst im Traum gesehen hatte, Medina sein musste. *In scha' Allah* würden er und seine Gefährten dorthin auswandern! Seinem Onkel Abbâs, der kein Muslim war, und dessen Frau Umm Fadl, die schon sehr früh zusammen mit ihren drei Schwestern den Islam angenommen hatte, vertraute er an, dass er die Hoffnung habe, nach Medina zu gehen, dass jedoch viel von der Delegation abhänge, die er von dort zur Pilgerfahrt erwartete. Er war sich sicher, dass die beiden ihn nicht verraten würden.

Ka'b bin Mâlik [158] berichtet: „Nachdem wir die Pilgerfahrt angetreten hatten und die Nacht kam, in der wir uns mit dem Propheten treffen wollten, sprachen wir mit Abû Dschâbir, einem der Führer der Banî Salima [159]. Er war ein Götzendiener. Wir sprachen zu ihm: ‚O Abû Dschâbir, du bist ein Führer von unseren Führern und ein Edler von unseren Edlen!

157 Ibn Hischâm, S. 199-201

158 Ka'b bin Mâlik war ein bekannter Dichter, der seine Kunst zur Verteidigung des Propheten und des Islam einsetzte.

159 Die Banî Salima waren eine Sippe der Hazradsch.

Wir wollen nicht, dass du morgen Brennholz für das Feuer wirst.‘ Wir berichteten ihm vom Islam und von unserem Treffen mit dem Gesandten Allahs. Er nahm den Islam an, beteiligte sich an dem Treffen bei Akaba und trat als ein Vertreter seines Volkes auf.[160]

Mit unseren Gefährten schliefen wir das erste Drittel der Nacht. Dann krochen wir zwischen den Schlafenden hervor und verließen heimlich den Platz, bis wir alle in der Schlucht von Akaba ankamen. Wir waren dreiundsiebzig Männer und zwei Frauen. Die Frauen waren Nasîba, die Tochter des Ka'b und Asmâ, die Tochter des Amr.

In der Schlucht warteten wir auf den Propheten, der bald mit seinem Onkel Abbâs erschien. Obwohl Abbâs damals noch Götzendiener war, wollte er dennoch bei der Sache seines Neffen anwesend sein, ihn begleiten und auf seiner Seite stehen. Er begann als Erster zu sprechen: ‚O Volk der Hazradsch[161], ihr wisst, wie hoch wir Muhammad schätzen! Wir haben ihm vor unseren eigenen Leuten Schutz gewährt. Er aber hat beschlossen, sich euch anzuschließen und zu euch zu kommen. Wenn ihr der Meinung seid, ihr könnt ihm die Sicherheit bieten, die ihr ihm versprochen habt, übernehmt es! Wenn ihr ihn jedoch, nachdem er zu euch gekommen ist, im Stich lasst, dann lasst ihn schon jetzt. Denn hier unter seinem Volk genießt er Ansehen und Schutz!‘

Wir sagten: ‚Wir haben gehört, was du gesagt hast. Sprich nun du, o Gesandter Allahs und fordere für dich und deinen Herrn, was du möchtest!‘ Der Prophet rezitierte aus dem Koran, lud zum Glauben an Allah ein und stärkte unser Interesse am Islam. Schließlich sagte er: ‚Ich nehme euren Treueid, auf dass ihr mich schützt wie eure Familienmitglieder!‘ Barâ bin Ma'rûr [162] nahm seine Hand und sagte: ‚Ja, bei Dem, Der dich mit der Wahrheit sandte, wir schützen dich, genau wie wir unsere Familienmitglieder schützen!‘ Abû Haysam bin Tayyihân fragte: ‚Wirst du dann vielleicht zu deinem Volk zurückkehren und uns verlassen, nachdem Allah dir zum Sieg verholfen hat?‘ Da lächelte der Prophet und

---

160 Ibn Hischâm, S. 202

161 Damals rief man die beiden Stämme Aws und Hazradsch aus Medina auf diese Weise. Vgl. Ibn Hischâm, S. 205

162 Barâ bin Ma'rûr war ein Vetter von Sad bin Muâz.

versicherte ihnen, dass er einer von ihnen sei und sie nie verlassen werde. Dann bat er sie: ‚Wählt zwölf Vertreter unter euch aus, an die euer Volk sich wenden kann.‘

Sie wählten neun Männer von den Hazradsch und drei von den Aws. Die Vertreter waren einverstanden und alle versammelten sich, um dem Propheten den Treueid zu schwören. Hier hielt Abbâs bin Ubâda [163] sie auf und rief: ‚O Männer von Hazradsch, wisst ihr, was es bedeutet, diesem Mann den Treueid zu schwören?‘

‚Ja, wir wissen es‘, antworteten sie.

Abbâs bin Ubâda erklärte ihnen die Bedeutung und die möglichen Gefahren, wenn sie die Verantwortung des noch umkämpften Glaubens auf sich nähmen. Sie würden sich viele Stämme zu Feinden machen. Sie würden für die Unterstützung des Propheten mit ihrem Vermögen und sogar mit ihrem Leben einstehen müssen.

‚Wir nehmen alles auf uns‘, sagten sie und fragten den Propheten Muhammad: ‚O Gesandter Allahs, was wird es für uns geben, wenn wir unser Versprechen halten?‘

‚*Das Paradies!*‘, sagte der Prophet.

‚Dann strecke deine Hand aus!‘ Er streckte seine Hand aus und nahm den Treueid von allen an.“ [164]

Schon am Morgen danach erfuhren die Kuraysch von dem Treffen. Beunruhigt suchten sie die Lager der beiden Stämme auf und fragten, was ihnen denn einfiele, sich mit Muhammad zu verbünden. Die Götzendiener von den Hazradsch begannen zu schwören, dass Derartiges nie geschehen sei. Die Muslime ihrerseits beobachteten schweigend, wie die Kuraysch bereit waren, ihren heidnischen Religionsgenossen zu glauben. Die Kuraysch kehrten zurück. Die neuen Muslime aus Medina verließen Mina[165], bevor die Kuraysch über das Geschehene Gewissheit erhielten.

163 Abbâs bin Ubâda war einer der ersten Bewohner Medinas, der Muslim wurde. Er war bei beiden Treueiden anwesend.

164 Ibn Hischâm, S. 202-205

165 Die Gegend, in der sich Akaba befindet.

Als diese endlich erfuhren, dass die Nachricht doch stimmte, und daraufhin auszogen, um die Gläubigen zu verfolgen, trafen sie niemanden mehr außer Sad bin Ubâda, den sie festnahmen. Sie brachten ihn nach Mekka und misshandelten ihn, unter anderem, indem sie ihn an seinen langen Haaren zogen und schlugen. Zwei mekkanische Händler, Dschubayr bin Mut'im und Hâris bin Harb, hörten von der Gefangennahme Sads. Sie befreiten ihn und nahmen ihn in Schutz, denn er war ihr Beschützer, wenn sie in Medina Handel trieben.[166]

In Medina konnten die Muslime ihren Glauben öffentlich zeigen. Tag für Tag nahmen der Götzendienst, der Aberglaube und der Hass zwischen den Stämmen ab. Die Hoffnung auf Frieden wuchs. Unter den Aws und den Hazradsch gab es jedoch einige alte Leute, die sich sehr schwer damit taten, sich vom Götzendienst zu befreien. Amr bin Dschamûh, einer der Führer der Banî Salama, war einer von ihnen. Muâz, der bei Akaba dabei gewesen war und dem Propheten den Treueid geschworen hatte, war sein Sohn. Amr hatte in seinem Haus ein Götzenbild aus Holz, das Manât[167] genannt wurde und das er verehrte und immer gut pflegte. Als alle jungen Männer der Banî Salimâ Muslime geworden waren, schlichen sie eines Nachts zu dem Götzenbild, trugen es zur Mistgrube des Stammes und schleuderten es hinein. Als Amr am folgenden Morgen erwachte und sein geliebtes Götzenbild nicht fand, rief er: „Wehe euch! Wer hat in dieser Nacht unseren Göttern etwas angetan?"

Er machte sich auf die Suche nach dem Götzenbild. Als er es endlich in der Mistgrube fand, holte er es heraus, reinigte und parfümierte es. „Wenn ich herausfinde, wer das gemacht hat, bringe ich Schande über ihn!", drohte er verärgert. In der nächsten Nacht machten die jungen Muslime, unter ihnen sein eigener Sohn Muâz, mit dem Götzen noch einmal das Gleiche. Am Morgen fand Amr ihn in der gleichen Situation. Beim dritten Mal hielt er es nicht mehr aus. Nachdem er den Götzen gereinigt hatte, befestigte er sein Schwert an ihm und sagte: „Ich weiß wirklich nicht, wer so etwas mit dir macht! Wer auch immer sich dir nähert – verteidige dich! Du hast das Schwert bei dir!"

---

166 Ibn Hischâm, S. 206-207

167 Manât war ein weiblicher Götze, der wie Lât und Uzzâ als Tochter Allahs verehrt wurde, sie wurde als Göttin des Schicksals betrachtet.

Nachdem Amr eingeschlafen war, kamen die jungen Männer, entfernten das Schwert von dem Götzen, befestigten mit einer Schnur einen toten Hund an ihm und stießen ihn wieder in die Mistgrube. Als Amr morgens aufstand und das Götzenbild nicht an seinem Platz fand, suchte er, bis er es in der Mistgrube mit dem toten Hund am Hals fand. Er sah, dass sein Götze sich nicht helfen konnte, und die Muslime seines Stammes begannen, mit ihm darüber zu sprechen. Schließlich nahm er den Islam an und wurde ein überzeugter Muslim. Er schrieb ein rührendes Gedicht, in dem er seinen Götzen mit dem Hund erwähnt und Allah dankt, Der ihn am Ende doch rechtgeleitet hat.[168]

Nachdem der Prophet in Medina für die Muslime eine sichere Heimat gefunden hatte, erlaubte er ihnen, dorthin auszuwandern. Er selbst blieb jedoch weiterhin in Mekka. Um die Aufmerksamkeit der Kuraysch nicht auf sich zu lenken, begannen die Muslime, einzeln oder in kleinen Gruppen auszuwandern. Dies blieb den Kuraysch aber trotzdem nicht verborgen, und so versuchten sie, die übrigen Muslime mit Gewalt zum Bleiben zu veranlassen. Wen sie zu fassen bekamen, den misshandelten sie, um ihn von seinem Glauben abzubringen. Auch scheuten sie nicht davor zurück, Zwietracht zwischen Eheleuten zu säen und Familien auseinanderzureißen. Wer ihnen nicht gehorchte, wurde gefangen genommen.

Schon ein Jahr vor dem Treueid von Akaba hatte Umm Salama mit ihrem Mann und ihrem noch kleinen Sohn Salama zu fliehen versucht. Sie wurden jedoch von ihrem Vetter Abû Dschahl und seinen Männern verfolgt und aufgehalten. Diese rissen Abû Salama den Zügel des Kamels aus der Hand und trennten die Familie. Als Abû Salamas Angehörige davon erfuhren, nahmen sie Umm Salama auch noch das Kind weg. Umm Salama fiel wegen des Verlustes ihres Sohnes in tiefe Trauer. Jeden Tag ging sie nach Abtah und weinte bis zum Abend. Sie gab jedoch nicht auf, bis sie ihren Sohn nach einem Jahr wieder an sich drücken konnte.

Allein mit ihm verließ sie auf einem Kamel reitend Mekka. Unterwegs traf sie Usmân bin Talha[169], der noch kein Muslim war. Er nahm die Zügel

---

168 Ibn Hischâm, S. 207-208

169 Usmân bin Talha war für seine Tapferkeit bekannt. Seine Familie war eine der angesehensten der Banî Abdaddâr. Sie hatten die Ehre, die Hüter der Schlüssel zur Kaaba zu sein. Sein Vater Talha bin Abû Talha war einer der größten Gegner des Propheten.

des Kamels und begleitete Mutter und Kind, bis die kleine Familie wieder vereint war. Als sie in der Nähe des Dorfes Kubâ, nicht weit von Medina, ankamen, sagte Usmân bin Talha: „Dein Mann ist in diesem Dorf!" Dann kehrte er nach Mekka zurück. Umm Salama erwähnte stets: „Bei Allah, ich kenne keine Familie im Islam, der geschehen ist, was der Familie Abû Salamas geschah, und ich habe noch keinen Begleiter gesehen, der edleren Charakters war als Usmân bin Talha." [170]

Sie war nicht die Einzige, die grausam von ihren Lieben getrennt wurde. Ayyâsch war mit Umar bin Hattâb nach Medina ausgewandert. Seine zwei Halbbrüder Abû Dschahl und Hâris folgten ihm. Sie verabredeten sich mit ihm, um mit ihm zu sprechen. Als sie ihn trafen, behaupteten sie, seine Mutter hätte geschworen, sich die Haare nicht zu kämmen und sich vor der Sonne nicht zu schützen, bis sie ihn wiedergesehen hätte. Ayyâsch machte sich Sorgen um seine Mutter; auch wollte er sein Geld retten, das er in Mekka zurückgelassen hatte.

Umar riet ihm davon ab: „Bei Allah, wenn die Läuse deiner Mutter zu viel werden, wird sie bestimmt einen Kamm benutzen, und wenn die Hitze in Mekka sie belastet, wird sie in den Schatten gehen. Außerdem weißt du, dass ich einer der reichsten unter den Kuraysch bin, also gehe nicht, und die Hälfte meines Besitzes ist dein!"

Ayyâsch aber hörte nicht auf ihn. Umar gab ihm sein Kamel, damit er es zumindest leichter hätte, wenn er fliehen wollte. Unterwegs fragte ihn Abû Dschahl, ob Ayyâsch ihm sein Kamel leihen würde. Ayyâsch willigte ein. Als er abstieg, fielen Abû Dschahl und Hâris über ihn her, fesselten ihn an Händen und Füßen und brachten ihn wie einen Gefangenen nach Mekka. In Mekka sagten sie: „O ihr Leute von Mekka, macht doch das Gleiche mit euren Narren, was wir mit unserem gemacht haben!"[171]

Hischâm bin Âs war der Bruder jenes Amr bin Âs, der seinerzeit von Mekka abgeordnet worden war, um den Negus gegen die Flüchtlinge aufzuhetzen. Hischâm wurde damals Zeuge des Versagens seines Bruders. Als Hischâm, der inzwischen Muslim geworden war, nun auswandern

170 Ibn Hischâm, S. 215-216; Mubârakpûrî, S. 148

171 Ibn Hischâm, S. 218

wollte und seine Familie davon erfuhr, hielten sein Vater und sein Bruder Amr ihn mit Gewalt auf und sperrten ihn ein.[172] Beide, Ayyâsch und Hischâm, wurden so lange gefoltert und unter Druck gesetzt, bis sie den Islam zum Schein aufgaben. Obwohl sie innerlich noch Muslime waren, ließ ihr Gewissen ihnen keine Ruhe.

Während dieser Zeit des Zweifels und der Gewissensnot wurden die folgenden Verse offenbart: *„O meine Diener, die ihr gegen euch selber maßlos gewesen seid, verliert nicht die Hoffnung auf Allahs Barmherzigkeit. Gewiss, Allah vergibt die Sünden alle. Er ist ja der Allvergebende und der Barmherzige. Und wendet euch eurem Herrn reuig zu und seid Ihm ergeben, bevor die Strafe über euch kommt, worauf euch keine Hilfe zuteil werden wird. Und folgt dem Besten von dem, was zu euch von eurem Herrn herabgesandt worden ist, bevor die Strafe plötzlich über euch kommt, ohne dass ihr es merkt.“* [173]

Umar schrieb diese Verse mit eigener Hand auf und sandte sie Hischâm, der später erzählte: „Als ich diese Verse bekam, hielt ich sie nah und weit vor meine Augen und konnte sie nicht verstehen, bis ich betete: ‚O Allah, lass mich sie verstehen!‘ Da legte Allah in mein Herz, dass sie über uns offenbart wurden und über das, was wir selbst und andere über uns dachten.“ Hischâm zeigte die Verse Ayyâsch, der sich nun entschloss, aus Mekka zu fliehen. Das war nicht einfach, denn die Kuraysch unternahmen alles, um die Auswanderung der Gläubigen zu verhindern.

Umar war mit seiner Frau Zaynab, seiner Tochter Hafsa und seinem kleinen klugen Sohn Abdullah ausgewandert. Hamza, Zayd und Suhayb „dem Römer“ [174] gelang die Auswanderung ebenfalls. Als die Kuraysch erfuhren, dass Suhayb auswandern wollte, warfen sie ihm vor: „Du bist arm und schwach zu uns gekommen und mit unserer Hilfe reich und zu dem geworden, was du jetzt bist, und nun willst du mit deinem Besitz und Leben weggehen. Bei Allah, dies wird nicht geschehen!“

---

172 Ebd.

173 Sure Zumar, 39:53-55

174 Suhayb bin Sinân wurde als Kind von byzantinischen Truppen bei einem Überfall auf die Stadt as-Sani nahe des heutigen Basra geraubt und als Sklave verkauft. Mit 25 Jahren gelang ihm die Flucht nach Mekka. Dort wurde er Suhayb „ar-Rûmî“ (der Römer) genannt.

Suhayb bot ihnen an: „Und wenn ich euch meinen ganzen Besitz überlasse, kann ich dann gehen?" Damit waren die Götzendiener einverstanden. Suhayb sagte: „Dann lasse ich euch meinen Besitz!" Als diese Nachricht den Propheten erreichte, rief er hocherfreut: „Suhayb hat gewonnen, Suhayb hat gewonnen!" [175]

Bald hatten die meisten Gläubigen Mekka verlassen – außer Ali, Abû Bakr und Muhammad selbst. Abû Bakr bat den Propheten immer wieder um Erlaubnis, auswandern zu dürfen. Doch Muhammad sagte zu ihm: *„Beeile dich nicht, vielleicht wird dir Allah einen Gefährten geben!"* Mehr sagte er nicht. Abû Bakr wünschte, der Prophet wäre dieser Gefährte und kaufte zwei Kamele, die er zur Vorbereitung gut fütterte.[176]

---

175 Ibn Hischâm, S. 219-220

176 Ebd., S. 221, 223

Die Auswanderung

Als die Mekkaner hörten, dass die Muslime in Medina Gefährten gefunden hatten und dort in Sicherheit und Frieden lebten, bekamen sie es mit der Angst zu tun. Sie kannten diesen Mann, der unbeirrt an der Botschaft des Einzigen Gottes festhielt, der weder nachgab noch sich verstellte und dabei weder Schaden noch Tod fürchtete. Sie hatten auch erlebt, dass seine Geduld und Nachsicht beispiellos waren.

Den Kuraysch wurde bewusst, welche Tragweite ihre Verbrechen der letzten dreizehn Jahre hatten. Durch die Auswanderungen nach Medina bestand nun die Möglichkeit, dass die Muslime sich irgendwann rächen würden. Ihnen war in Medina eine Tür der Hoffnung auf Freiheit geöffnet worden, und die Herrscher von Mekka hatten in ganz Arabien ihr Gesicht verloren.

Nach einer längeren, streng geheimen Beratung im Haus der Ratsversammlung[177] erneuerten die Kuraysch ihren Entschluss, den Propheten umzubringen. Nur über die Art und Weise, wie dies geschehen sollte, waren sie sich noch uneinig. Ein Vorschlag war, ihn einzusperren, bis er starb. Andere fanden es ausreichend, ihn zu vertreiben. Einigen reichten diese Vorschläge aber nicht, denn wenn man Muhammad einsperrte, würden seine Gefährten ihn gewiss befreien, und wenn man ihn vertriebe, würde seine Botschaft bald ganz Arabien erreichen. „Habt ihr denn die Süße seiner Worte vergessen, und wie schnell er die Herzen der Menschen von seiner Botschaft überzeugt?", fragte einer.

---

177 Es handelt sich um das Haus „Dâr an-Nadwa", das Kusay bin Kilâb gehörte und in dem die Kuraysch alle ihre Angelegenheiten berieten. (Ibn Hischâm, S. 221)

Schließlich hatte Abû Dschahl die Idee, aus jedem Stamm einen kräftigen jungen Mann zu wählen und jedem von ihnen ein Schwert zu geben, damit sie den Propheten gemeinsam töteten. So würde sein Blut sich auf alle Sippen verteilen, und die Abdumanâf, Muhammads Sippe, könnten nicht alle zugleich bekämpfen; sie müssten dann ein Blutgeld akzeptieren, und die Sache wäre erledigt. Der grausame Mordplan fand Zustimmung. Wenn er früh am Morgen, so wie er es immer tat, sein Haus verließ, sollten die Männer ihn mit ihren Schwertern erschlagen.[178]

Eigentlich besuchte der Prophet immer vormittags oder nachmittags seinen Freund Abû Bakr, aber nicht um die Mittagszeit so wie heute, während auch seine Töchter Âischa und Asmâ bei ihm waren. Da ahnte Abû Bakr, dass etwas passiert sein musste.

„*Allah hat mir erlaubt, auszuwandern*", sagte er.

„In Begleitung?", fragte Abû Bakr schnell.

„*In Begleitung*", antwortete der Prophet.

Âischa erzählte später immer wieder: „Bei Allah, ich hatte nicht gewusst, dass jemand auch vor Freude weinen kann, bis ich an diesem Tag meinen Vater weinen sah!"

„O Prophet Allahs, ich habe dafür zwei Kamele vorbereitet."

Der Prophet war wieder zu Hause, wo er Ali bat, so lange in Mekka zu bleiben, bis alle Wertsachen, die er für die Leute aufbewahrte, ihren Besitzern zurückgegeben worden seien. Da Muhammad von allen als vertrauenswürdig angesehen wurde, hatten auch Götzendiener ihm immer wieder Wertsachen zur Aufbewahrung gebracht.

Die Männer, die von den Kuraysch mit der Ermordung des Propheten beauftragt worden waren, umschlichen in jener Nacht sein Haus. Sie fürchteten, dass er nach Medina entfliehen könnte und damit in Sicherheit wäre. Abû Dschahl war sich sicher, dass er ihn nun endlich töten würde. Spöttisch rief er: „Muhammad behauptet, wenn ihr ihm folgt, werdet ihr die Könige der Araber und Nichtaraber werden, und nach

178 Mubârakpûrî, S. 153; Ibn Hischâm, S. 221-222

eurem Tod werdet ihr wieder erweckt werden und in Gärten leben, so schön wie die Gärten am Jordan! Weiter sagt er, dass es ein Blutvergießen unter euch geben wird, und wenn ihr dann nach dem Tod wieder erweckt werdet, brennt ihr im Höllenfeuer!"[179]

In diesem Moment trat der Prophet vor sein Haus und sprach: *„Ja, das sage ich und du bist einer von ihnen!"* Dann begann er, die ersten neun Verse der Sure „*Yâsîn*"[180] zu rezitieren, nahm eine Handvoll Sand vom Boden und warf ihn auf die Männer. Als er dies tat, verdunkelte Allah ihre Blicke, sodass sie ihn nicht sehen konnten – obwohl er direkt vor ihnen stand.

Ein Mann kam vorüber und fragte: „Worauf wartet ihr hier?"

„Auf Muhammad", antworteten die Männer.

„Aber Muhammad ist doch schon an euch vorbeigegangen! Er hat Sand auf euch geworfen, und dann ist er weggegangen!"

Die Männer fassten sich an den Kopf, fühlten den Sand und waren ratlos. Was sollten sie nun machen? Sie warteten weiter bis zum Morgen. Als Ali bei Tagesanbruch aufstand und aus dem Haus kam, stellten sie verblüfft und enttäuscht fest, dass der Unbekannte recht gehabt hatte. Sie fuhren Ali an, ob er wisse, wo Muhammad sei. Doch Ali wusste es nicht. Damit war der Anschlag fehlgeschlagen.[181] Dem Propheten wurde später offenbart, dass Allah die Intrigen der Ungläubigen niemals gelingen lässt.[182]

---

179 Mubârakpûrî, S. 154; Ibn Hischâm, S. 222

180 *„Ya-Sin! Beim weisen Koran! Du bist wahrlich einer der Gesandten, auf einem geraden Weg. (Er ist) die Offenbarung des Allmächtigen und Barmherzigen, damit du ein Volk warnst, dessen Väter nicht gewarnt wurden, sodass sie (gegenüber allem) unachtsam sind. Das Wort ist ja gegen die meisten von ihnen unvermeidlich fällig geworden, so glauben sie nicht. Gewiss, Wir haben um ihre Hälse Fesseln gelegt. Sie reichen bis zum Kinn, sodass sie den Kopf hochhalten (müssen). Und Wir haben vor ihnen eine Sperrmauer errichtet und (ebenso) hinter ihnen eine Sperrmauer und sie so überdeckt, dass sie nichts sehen (können)"* (Sure Yâsîn, 36:1-9)

181 Tabarî, II, S. 374; Mubârakpûrî, S. 156

182 Sure Anfâl, 8:30; Sure Âli Imrân, 3:54; Sure Naml, 27:50; Sure Tûr, 52:30-31; Ibn Hischâm, S. 223

Abû Bakr hatte bereits vor Einbruch der Nacht Vorbereitungen für den Aufbruch getroffen. Sobald der Prophet ankam, kletterten beide durch ein Fenster auf der Rückseite des Hauses. Als sie Mekka verließen, drehte er sich noch einmal um und warf einen letzten Blick auf seine geliebte Stadt. Dabei sprach er: *„Auf Allahs Erde bist du Ihm und mir der liebste Ort. Hätte mein Volk mich nicht verbannt, hätte ich dich nicht verlassen!"*

Inzwischen hatten Abû Dschahl und seine Männer Abû Bakrs Haus erreicht. Als Asmâ ihnen die Tür öffnete, fragten sie, wo ihr Vater sei. Sie antwortete, dass sie es nicht wisse. Da ohrfeigte sie Abû Dschahl so fest, dass sich ihr Ohrring löste und zu Boden fiel.[183]

Âmir war ein Schäfer, der für die Mekkaner Schafe hütete. Er war ein ehemaliger Sklave, der, wie viele andere Sklaven auch, von Abû Bakr gekauft und freigelassen worden war. Er folgte ihnen mit seinen Schafen und verwischte so ihre Spuren, bis der Prophet und Abû Bakr eine Höhle im Berg Sawr, südlich von Mekka, erreicht hatten.

Nachdem Abû Dschahl wieder gegangen war, machte sich Asmâ mit ihrem Bruder Abdullah auf den Weg zur Höhle, um ihrem Vater und dem Propheten Essen zu bringen und um ihnen zu berichten, dass die Kuraysch eine Belohnung von 100 Kamelen für denjenigen ausgesetzt hätten, der den Propheten tot oder lebendig fände und nach Mekka zurückbrächte.[184] Die meisten Verfolger suchten im Norden nach dem Propheten, weil das die Richtung war, in der Medina lag. Einige wenige kamen aber auch auf die Idee, dass er einen Umweg genommen haben könnte, und suchten im Süden.

Abû Bakr und der Prophet versteckten sich in der Höhle, wo sie drei Tage blieben. Einmal während dieser Zeit hörten sie Stimmen, die immer näher kamen. Es waren Männer aus Mekka. Sie blieben vor der Höhle stehen und unterhielten sich miteinander. Abû Bakr machte sich Sorgen und flüsterte: „Wenn einer von ihnen zu seinen Füßen blickt, dann sieht er uns!" Der Prophet beruhigte ihn: *„Was, Abû Bakr, hältst du von Zweien, bei denen Allah der Dritte ist?"* Er meinte Abû Bakr und sich selbst.[185]

---

183 Ebd., S. 225

184 Buhârî, 554; Mubârakpûrî, S. 156

185 Buhârî, 516, 558; Mubârakpûrî, S. 156

Die Verfolger waren erschöpft und hatten die Hoffnung, den Propheten zu finden, längst aufgegeben. Sie entdeckten ihn und Abû Bakr nicht.

Zur vereinbarten Zeit erschien Asmâ mit ihrem Bruder Abdullah. Âmir war auch gekommen, diesmal aber ohne seine Schafe, denn er sollte den Propheten und Abû Bakr auf ihrer „Hidschra", ihrer Auswanderung nach Medina begleiten. Er brachte Abdullah bin Arkat mit, dem Abû Bakr zuvor die zwei Kamele anvertraut hatte, welcher dieser für die lange Reise gut gefüttert hatte. Asmâ nahm ihren Gürtel ab und schnitt ihn in zwei Teile. Den einen behielt sie für sich, und mit dem anderen befestigte sie das Essen am Sattel ihres Vaters. Deshalb wird sie auch „Zât an-Nitakayn" („die mit den zwei Gürteln") genannt.

Ibn Arkat führte die kleine Gruppe nach Westen bis zum Roten Meer, an dessen Ufer sie eine Weile entlangritten, um dann den Weg nach Norden einzuschlagen.

Über die weitere Verfolgung des Propheten berichtet Surâka bin Mâlik: „Die Boten der Kuraysch kamen zu uns und gaben den Preis bekannt, der demjenigen gezahlt werden sollte, der den Gesandten Allahs und Abû Bakr tötete oder gefangen nahm. Ich war gerade in einer der Versammlungen meines Stammes, der Banî Mudlidsch, als einer unserer Männer hereinkam, sich vor uns stellte und sagte: ‚O Surâka, ich habe soeben ein paar Leute gesehen, die an der Küste entlangzogen. Ich glaube, dass es Muhammad und seine Gefährten sind!' Ich dachte zwar dasselbe, aber gab ihm ein Zeichen zu schweigen und sagte: ‚Nein, das sind sie nicht; du sahst nur den Soundso und den von der Sippe Soundso. Wir haben gesehen, dass sie losgezogen sind.'

Ich blieb noch eine Weile in der Versammlung, stand dann aber auf und ging nach Haus. Ich befahl meiner Sklavin, meine Stute zu holen, die hinter einem Hügel stand, und sie für mich bereitzuhalten. Dann nahm ich meinen Speer und verließ das Haus durch die Hintertür. Als ich mein Pferd erreichte, stieg ich auf und setzte es in Galopp. Ich ritt sehr schnell, bis ich ihnen immer näher kam. Da strauchelte die Stute, und ich fiel hinunter. Schnell stand ich wieder auf und zog aus meinem Köcher Lospfeile, die ich auslegte, um eine Weisung von ihnen zu erhalten, ob ich dem Propheten und seinem Begleiter Schaden zufügen sollte oder nicht. Das Zeichen, das ich erhielt, stimmte ganz und gar nicht mit meinem Wunsch überein. Deshalb handelte ich entgegen dem Vorzeichen der Lospfeile und verfolgte sie weiter.

Abû Bakr schien etwas zu hören, denn er sah sich häufig um. Plötzlich sanken die Vorderbeine meiner Stute bis zu den Knien ein und ich fiel wieder runter. Ich schimpfte sie aus und sie erhob sich, konnte aber ihre Beine kaum aus dem Sand befreien. Als sie dann endlich aufrecht stand, sah ich aus den Löchern, in denen ihre Vorderbeine gesteckt hatten, eine Staubwolke wie eine Rauchsäule bis zum Himmel hinaufsteigen.

Ich nahm die Lospfeile wieder zu Hilfe, und das Zeichen, welches sie mir gaben, entsprach wieder nicht meinem Wunsch. So rief ich den Männern, die ich verfolgte, zu, sie mögen anhalten, ich sei für sie keine Gefahr mehr. Sie blieben stehen, und ich ritt zu ihnen. Aufgrund der Hindernisse, die zwischen mir und ihnen überwunden worden waren, hegte ich inzwischen die Vermutung, dass die Botschaft des Gesandten Allahs doch wahr war und seine Sache Erfolg haben würde.

Ich sagte zu ihm: ‚Deine Leute haben ein Blutgeld für dich ausgesetzt!' Ich erzählte, was die Mekkaner mit ihnen vorhatten. Auch bot ich ihnen Reiseproviant und andere Gegenstände an, die sie jedoch nicht annahmen. Sie baten nur: ‚Halte unsere Sache geheim!' Darauf fragte ich den Propheten, ob er mir ein Schriftstück mit der Zusage über meine Sicherheit schreiben könne, und er ließ es für mich von Âmir auf ein Stück Leder schreiben."[186]

Während seiner Flucht empfing der Prophet eine Offenbarung, in der Allah ihm versprach: *„Siehe! Er, der dir den Koran auferlegte, wird dich wieder zurückbringen!"* [187]

Unterwegs trafen sie auf Abû Bakrs Vetter Talha. Dieser war in Medina und hatte die Freude der Leute erlebt, die dort auf den Propheten warteten. Denn sie hatten gehört, dass er von Mekka aufgebrochen sei. Sie pflegten täglich vormittags ins Freie zu gehen und auf ihn zu warten. Sie blieben so lange, bis die Mittagshitze sie in ihre Häuser zwang. Eines Tages, als sie schon wieder in ihre Häuser gegangen waren, stieg ein Jude

186 Ibn Hischâm, S. 226; Buhârî, 3906

187 Sure Kasâs, 28:85

auf das Dach eines hohen Gebäudes, um Ausschau zu halten. Da erblickte er in der Ferne den Gesandten Allahs und seine Gefährten. Er rief so laut er konnte: „Ihr Araber! Da kommt euer Oberhaupt, auf das ihr wartet!“[188]

Auf diesen Ruf hin strömten die Männer, Frauen und Kinder jubelnd hinaus. Sie empfingen den Gesandten Allahs, als er noch weit entfernt war. Er hielt zuerst im Dorf Kubâ. Die neuen Muslime aus Medina, die weder den Propheten noch Abû Bakr je zuvor gesehen hatten, schätzten Muhammad viel jünger ein. Deshalb begrüßten sie zuerst Abû Bakr, der zwar auch noch sehr gut aussah, aber wesentlich älter wirkte, denn sie glaubten, er sei der Prophet. Erst als die Sonne höher stieg und Abû Bakr sich zu Muhammad begab, um ihn mit seinem Gewand zu schützen, klärte sich der Irrtum auf und alle erkannten den Gesandten Allahs.

Er erhob sich und sprach zu ihnen: *„Ihr Leute, grüßt einander mit dem Friedensgruß, gebt den Hungernden zu essen, ehrt eure Familien und betet in der Nacht, wenn die Menschen schlafen! Dann werdet ihr das Paradies in Frieden betreten!“*[189]

Auch der Rabbi Husayn war zu der Menge gekommen und hatte die Worte Muhammads gehört. Später sagte er: „Als ich das Gesicht des Propheten sah, wusste ich, dass dies nicht das Gesicht eines Lügners ist.“

Viele Menschen kamen nach Kubâ, um den Propheten zu begrüßen; unter ihnen auch ein Perser namens Salmân. Dieser war in jungen Jahren nach Syrien und in den Irak gereist, wo er bei christlichen Gelehrten studiert hatte und schließlich Christ geworden war. Sein letzter Lehrer

---

188 Ibn Hischâm, S. 227: Dies geschah an einem Montag, dem 24. oder 27. September 622. Auch der Geburts- und Sterbetag Muhammads war ein Montag. Zudem pflegte der Prophet montags zu fasten. Hassân bin Sâbit sagte, er sei 7 Jahre alt gewesen, als ein Jude in Medina von seinem Dach lautstark verkündete, dass in jener Nacht der Stern des Ahmad, des „Hochgepriesenen“, erschienen sei. Ibn Ishâk schreibt, er habe seinen Enkelsohn Saîd bin Abdurrahman bin Hassân bin Sâbit gefragt, wie alt Hasan gewesen sei, als der Prophet nach Medina auswanderte. Er sagte, er sei 60 gewesen. Muhammad war mit 53 Jahren ausgewandert. (Ibn Hischâm, S. 77)

189 Ibn Sad und Abdullah bin Amr berichten: *„Ein Mann fragte den Propheten: ‚In welcher Weise kann man den Islam am besten leben?‘ Der Prophet sagte: ‚Indem du andere speist und jeden mit dem Friedensgruß (salam) grüßt; den du kennst, und den du nicht kennst!‘“* (Buhârî, 6236)

hatte auf dem Sterbebett zu ihm gesagt, dass die Zeit des erwarteten Propheten nahe sei, der mit der Religion Abrahams kommen und in Arabien aus seiner Heimat vertrieben werden würde. Seine Zeichen seien nicht zu übersehen: Von Geschenken würde er essen, aber nicht von Almosen, und zwischen seinen Schultern sei das Siegel der Prophetenschaft.

Salmân erzählt seine Geschichte weiter: „Ich hatte Händler mit meinen Kühen und meinem restlichen Geld dafür bezahlt, dass sie mich nach Arabien bringen. Doch sie betrogen mich und verkauften mich als Sklaven an einen jüdischen Händler. Nach einer Weile wurde ich an den jüdischen Stamm der Banî Kurayza verkauft, die in Medina lebten. So kam ich am Ende doch noch nach Arabien. Mein Besitzer hatte einen Verwandten in Kubâ. Dieser kam nach Medina und berichtete, dass der Prophet in Kubâ angekommen sei.

Bei Allah, ich war gerade oben auf einer Palme und arbeitete für meinen Besitzer, während dieser darunter saß. Ich hörte, dass sie sich über die Hazradsch wunderten, weil diese sich um einen Propheten scharten, der aus Mekka gekommen war und sich gerade in Kubâ befand. Als ich das hörte, begann ich am ganzen Körper zu zittern, sodass ich fürchtete, ich würde vom Baum fallen. Ich stieg von der Palme hinab und ging zu dem Mann, um ihn zu befragen.

Darüber ärgerte sich mein Besitzer, schlug mich heftig und schickte mich wieder an die Arbeit. Es gelang mir aber, noch am selben Abend mit etwas Essen, das ich aufgespart hatte, zum Propheten nach Kubâ zu laufen. Als ich bei ihm ankam, sagte ich ihm, ich hätte gehört, dass er ein rechtschaffener Mensch sei und auch mittellose Gefährten bei sich habe, die mit ihm von dem, was ich als Almosen anbot, essen sollten. Der Prophet sagte zu seinen Gefährten: ‚*Esst davon*'; er selber aber nahm nichts."

Nun war Salmân gespannt, ob er auch die anderen Zeichen zu sehen bekommen würde. Er stellte einige Dinge zusammen, die er später, als der Prophet in Medina war, zu ihm brachte. Er sagte: „Ich habe gesehen, dass du nicht von Almosen isst, dies ist aber etwas, das ich dir schenken möchte!" Als der Prophet Muhammad davon aß und zugleich seinen Gefährten etwas abgab, hatte Salmân ein weiteres Zeichen. Schließlich sah er ihn auf dem Friedhof von Baqî in Medina bei einer Beerdigung. Er grüßte ihn und beugte sich neugierig nach hinten, um seinen Rücken zu sehen.

Da der Prophet wusste, was Salmân so interessierte, nahm er sein Obergewand ab, und Salmân erblickte das Siegel der Prophetenschaft. Weinend küsste er das Siegel auf Rücken und wurde Muslim.

Der Prophet blieb einige Tage beim Stamm der Banî Amr bin Awf. Während dieser Zeit legte er in Kubâ das Fundament der ersten Moschee. Auch Ali, der drei Tage gebraucht hatte, um alle Wertsachen, die dem Propheten anvertraut worden waren, an ihre Besitzer zurückzugeben, war inzwischen aus Mekka eingetroffen.

Salmân blieb zunächst in seinem Status als Sklave. Wie er davon freikam, berichtet er selbst: „Schließlich teilte der Gesandte mir mit, dass ich mit meinem Herrn einen Freilassungsvertrag abschließen solle! So forderte ich dies so oft von meinem Herrn, bis er endlich einwilligte und mit mir einen Vertrag auf Freilassung unter der Bedingung abschloss, dass ich ihm als Gegenleistung 300 junge Dattelpalmen pflanze und 40 Unzen Silber zahle.

Als der Gesandte von diesen schweren Bedingungen erfuhr, sagte er zu seinen Gefährten: *‚Helft eurem Bruder beim Beschaffen der jungen Palmen!‘* So half jeder nach seinen Kräften mit. Darauf sagte der Prophet: *‚Salmân, geh hin und grabe Löcher für die Palmen! Und wenn du fertig bist, benachrichtige mich, so werde ich sie dann mit meinen eigenen Händen setzen.‘* Da machte ich mich also an die Arbeit, wobei mir einige Gefährten des Propheten halfen, bis wir 300 Löcher vorbereitet hatten. Der Gesandte begann dann, die Palmen mit seiner Hand zu setzen, die Erde über den Wurzeln zu glätten und für sie den Segenswunsch zu sprechen, bis er mit allen fertig war.

Danach blieben nur noch die 40 Unzen Silber zu zahlen. Als der Gesandte eines Tages mit seinen Gefährten zusammen war, brachte ihm jemand ein Goldstück in der Größe eines Hühnereis, das er dem Propheten als Almosen gab. Der Prophet sagte: ‚Was macht eigentlich der arme Perser mit seinem Freilassungsvertrag? Er soll zu mir kommen!‘ Als ich mich bei ihm einfand, sagte er zu mir: ‚Geh mit diesem Goldstück und bezahle damit, was du an Schulden noch zu zahlen hast!‘“ [190]

---

190 Ibn Hischâm, S. 100-104; Ibn Sad, IV, S. 75-80

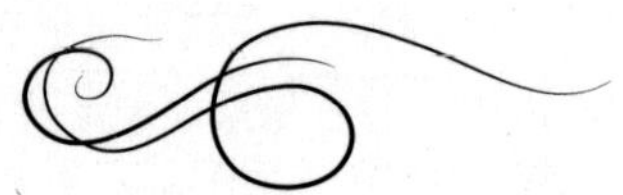

3. Teil

Wirken in Medina

Eine neue Gesellschaft

Langsam ritt der Prophet auf seiner Kamelstute Kaswa inmitten einer großen Menschenmenge durch Medina.[191] Viele der Muslime näherten sich ihm, berührten Kaswas Zügel und baten: „O Gesandter Allahs, bleibe bei uns, wir haben für dich Reichtum und Schutz!"

„Lasst sie weiterziehen, denn sie steht unter dem Befehl Allahs", erklärte der Gesandte Allahs. Nach einer Weile verließ die Kamelstute die Straße und kniete auf einem Platz nieder, der zum Trocknen der Datteln genutzt wurde. Der Prophet stieg ab und fragte, wessen Haus diesem Ort am nächsten sei. Abû Ayyûb [192] sagte: „Meines, o Gesandter Allahs". So hatte er die Ehre, der Gastgeber des Propheten zu sein. Abû Ayyûb band das Gepäck los und brachte es in sein Haus. Die Bewohner Medinas berichteten später, dass es nie einen fröhlicheren Tag in Medina gegeben habe als diesen.

Der Prophet wollte nun wissen, wem der Platz gehörte, auf dem die Kamelstute sich niedergelassen hatte. Es dauerte nicht lange, bis die Besitzer ausfindig gemacht waren. Es waren Sahl und Suhayl, zwei Waisen. Der Prophet fragte, ob sie dieses Grundstück verkaufen möchten. Sie wollten es ihm jedoch schenken. Den Besitz der Waisen wollte der Prophet aber nicht als Geschenk annehmen, deshalb kaufte er ihnen den Platz ab.

---

191 Zu dieser Zeit hieß die Stadt noch Yasrib. Erst nach der Gründung des muslimischen Gemeinwesens wurde sie „Madînat ar-Rasûl" (die Stadt des Gesandten), kurz Medina, genannt.

192 Abû Ayyûb Hâlid bin Zayd hatte beim zweiten Treffen in Akaba den Treueid geschworen. (Ibn Hischâm, S. 229-231)

„Hier, so Allah will, ist die Niederlassung", erklärte er dann. Umgehend wurde mit dem Bau einer Moschee begonnen. Sie sollte ein Ort des Gebetes und eine Versammlungsstätte für die Muslime werden. An einer Seite der Moschee wurden einfache Räume als Wohnung für den Propheten angefügt. Bald war das bescheidene Haus des Propheten fertig.

Abû Bakrs Frau Umm Rûmân und ihre Kinder kamen bald nach. Mit der Auswanderung verlor Abû Bakr seinen gesamten Besitz in Mekka. Der Gesandte Allahs schickte Zayd, um Sawda, seine Töchter Umm Kulsûm und Fâtima sowie auch Zayds Frau Baraka und ihren kleinen Sohn Usâma aus Mekka zu holen.

Sawda stand dem Haushalt des Propheten vor, als dieser kurz nach ihrer Ankunft in Medina Abû Bakrs Tochter Âischa heiratete. Âischa kannte Muhammad seit ihrer Kindheit und wusste, dass er der Gesandte Allahs war. Sie hörte immer wieder Gutes über ihn und mochte ihn auch selbst sehr gerne. Seine Eheschließung mit Âischa machte nicht nur die Braut glücklich, sondern auch ihre Eltern, die diese Ehre wohl zu schätzen wussten.

Die Ehe des Propheten mit Âischa belastete auch Sawda nicht. Ihr wurde bald klar, wie wissensdurstig diese junge Frau war, die von Allah eine große Aufnahmefähigkeit geschenkt bekommen hatte und die ihr Wissen den Muslimen und der ganzen Menschheit einst weitergeben sollte. Âischa war die Tochter des ersten und wichtigsten Helfers des Propheten, des Mannes, der ihm am liebsten war und ihm am nächsten stand.

Wegen Âischas Herkunft und der Liebe des Propheten zu ihr räumte Sawda ihr bald die erste Stelle im Haus des Propheten und in der Gemeinde ein. Nach Berichten der Muslime war Sawda zur Zeit ihrer Heirat mit dem Propheten schon recht alt, und damit wollte er seiner Gemeinde ein gütiges Vorbild sein. Sawda war klar, dass Muhammad sie nicht weltlicher Dinge wegen geheiratet hatte. So sagte sie eines Tages: „Bei Allah, ich lege keinen Wert mehr auf die eheliche Beziehung, jedoch wünsche ich mir, dass Allah mich am Jüngsten Tag als Ehefrau des Gesandten wiederauferstehen lässt. Ich werde meine Nacht Âischa schenken!"

Der Prophet war tief beeindruckt von ihrer Bescheidenheit und Großzügigkeit. Der Verzicht stärkte die Bindung zwischen den beiden Frauen, und Sawda führte weiterhin ein ruhiges Leben im Hause des Propheten.[193] Wie die anderen Gläubigen war auch Âischa der Überzeugung, dass der Gesandte Allahs seine Ehen, deren Sinn und Zweck der Gemeinschaft offenbar waren, im Rahmen der Ausübung und Förderung seiner Botschaft schloss – und nicht aufgrund persönlicher Interessen.[194]

Die islamische Gemeinde wurde begründet und fortan sollte niemand mehr seines Glaubens wegen benachteiligt werden. Der Prophet Muhammad verurteilte die Unterdrückung von Frauen, Kindern und Sklaven und erklärte Medina zu einer offenen Stadt der Toleranz und Verständigung. Seine Güte und Barmherzigkeit, die sich nicht nur auf die Menschen, sondern ebenso auf alle anderen Geschöpfe, die Tiere und die Pflanzen, bezog, machte er zu Stützen der Brüderlichkeit, welche das Fundament der neuen Gemeinschaft bildete.

Die Frauen in Medina bekamen Rechte, von denen sie vorher nicht einmal geträumt hatten. Sie durften Besitz haben, hatten ein Recht auf das Erbe ihrer Verwandten und Ehemänner und durften nicht mehr ohne ihre Zustimmung verheiratet werden. Der Prophet kümmerte sich auch um das Wohlergehen der Kinder. Er wies die Muslime an, alle Kinder, sowohl Jungen als auch Mädchen, Lesen und Schreiben zu lehren. Er war bekannt für seine Freundlichkeit den Kindern gegenüber. Schwache und Starke wurden gleich behandelt. Der Prophet lehrte die Muslime, dass es gottgefällig sei, Sklaven die Freiheit zu schenken. So kamen viele Sklaven frei.

Die Offenbarungen schrieben den Muslimen vor, dass jeder Wohlhabende pro Jahr 2,5 Prozent seines Besitzes an die Armen abzugeben habe – die sogenannte „Zakat“. Der Armut wurde der Kampf erklärt.

---

193 Nach ihrem Tod fasste Âischa ihre Meinung über Sawda in den Worten zusammen: „Es gibt unter den Menschen niemanden, den ich wegen seines Charakters mehr liebe als Sawda, obwohl sie etwas Schärfe hatte.“

194 Vom Propheten unterstützt und gefördert, galten seine Frauen bei der weiteren Vermittlung der islamischen Lehre als sachkundige Lehrerinnen für Frauen und Männer. Ihre Wohnräume und die Moschee waren Ausbildungsstätten für muslimische Frauen. Sie waren die ersten Theologinnen und Überlieferinnen – nicht nur für ihre Zeit, sondern für die gesamte islamische Welt bis heute. Der Koran bezeichnet jede von ihnen als „Mutter der Gläubigen“. Allein Âischa überlieferte zuverlässig mehr als 2.200 Aussagen des Propheten.

In Medina, der Stadt des Propheten, waren bald fast alle Menschen Muslime. Allmählich lebten sich die Auswanderer aus Mekka ein und bekamen den Namen „Muhâdschirûn", Auswanderer. Die Muslime aus Medina wurden vom Propheten „Ansâr" genannt, Helfer – denn sie halfen ihren Brüdern und Schwestern aus Mekka. Sie nahmen sie in ihren Häusern auf und teilten mit ihnen alles, was sie besaßen, da die Auswanderer ihre gesamte Habe in Mekka hatten zurücklassen müssen.

Die Muslime richteten ihr tägliches Leben und ihre gemeinsamen Angelegenheiten nach den Lehren des Islams aus, die jeder leicht praktizieren konnte. Der Prophet achtete darauf, dass die Menschen in der Religion nicht übertrieben und sich damit ihr Leben nicht unnütz erschwerten.[195] Er gab der neuen Gesellschaft eine Ordnung, stellte Regeln für das Zusammenleben auf und definierte das Erlaubte und Verbotene, all dies basierend auf dem Koran. Er schaffte die Blutrache ab und stellte Frieden zwischen den einzelnen Stämmen her.

Es wurde auch das Verhältnis zu den Nichtmuslimen, vor allem zu den jüdischen Stämmen, geregelt, welche ein Teil der neuen Gesellschaft bleiben sollten. Der Prophet schloss ein Abkommen mit ihnen, in dem Muslimen und Juden ähnliche Rechte und Pflichten gegeben und auferlegt wurden, damit Gerechtigkeit herrschte.[196] Dieses Abkommen wurde „Der Vertrag von Medina" genannt. In Verbindung mit den Aussagen des Korans wurde er die Basis für das Zusammenleben von Juden und Christen in muslimischen Gesellschaften.[197]

Viele Juden schätzten die Toleranz und Großzügigkeit des Propheten und seiner Lehre. Aber unter einigen ihrer Oberhäupter und Gelehrten

195 Dieses Prinzip überlieferte die Frau des Propheten, Âischa, in einem Hadith: „Jedes Mal wenn der Gesandte Allahs zwischen zwei Dingen wählen konnte, nahm er das Leichtere, solange es keine Sünde war." (Buhârî, 3560; Muslim, 2327); Siehe auch den bekannten Hadith: *„Macht alles leicht und erschwert nichts. Verbreitet gute Botschaften und erschreckt die Leute nicht."* (Buhârî, 69; Muslim, 1734)

196 *„Kein Zwang im Glauben! Klar ist nunmehr das Rechte vom Irrtum unterschieden."* (Sure Bakara, 2: 256). Dies ist sowohl das Verbot, in Glaubensfragen Gewalt anzuwenden, als auch die Feststellung, dass solcher Zwang ein untauglicher Versuch wäre. (Vgl. *Der Koran*, Übersetzung von Max Henning, Überarbeitung von Murad Hofmann).

197 Ibn Hischâm, S. 232-234

regte sich auch Widerstand, aus Neid, weil Allah Seinen letzten Propheten unter den Arabern erwählt hatte, wodurch das Prophetentum nun von den Kindern Isaaks auf die Kinder Ismaels übergegangen war. Ein weiterer Grund war, dass sich durch die neuen Verhältnisse in Medina der Einfluss der jüdischen Stämme verringerte.

Einige der Angehörigen der jüdischen Stämme wurden aber auch Muslime. Einer von ihnen war der angesehene und gelehrte Rabbi Husayn bin Sallam. Er hatte keinen Zweifel daran, dass Muhammad der Gesandte Allahs war, da über ihn in den Schriften der Juden und Christen schon berichtet worden war.

Ibn Sallam ging heimlich zum Propheten, um ihm mitzuteilen, dass er Muslim geworden sei. Er schlug vor, dass der Prophet die jüdischen Gelehrten befragen sollte, was sie über ihn, Ibn Sallam, dachten, ehe sie von seinem Beitritt zum Islam erfuhren. Dies tat der Prophet. Während der Rabbi sich in seinem Haus verbarg, fragte Muhammad die Juden, was sie über Ibn Sallam dachten. Einstimmig antworteten sie: „Er ist unser Gelehrter, Sohn unseres Gelehrten, unser Oberhaupt und der Sohn unseres Oberhauptes!"

Der Prophet sagte: *„Was ist, wenn er Muslim wird?"*

Sie antworteten: „Allah bewahre ihn davor, das würde er nie tun!"

Nun kam Ibn Sallam hervor und sprach das Glaubensbekenntnis. Als die Gelehrten dies hörten, sagten sie: „Ibn Sallam ist der Boshafteste unter uns und der Sohn eines Boshaften!"

Ibn Sallam sagte: „Ihr Juden, ihr wisst, dass dieser Mann der Prophet Allahs ist, der in der Thora mit seinem Namen und seinen Eigenschaften erwähnt wird, also fürchtet Allah und nehmt an, was Er euch gesandt hat!" Dann erklärte er, dass er selbst und seine gesamte Familie den Islam angenommen hatten. Sie beschimpften ihn und gingen davon.[198]

Auch unter den Aws und den Hazradsch hatte der Prophet einige Gegner. Diese waren entweder beim Götzendienst geblieben oder hatten

198 Ebd., S. 240-241

den Islam nur zum Schein angenommen, um Vorteile zu erlangen. Diese Gruppe der Heuchler verbündete sich mit den Gegnern aus den jüdischen Stämmen. Ihr Oberhaupt war ein bedeutender Mann – Abdullah bin Ubay bin Salûl [199] – eines der Stammesoberhäupter der Hazradsch, der nicht nur an Macht verloren hatte, sondern auch mit ansehen musste, wie sein Sohn, der ebenfalls Abdullah hieß, und seine Tochter Dschamîla Muslime wurden.

Die Spaltung der Aws und Hazradsch und der Bürgerkrieg hatten bislang den jüdischen Stämmen gewisse Vorteile gebracht, denn sie hatten sich auf beiden Seiten daran beteiligt. Die Banî Kaynukâ und die Banî Nadîr waren mit den Hazradsch verbündet, die Banî Kurayza mit den Aws. So kam es auch, dass bei der Schlacht von Buâs [200] jüdische Stämme auf der Seite ihrer jeweiligen Verbündeten gegeneinander kämpften.

Inzwischen war der Islam gekommen, der das Zusammenleben der Stämme und Religionen in Frieden und Gerechtigkeit gebot. Abdullah bin Ubay und seine Leute, sowie ihre Verbündeten von den jüdischen Stämmen hatten indes großes Interesse daran, die alte, vorislamische Ordnung beizubehalten.

Es gab auch Rabbiner, die sich, um Zweifel unter den Muslimen zu säen, in heuchlerischer Weise zum Islam bekannten. Einer von ihnen war Zayd bin Lusayt. Als sich einmal das Kamel des Propheten verlaufen hatte, spottete er: „Muhammad soll Botschaften aus dem Himmel empfangen, und er weiß nicht einmal, wo sein Kamel gerade ist!“

Nachdem Allah es ihn hatte wissen lassen, sagte der Prophet: *„Bei Allah, ich weiß nur Dinge, die Er mich wissen lässt, und Er hat es mir gezeigt. Es ist in jenem Tal, und es verfing sich mit seinem Zügel an einem Baum.“*

---

199 Ubay bin Salûl war ein mächtiger Mann in Medina. Nach dem Krieg zwischen den Aws und den Hazradsch war er es, auf den sich die Stämme als König geeinigt hatten. Die Ankunft des Propheten in Medina verhinderte jedoch, dass er König wurde. Ubay fühlte sich daher seiner Königswürde beraubt. Diejenigen, die ihn als ihr Oberhaupt sahen, pflegten sich bei ihm zu treffen.

200 Bei der Schlacht von Buâs – einem Ort in der Nähe von Medina – hatten beide Stämme große Verluste zu beklagen. Am Ende siegten die Aws. Die Schlacht fand wenige Jahre vor der Hidschra, der Auswanderung des Propheten, statt und belastete noch immer das Verhältnis zwischen Aws und Hazradsch.

Sogleich machten sich einige Muslime auf den Weg und fanden das Kamel an der Stelle, die der Prophet ihnen genannt hatte, und in dem Zustand, den er beschrieben hatte.[201]

Eines der einflussreichsten Oberhäupter der Banî Kaynukâ war Schas bin Kays. Die neue friedliche Ordnung und die Verbrüderung zwischen den beiden großen Stämmen Medinas, sowie zwischen den Muhâdschirûn und den Ansâr, also den Auswanderern und den Helfern, ärgerten ihn. Deshalb beauftragte er einen jungen Sänger, sich zwischen die Männer zu setzen, wenn Angehörige der Aws und der Hazradsch zusammensaßen, und alte Gedichte vorzutragen, die während des Krieges von Dichtern beider Stämme verfasst worden waren. Es handelte sich um Verse, in denen die Stämme sich selbst als tapfer und ehrbar beschrieben, während der jeweilige Feind verhöhnt wurde; auch vielfältige Erinnerungen an die Gefallenen wurden geweckt und Rache geschworen.

Als also die Aws und die Hazradsch wieder einmal friedlich beieinandersaßen, tat der Sänger, was Schas bin Kays ihm gesagt hatte. Er trug Gedichte über die Schlacht von Buâs vor, wodurch es ihm gelang die Männer an die schreckliche vorislamische Vergangenheit zu erinnern und alte Wunden aufzureißen. Zwei Angehörige der beiden Stämme begannen, sich zu streiten. Schon erklang der Ruf: „Greift zu den Waffen!"

Schnell wurde der Prophet benachrichtigt. Er eilte mit einigen Auswanderern zu dem Platz, wo die beiden Gruppen sich gerade voller Wut aufeinander stürzen wollten, und rief: *„O Ihr Muslime, Allah, Allah! Wollt ihr euch so verhalten wie in den Tagen der Unwissenheit, jetzt, wo ich unter euch bin? Nachdem Allah euch rechtgeleitet und euch mit dem Islam geehrt hat, euch von euren Sitten aus der Zeit der Unwissenheit befreit, euch vor dem Unglauben gerettet und eure Herzen vereint hat?"* Die tadelnden Worte aus dem Mund des Propheten brachten die Zornigen wieder zur Vernunft und erinnerten sie daran, dass der Islam ihre Herzen längst versöhnt und sie zu Geschwistern gemacht hatte. Sie schämten sich ihres Verhaltens und erkannten, dass sie hereingelegt worden waren. Weinend umarmten sie sich und gingen mit dem Propheten zur Moschee.[202]

---

201 Ibn Hischâm, S. 245

202 Mubârakpûrî, S. 216; Ibn Hischâm, S. 261-262

Nachdem nun die meisten Bewohner Medinas Muslime geworden waren, wurde es notwendig, einen Weg zu finden, sie zum gemeinsamen Gebet in die Moschee zu rufen. Anfangs waren sie ohne Aufforderung zur richtigen Zeit zum Propheten gekommen; das war nun nicht mehr so einfach. Der Prophet überlegte mit ihnen, was man machen könne. Sie dachten an ein Horn oder eine Glocke, um zum Gebet zu rufen. Indes hatte Abdullah bin Zayd einen Traum. Gleich nachdem er wach geworden war, ging er zum Propheten und sprach: „O Gesandter Allahs, letzte Nacht sah ich im Traum, wie ein grün gekleideter Mann mit einer Glocke in der Hand an mir vorbeilief. Ich habe ihn gefragt: ‚Du Diener Allahs, würdest du mir diese Glocke verkaufen?'

‚Was hast du damit vor?', fragte er mich.

‚Damit zum Gebet rufen', antwortete ich ihm.

‚Soll ich dir etwas Besseres zeigen?', entgegnete er.

‚Was wäre das denn?', fragte ich.

Da sagte er: ‚Rufe viermal: „Allâhu akbar, Allah ist größer!" und jeweils zweimal: „Aschhadu allâ ilâha illallâh, ich bezeuge, es gibt keinen Anbetungswürdigen außer Allah; Aschhadu anna Muhammadan Rasûlullah, ich bezeuge, Muhammad ist der Gesandte Allahs; Hayya alas Salâh, kommt zum Gebet; Hayya alal Falâh, kommt zum Heil! Allâhu akbar, Allah ist größer!" Und dann zuletzt einmal: „Lâ ilâha illallah, es gibt keinen Anbetungswürdigen außer Allah."'"

Als der Prophet das hörte, rief er: *„Ein wahrer Traum, so Allah will! Geh zu Bilâl und bring es ihm bei. Er soll damit zum Gebet rufen; denn seine Stimme ist kräftiger als deine!"* [203]

Gewiss war Bilâl, auf dessen Körper Umayya einst den schweren Stein gelegt hatte und der in der Hitze Mekkas so grausam gefoltert worden war, diejenige, der es verdiente, den Ruf der Einzigkeit Allahs laut und herrlich zu verkünden, sodass er die Weiten des Himmels durchdrang und alle Menschen ehrfürchtig erschauern ließ. Ein Ruf, der seitdem

203 Ebd, S. 236

fünfmal am Tag die Einheit und Großartigkeit Allahs in arabischer Sprache verkündet, ohne dass je eine einzige Silbe geändert wurde.

Umar war in seinem Haus, als er Bilâls Stimme hörte, die zum Gebet rief. Er rannte, so schnell er konnte, zum Propheten und sprach: „O Prophet Allahs! Bei Dem, Der dich mit der Wahrheit sandte, ich hatte den gleichen Traum!"

„Allah sei gelobt dafür!", rief der Prophet.

In der Nähe der Moschee stand das höchste Haus der Stadt. Es gehörte einer Frau von der Sippe der Nadschâr. Von hier aus rief Bilâl nun jeden Tag zum Morgengebet. Bevor es dämmerte, war er immer schon da und wartete, bis er das Frühlicht erblickte. Dann sprach er ein Bittgebet: „O Allah, ich lobpreise Dich und erbitte Deine Hilfe, dass die Kuraysch Deiner Religion folgen!" Es gab keine Nacht, in der er diese Worte auch nur einmal vor seinem Gebetsruf ausließ.[204]

---

204 Ebd, S. 236-237

Âtikas Traum

Der Islam hatte sich in Mekka, ganz Medina und in vielen anderen Orten Arabiens verbreitet. Die Anführer der Kuraysch aber wiesen seine Botschaft weiterhin zurück, nahmen alle gefangen, die dem Propheten folgten, und folterten sie. Bisher war es den Muslimen untersagt gewesen, sich zu wehren. Als sich nun jedoch auch Angriffe auf die Muslime in Medina ankündigten – die Verschleppung Ayyaschs war nur ein Fall von vielen – empfing der Prophet die himmlische Erlaubnis, sich zu verteidigen.

Die Verse lauteten: „*Die Erlaubnis, (sich zu verteidigen), ist denjenigen gegeben, die bekämpft werden, weil ihnen ja Unrecht zugefügt wurde – und Allah hat wahrlich die Macht, sie zum Sieg zu führen. Jene, die schuldlos aus ihren Häusern vertrieben wurden, nur weil sie sagen: ‚Unser Herr ist Allah.‘ Und wenn Allah nicht die einen Menschen durch die anderen zurückgehalten hätte, so wären gewiss Mönchsklausen, Kirchen, Synagogen und Moscheen, in denen der Name Allahs häufig genannt wird, niedergerissen worden. Und Allah wird ganz gewiss denjenigen zum Sieg verhelfen, die Ihm helfen. Allah ist wahrlich Stark und Allmächtig.*“ [205]

---

205 Sure Hadsch, 22:39-40; Das bedeutet nicht, dass der Islam den Kampf zur Selbstverteidigung und zur Freiheit des Glaubens gegen Tyrannei und Unterdrückung damals ablehnte – vielmehr machte er sie zur Pflicht, zum Teil der Unantastbarkeit der menschlichen Würde. Allerdings verurteilte er damals wie heute und zu jeder Zeit den Angriffskrieg, der nur als letztes Mittel angewendet werden soll: „*Und überschreitet nicht das Maß, wahrlich, Allah liebt die Maßlosen nicht*“ (Sure Bakara, 2:190). Menschen mit unlauteren Absichten versuchen immer wieder, Verse aus dem Zusammenhang zu lösen, indem sie sagen, im Koran stünde: „*... Und kämpft gegen sie ...*“ Sie lassen die Verse davor und danach weg, sodass der Inhalt missverstanden wird.

Um aber die Grenzen und Regeln dieser Verteidigung zu bestimmen, offenbarte Allah: „*Und kämpft gegen sie, bis es keine Verfolgung mehr gibt und bis aller Glaube Allah gehört. Wenn sie aber aufhören, dann darf es keine Gewalttätigkeit geben außer gegen diejenigen, die Unrecht tun.*“ [206] Und weiter: „*Überschreitet nicht das Maß, wahrlich, Allah liebt die Maßlosen nicht.*“ [207]

Offensichtlich waren die Götzendiener davon ausgegangen, dass die Muslime sich nie verteidigen würden und dass man sie auch in Medina verfolgen und ausplündern konnte. Aber eine Offenbarung verhieß: „*So lasse den Ungläubigen noch Zeit; lasse ihnen nur eine Weile Zeit.*“ [208]

Die Muslime wussten, dass es ohne Widerstand keinen Frieden und keine Freiheit geben würde. Doch ohne einen Befehl von Allah durften sie nichts unternehmen – ganz gleich, wie gern sich manche von ihnen von Anfang an verteidigt hätten, um der Tyrannei und dem Morden ein Ende zu setzen.

Die Kuraysch schickten einen Brief an Ibn Salûl, der als Kopf der Heuchler bekannt war, und verlangten von ihm, er solle den Gesandten ermorden oder wenigstens verfolgen. Täte er das nicht, würden sie sich versammeln, Medina angreifen, alle Männer töten und die Frauen verschleppen. Ibn Salûl kam dieser Brief sehr gelegen, denn er sicherte ihm Unterstützung aus Mekka zu. Er versuchte, alle Götzendiener und Heuchler zu vereinen, um die Muslime zu bekämpfen.

Es dauerte nicht lange, und der Gesandte erfuhr davon. Er ließ seine Gegner zu sich kommen, stellte sie zur Rede und konnte das Feuer ihres Hasses durch seine Weisheit löschen.[209] Die Gefahr durch die Kuraysch

---

206 Sure Bakara, 2:193; Es heißt auch: damit es keine Verfolgung mehr gibt.

207 Sure Bakara, 2:190

208 Sure Târik, 86:17

209 Mubârakpûrî, S. 182; Kurz zuvor war Sad bin Muâz in Mekka bei seinem Freund Umayya gewesen, um die kleine Pilgerfahrt zu machen. Abû Dschahl sah ihn mit Umayya und sagte, wenn er nicht mit ihm zusammen gewesen wäre, hätte er ihn nicht lebend nach Hause gehen lassen. Sad antwortete mit lauter Stimme, wenn er dies tue, würde er ihm auch den Weg Richtung Medina abschneiden. Wahrscheinlich meinte er die Karawanenstraße nach Syrien. (Buhârî, II, S. 593)

war jedoch so groß, dass der Prophet eines Nachts zu Âischa sagte: *„O wäre doch jemand von meinen Gefährten da, der mich heute Nacht bewachen würde!“* Bald schon hörten sie das klappernde Geräusch von Waffen.

„Wer ist da?“, rief der Prophet.

„Ich bin es, Sad bin Abî Wakkâs! Ich habe Angst um dich. Deshalb bin ich gekommen, um dich zu bewachen!“

Der Prophet sprach Bittgebete für ihn und schlief ruhig ein.[210]

Die Muslime bewachten den Propheten nun nachts so lange, bis ihnen offenbart wurde, dass Allah ihn vor den Menschen schützen wird.[211] Da kam der Prophet zu ihnen heraus und sagte: *„O ihr Menschen, ihr könnt gehen, Allah der Erhabene wird mich schützen!“*

Die Situation für die Muslime in Medina war also ernst. Das hinderte sie jedoch nicht daran, fleißig zu arbeiten und nach den Gesetzen des Korans zu leben. Sie begannen, um Medina herum Friedensabkommen mit den Stämmen zu schließen, Gerechtigkeit herzustellen und die Wege vor Straßenräubern sicher zu machen. Dies wurde durch bewaffnete Expeditionen gewährleistet, die der Prophet immer wieder von Medina aus sandte. Auf einem dieser Streifzüge gewann der Prophet die Freundschaft der Banî Mudlidsch und ihrer Verbündeten von den Banî Damra.

Die junge islamische Gemeinschaft war den Mekkanern ein Dorn im Auge, und sie sammelten Kräfte, um sie zu vernichten. Auch versuchten sie, die gesamte arabische Halbinsel gegen Muhammad und seine Gefährten aufzubringen. Das Hab und Gut, das die Muslime in Mekka zurückgelassen hatten, wurde von den Götzendienern entwendet und auf Kamele geladen, um es zu verkaufen.

Eine dieser Karawanen wurde von Abû Sufyân nach Syrien geführt. Auf dem Weg zurück nach Mekka musste er nahe an Medina vorbei. Die Muslime, die von der Karawane erfahren hatten, wollten sie abfangen, um einen Teil der Güter als Ersatz für ihren gestohlenen Besitz von den

---

210 Buhârî, 2885; Muslim, IV, 1875; Mubârakpûrî, S. 183

211 Sure Mâida, 5:67

Kuraysch zurückzuerobern. Die Nachricht von der militärischen Bewegung der Muslime erreichte Abû Sufyân. Er verstärkte seine Wachsamkeit und bereitete einen Boten vor, Damdam bin Amr, den er eilends mit der Weisung nach Mekka schickte, die Kuraysch von der Verteidigung ihrer Güter zu überzeugen und davon, dass die Karawane in Gefahr sei.

Drei Nächte vor der Ankunft des Boten in Mekka hatte Âtika, die Tante des Propheten, einen Traum, der sie erbeben ließ. Sie rief nach ihrem Bruder Abbâs und erzählte ihm davon, bat ihn jedoch, niemand Weiterem von dem Traum zu berichten.

„Was hast du im Traum gesehen?“, fragte Abbâs gespannt.

„Ich sah einen Mann auf einem Kamel reiten, im Tal hielt er an. Dann rief er mit schrecklicher Stimme: ‚Lauft, ihr Hinterhältigen, in euer Unglück, das euch in drei Tagen niederwerfen wird!‘ Ich sah, wie die Leute sich um ihn scharten. Dann betrat er die Moschee und die Menschen folgten ihm. Währenddessen sprang er mit seinem Kamel auf das Dach der Kaaba und rief wieder: ‚Lauft, ihr Hinterhältigen, in euer Unglück, das euch in drei Tagen niederwerfen wird!‘ Dann gelangte er mit seinem Kamel auf den Gipfel des Abû Kubays und rief: ‚Lauft, ihr Hinterhältigen, in euer Unglück, das euch in drei Tagen niederwerfen wird!‘ Kurz darauf nahm er einen Felsbrocken und schleuderte ihn hinunter. Als der Stein unten aufschlug, zerbrach er in tausend Stücke und seine Splitter trafen jedes Haus in Mekka.“ [212]

Abbâs wunderte sich über den Traum und sagte zu seiner Schwester: „Bei Allah, das ist ein wahrer Traum, den du geheim halten solltest!“

Dann ging er in die Stadt. Auf dem Weg traf er seinen Freund Walîd bin Utba. Er erzählte ihm den Traum der Schwester und bat ihn, nicht mit anderen darüber zu sprechen. Walîd aber erzählte ihn seinem Vater Utba, und es dauerte nicht lange, bis ganz Mekka darüber redete.

Am Tage darauf ging Abbâs zur Kaaba, um einen Tawâf auszuführen, also die Kaaba zu umschreiten. Währenddessen saß Abû Dschahl mit einigen Leuten der Kuraysch beisammen; sie sprachen über Âtikas Traum.

---

212 Ibn Hischâm, S. 289-291

Abû Dschahl rief Abbâs zu: „O Abul Fadl, wenn du mit deinem Tawâf fertig bist, komm zu uns!"

Als Abbâs fertig war, ging er zu ihnen. Abû Dschahl fragte ihn bösartig: „O ihr Söhne Abdulmuttalibs, seit wann sieht diese Prophetin unter euch Dinge voraus? Seid ihr nicht damit zufrieden, dass eure Männer prophezeien, tun das nun auch eure Frauen?"

Abbâs fragte, was er damit meinte.

Abû Dschahl erwiderte: „Âtikas Traum, in dem jemand gesagt haben soll: ‚Lauft, ihr Hinterhältigen, in euer Unglück, das euch in drei Tagen niederwerfen wird!' Wir werden drei Tage warten! Wenn es stimmt, was sie sagt, wird es so sein; wenn aber die drei Tage um sind und nichts geschehen ist, werden wir ein Schreiben über euch veröffentlichen, dass ihr die größte Lügnerfamilie unter allen Arabern seid!"

Abbâs, dem nichts einfiel, was er Abû Dschahl erwidern konnte, schwieg und ging nach Hause. Die Frauen der Sippe Abdulmuttalib tadelten ihn: „Bist du zufrieden, dass der bösartige Abû Dschahl zuerst über die Männer herfällt und nun auf diese Weise auch noch über die Frauen schlecht redet? Und du hörst einfach zu?"

„Bei Allah, ich habe keine passende Antwort gefunden. Ich werde ihn aber morgen herausfordern, und wenn er es wiederholt, werde ich mit ihm etwas machen, was euch zufriedenstellt!"

Am nächsten, also am dritten Tag nach Âtikas Traum, ging Abbâs wütend zur Kaaba und wollte tun, was er am Tag zuvor versäumt hatte. Er sah Abû Dschahl. Er näherte sich ihm, um ihn zu provozieren, damit er das, was er am Tag zuvor gesagt hatte, wiederholte. Abû Dschahl war ein lebhafter Mann mit harten Gesichtszügen, scharfer Zunge und scharfem Blick. Doch bevor Abbâs ihm etwas sagen konnte, erhielt Abû Dschahl seine Antwort – so heftig, dass die Felsen des Abû Kubays von der lauten Stimme des Boten Abû Sufyâns widerhallten: Das war Damdam!

Als er das Innere des Tals von Mekka erreichte, verstümmelte er seinem Kamel die Nase, sodass Blut aus ihr rann, drehte den Sattel herum, zerriss sein Hemd von vorn und hinten und schrie: „O ihr Kuraysch! Das Geld und der Handel! Euer Vermögen, das Abû Sufyân verwaltet!

Es ist in Gefahr, Muhammad und seinen Gefährten in die Hände zu fallen. Ich weiß nicht, ob ihr es noch zu fassen bekommt! Zu Hilfe! Zu Hilfe!" Das ganze Theater machte er als Zeichen eines drohenden Unheils. Abû Sufyân hatte ihn reichlich bezahlt, damit er seine Rolle so glaubwürdig spielte wie nur möglich.

Abû Dschahl und seine Männer machten sich bereit. Kein Sippenführer oder Kampffähiger blieb zurück – nur Abû Lahab, der an seiner Stelle einen Mann namens Asi bin Hischâm schickte, der ihm 4.000 Dirham [213] schuldete und seine Schulden nicht bezahlen konnte. Als Gegenleistung für das Erlassen der Schuld sollte Asi in den Krieg ziehen.

Von den Oberhäuptern der Kuraysch wollte auch Bilâls ehemaliger Besitzer Umayya bin Halaf, ein dicker, hochnäsiger alter Mann, zurückbleiben, worauf Ukba mit einer Weihrauchschale zu ihm zur Kaaba ging. Ukba stellte das Räuchergefäß vor seine Nase und spottete: „Parfümiere dich damit, du gehörst ja zu den Frauen!"

„Allah verfluche dich und das, womit du gekommen bist!", schimpfte Umayya und nahm die Herausforderung an, indem er sich vorbereitete, mit den anderen in den Kampf zu ziehen.[214]

---

213 Ein Dirham (griechisch: Drachme) war eine Silbermünze, die als Währung auf der arabischen Halbinsel verwendet wurde, und ein Dinar war eine Goldmünze.

214 Ibn Hischâm, S. 290-291

Die Schlacht von Badr

Der Prophet hatte erfahren, dass die Kuraysch eine Armee mobilisiert hatten, die sich in Richtung der Muslime bewegte. Er beriet sich mit seinen Gefährten, wie nun vorzugehen sei. Die Truppe, die von Medina ausgezogen war, um die Karawane abzufangen, war als Expedition gedacht, daher waren nicht alle kampffähigen Männer dabei. Die Muslime hatten nicht damit gerechnet, gegen eine Armee antreten zu müssen. Dem Propheten und seinen Anhängern war bewusst, dass die Wahrscheinlichkeit eines Angriffs der mekkanischen Truppen auf Medina groß war. Nun standen sie vor der Entscheidung, sich dem Feind zu stellen oder nach Medina zurückzukehren und die Kuraysch dort zu erwarten. Der Prophet zog seine Gefährten zurate. Abû Bakr, Umar und Mikdâd[215] sprachen für die Auswanderer. Sie waren der Ansicht, dass der Angriff der Mekkaner außerhalb Medinas abgewehrt werden müsse.

Mikdâd sagte: „O Gesandter Allahs! Gehe dorthin, wohin Allah dir den Weg zeigt. Und wir sind mit dir. Wir werden nie sagen, wie die Kinder Israels zu Moses sprachen: ‚*Gehe doch du hin und dein Herr, und kämpft ihr beide! Wir bleiben hier sitzen.*‘[216] Nein, wir sagen dir: ‚Gehe doch, du mit deinem Herrn, und kämpft ihr beide! Wir werden zusammen mit euch kämpfen!‘“

Der Prophet segnete ihn. Dann sagte er zu den Helfern: *„Ihr Leute, gebt mir einen Rat!“*

---

215 Mikdâd bin Amr wurde auch Ibn al-Aswad genannt. Er war ein mutiger Mann, der zu den Ersten gehörte, die gegenüber den Kuraysch offen bekannten, dass sie Muslime geworden waren. Er war ein guter Freund Alis.

216 Sure Mâida, 5:24; Ibn Hischâm, S. 293: „Der Prophet zieht seine Gefährten zurate“.

Sad bin Muâz, ihr Anführer, fragte: „Bei Allah, das klingt so, als ob du uns meintest, o Gesandter Allahs?“

Der Prophet sagte: „*Ja!*“

Sad sagte: „Wahrlich, wir glauben an dich und bezeugen, dass das, womit du gesandt bist, die Wahrheit ist. Darauf haben wir den Treueid geschworen, um dir zu gehorchen. Also tue, was du möchtest, und wir sind mit dir! Ich schwöre bei Dem, Der dich mit der Wahrheit sandte, auch wenn du uns den Befehl geben würdest, das Meer zu durchqueren, würden wir dir folgen, und kein einziger Mann von uns würde zurückbleiben. So führe uns mit Allahs Segen!“ [217]

Diese Worte erfreuten den Propheten. Er rief: „*Dann zieht weiter! Und seid frohen Mutes, denn Allah, der Höchste, hat mir versprochen, dass wir eines von beiden bekommen: die Karawane oder den Sieg über das Heer der Kuraysch. Und bei Allah, mir ist so, als würde ich schon das besiegte Volk sehen!*“ Sie rüsteten sich und brachen auf. Der Prophet und seine Gefährten hatten nur 70 Kamele, auf denen sie abwechselnd ritten. Muhammad teilte den Rücken seines Kamels mit Ali und Marthad. Er wollte nicht die ganze Zeit reiten und andere zu Fuß gehen lassen.[218]

In der Nähe von Badr [219] sandte der Prophet Zubayr und Sad bin Abî Wakkâs [220] mit anderen Männern zum Brunnen von Badr, um Ausschau zu halten. Dort trafen sie zwei Sklaven, die Wasser für die Kuraysch holen wollten. Sie nahmen die beiden mit und begannen sie zu befragen, während der Prophet noch sein Gebet verrichtete. Zubayr und Sad hofften, dass die beiden zur Karawane Abû Sufyâns gehörten, deshalb schlugen sie die Männer, bis sie sagten, sie seien für Abû Sufyân unterwegs.

---

217 Sure Mâida, 5:24; Ibn Hischâm, S. 294

218 Hamza, Zayd und Abû Kabscha Anasa ritten abwechselnd auf einem Kamel und auch Abû Bakr, Umar und Abdurrahman bin Awf teilten sich ein Kamel. (Ibn Hischâm, S. 292)

219 Badr ist der Name einer bekannten Wasserstelle und war der Platz einer der Märkte der Araber, wo sie sich alljährlich trafen, um Handel zu treiben. (Ibn Hischâm, S. 295)

220 Sad bin Abî Wakkâs stammte aus einem angesehenen Hause des Stammes der Banî Zuhra. Er war schon in jungem Alter Muslim geworden. Sad war gut im Herstellen von Bögen und zudem ein guter Pfeilschütze.

Nachdem er sein Gebet beendet hatte, tadelte sie der Prophet: *„Als sie euch die Wahrheit sagten, habt ihr sie geschlagen, und als sie dann logen, habt ihr sie in Ruhe gelassen. Bei Allah, sie sagten die Wahrheit, sie gehören zu den Kuraysch."* Dann fragte er die beiden, wo die Kuraysch seien.

„Bei Allah, sie sind hinter jenem Hügel, dort neben dem Tal."

Der Prophet fragte: *„Wie viele?"*

„Viele."

Da sie mit Zahlen offenbar wenig anfangen konnten, fragte er: *„Wie viele Kamele schlachten sie jeden Tag?"*

„Manchmal neun, manchmal zehn", antworteten sie.

„Dann sind es zwischen 900 und 1.000 Menschen", schätzte der Prophet. *„Welche Führer der Kuraysch sind dabei?"*

„Abû Dschahl, Umayya, Amr bin Abduwud, Nadîr, Utba, Schayba, Abulbahtarî, Hakîm, Nawfal, Hâris …"

Als der Prophet diese bedeutenden Namen hörte, sprach er zu seinen Gefährten: *„Mekka hat seine besten Männer geschickt!"* [221]

Die beiden Armeen marschierten zu den Brunnen von Badr. Die Muslime erreichten sie zuerst und begannen, ihr Lager vor den Brunnen aufzuschlagen, sodass diese zwischen ihnen und dem Feind lagen. Einer der Gefährten, Hubâb bin Munzir, fragte den Propheten: „Ist dies ein Lagerplatz, welcher dir von Allah befohlen wurde?" Der Prophet verneinte. Daraufhin sagte Hubâb: „Dann ist dies kein guter Lagerplatz. Lass das Lager hinter den Brunnen aufschlagen, so haben wir Wasser und die Kuraysch nicht!" Der Prophet folgte dem Rat Hubâbs. Damit hatten sie sich einen Vorteil gesichert.

---

221 Es waren diese Stammesführer der Kuraysch: Utba bin Rabîa, Schayba bin Rabîa, Abulbahtarî bin Hischâm, Hakîm bin Hizâm, Nawfal bin Huwaylid, Hâris bin Âmir bin Nawfal, Tuayma bin Adî bin Nawfal, Nadr bin Hâris, Zama'a bin Aswad, Abû Dschahl bin Hischâm, Umayya bin Halaf, Nabih und Munabbih, die zwei Söhne des Hudschadsch, Suhayl bin Amr und Amr bin Abduwud. (Ibn Hischâm, S. 294-295)

In der Nacht vor der Schlacht hatte Dschuhaym bin Salt von der Sippe der Muttalib einen Traum: „Ich hatte einen Traum zwischen Schlafen und Wachen: Ich sah, wie ein Mann sich den Pferden näherte und stehenblieb. Er hatte ein Kamel bei sich und sagte: ‚Utba und Schayba, Abû Dschahl und Umayya sind getötet worden!'" Er nannte noch einige Männer und fuhr fort: „Dann stach er sein Kamel mit seinem Dolch und ließ es durch das Heer laufen. Es gab kein Zelt im ganzen Lager, dass nicht mit Blut befleckt wurde!"

Als er seinen Traum Abû Dschahl erzählte, rief dieser: „Da haben wir also noch einen Propheten unter den Söhnen Muttalibs! Morgen, wenn wir aufeinander treffen, wird er wissen, wer getötet wird!" [222]

Inzwischen hatte Abû Sufyân seine Karawane in Sicherheit gebracht. Er schickte einen Boten zu den Kuraysch und ließ ihnen ausrichten: „Ihr seid unterwegs, um die Karawane, die Männer und eure Güter zu retten. Sie wurden bereits gerettet, nun kehrt wieder um!" Abû Dschahl aber widersprach: „Nein! Wir werden nicht umkehren, bevor wir Badr erreicht haben! Wir wollen drei Tage dort bleiben, Kamele schlachten, essen, Wein trinken, und die Sklavinnen sollen für uns singen. Die Araber werden von unserer Versammlung hören. Danach werden sie uns für immer schätzen. Geht nur weiter!"

Ahnas jedoch ermahnte seine Leute, nicht auf Abû Dschahl zu hören und kehrte mit ihnen zurück nach Mekka.[223] Gleich danach kehrte auch Tâlib mit den Banî Hâschim zurück. Einige Männer der Kuraysch stritten sich deshalb mit ihnen und beschuldigten sie: „Wir wissen, dass ihr Zuneigung für Muhammad empfindet, obwohl ihr mit uns hierher gekommen seid."

Auch Utba bin Rabîa, der zwar ein Gegner des Propheten Muhammad war, einem Kampf aber dennoch kritisch gegenüberstand, machte noch einen Versuch, seine Leute zur Vernunft zu bringen: „In diesem Krieg

---

222 Ibn Hischâm, S. 295

223 Ahnas bin Scharik bin Amr bin Wahb as-Sakafî war ein Verbündeter der Sippe Banî Zuhra, mit denen er gekommen war. Es gelang ihm, die Banî Zuhra zu überzeugen, Abû Dschahl nicht zu folgen, und dass dieser Krieg keinen Sinn hatte. Die Banî Zuhra folgten seinem Rat und kehrten nach Mekka zurück. (Vgl. Ibn Hischâm, S. 296)

wird es keinen Gewinner geben! Selbst wenn ihr Muhammad und seine Gefährten besiegt, so werdet ihr euch später nicht mehr ins Gesicht sehen können. Die Männer da drüben sind eure Verwandten! Nach dem Kampf werdet ihr euch gegenseitig dafür hassen, dass ihr eure Verwandten getötet habt. Kehrt lieber um!"

Aber Abû Dschahl beschimpfte Utba als Feigling: „Er hat es mit der Angst bekommen, als er Muhammad und seine Gefährten gesehen hat. Aber nein, wir werden nicht zurückkehren, bis nicht Allah zwischen uns und Muhammad entschieden hat. Utba hat nur gesehen, dass Muhammad und seine Gefährten so wenige sind, dass sie von einem Kamel satt werden können.[224] Und weil sein eigener Sohn Abû Huzayfa unter ihnen ist, hat er nun Angst um ihn."

Als es Nacht wurde, *„senkte Allah einen friedlichen Schlaf auf die Gläubigen"*[225], aus welchem sie frohen Mutes erwachten. Die Sonne stieg aus dem Dunst – der Morgen der Schlacht brach an. Die Kuraysch rückten näher und begannen sich auf dem Hügel zu postieren. Als sie den Gipfel erreicht hatten und der Prophet die stark bewaffneten Truppen, die nach Blutvergießen riefen, zahlreich in Richtung Badr herabkommen sah, rief er: *„O Allah, dies sind die Kuraysch, die in ihrer Überheblichkeit und ihrem Hochmut gekommen sind und Dich und Deinen Propheten verleugnen. O Allah, gib uns Deine Hilfe, die Du mir versprochen hast! O Allah, vernichte sie am heutigen Morgen!"*

Die Kuraysch schlugen ihr Lager am Fuß des Hügels auf und sahen die wenigen Muslime, die ihnen gegenüber zahlenmäßig weit unterlegen wirkten. Sie schickten Umayr bin Wahb als Kundschafter, um herauszufinden, ob noch weitere Verstärkung da wäre. Er kehrte zurück und gab bekannt, dass in der ganzen Gegend keine anderen Muslime seien, außer denen, die man sah.

Der Prophet begann die Reihen der Gläubigen zu ordnen, wobei er einen Pfeil in der Hand trug. Einem Helfer namens Sawad, der von der Reihe abwich, tippte er mit dem Pfeil auf den Bauch.

---

224 Das heißt, dass ihre Zahl sehr gering ist.

225 Sure Anfâl, 8:10-16

„Steh gerade, Sawad!"

„O Gesandter Allahs, du hast mir wehgetan! Weil Allah dich mit Wahrheit und Gerechtigkeit gesandt hat, gib mir mein Recht zurück!"

Ohne zu zögern, gab der Prophet Sawad seinen Pfeil, entblößte seinen Bauch und forderte ihn auf, er solle sich rächen. Sawad umarmte den Propheten und küsste seinen Bauch. Der Prophet fragte ihn nach dem Grund für sein Verhalten.

Sawad antwortete: „O Gesandter Allahs, du siehst, was uns erwartet. Ich will, dass bei meiner letzten Gelegenheit, mit dir zusammen zu sein, meine Haut die deine berührt." Da betete der Prophet für ihn.[226]

Als die Mekkaner noch deutlicher sahen, wie klein die Zahl der nur leicht bewaffneten Muslime war, jubelten sie siegesgewiss. Muhammad war klar, dass die Zahl der Mekkaner um ein Vielfaches größer war als die seiner eigenen Leute. Er zog sich zurück, um Allah um die Hilfe zu bitten, die Er ihm versprochen hatte. Der Prophet fiel in einen leichten Schlaf und empfing die Kunde vom Sieg. Er sagte zu Abû Bakr: *„Abû Bakr, dir ist der Sieg Allahs gekommen! Hier ist Gabriel, der die Zügel eines Pferdes hält, auf dessen Zähnen Staub ist!"* [227] Der Prophet wusste nun, dass die Muslime göttliche Hilfe bekommen würden. Allah hatte versprochen, ihnen Engel zu senden.[228]

Utba bin Rabîa konnte die Schlacht jetzt nicht mehr verhindern. Seine Unsicherheit war immer noch so groß, dass er an Umkehr dachte. Die Kuraysch jedoch beharrten auf ihren üblen Plänen. Aswad bin Asad von den Banî Mahzûm, der sich bereits des Sieges sicher fühlte, trat als erster von den Kuraysch hervor und rief: „Ich verspreche, aus ihrem Becken zu trinken oder es zu zerstören oder zu sterben!" Doch bevor er sich dem Becken nähern konnte, traf ihn Hamza, der Onkel des Propheten, mit einem Schwerthieb am Bein. Blutend sank er auf den Rücken nieder. Er kroch zum Becken und warf sich hinein, um sein Gelübde zu erfüllen. Hamza folgte ihm und schlug ihn erneut, bis er ihn tötete.

---

226 Mubârakpûrî, S. 199; Ibn Hischâm, S. 299

227 Ebd, S. 300

228 Sure Anfâl, 8:11

Nach ihm rückte Utba mit seinem Bruder Schayba und seinem Sohn Walîd vor und forderte die Muslime zum Duell auf. Drei junge Ansâr, also Helfer aus Medina, sprangen vor.

Die Kuraysch aber riefen: „Wer seid ihr?"

„Männer von den Ansâr!"

„Wir brauchen euch nicht! Muhammad! Schicke unseresgleichen aus unserem Stamm!"

Der Prophet rief: *„Steh auf, Ubayda bin Hâris*[229]*, steh auf, Hamza, und steh auf, Ali!"* Die Kuraysch riefen: „Ja! Sie sind uns ebenbürtig und edel." Ubayda – er war der Älteste – kämpfte gegen Utba, Hamza gegen Schayba und Ali gegen Walîd.

Nach einem kurzen Kampf hatten Hamza und Ali ihre Gegner getötet. Ubayda und Utba schlugen sich gegenseitig und fielen verwundet zu Boden. Dann kamen Hamza und Ali hinzu und töteten Utba. Sie brachten Ubayda zu ihren Gefährten.

Jetzt griffen die Kuraysch an. Der Prophet rief: *„Erst wenn die Leute nah genug sind, überschüttet sie mit Pfeilen!"*[230] Beide Seiten beschossen sich mit Pfeilen; als erster Muslim wurde Mihdscha, ein ehemaliger Sklave, durch einen Pfeil getötet; ein weiterer traf Hârisa, einen jungen Mann aus Medina, als er aus dem Becken Wasser trank.

Da rief der Prophet seinen Leuten zu: *„Bei Dem, in Dessen Hand Muhammads Seele ist, jeder Mann, der heute geduldig und im Streben nach Allahs Lohn stirbt, der vorwärts schreitet und nicht rückwärts, den wird Allah ins Paradies eintreten lassen!"*

Unter den Kuraysch war auch Abul Âs, der Schwiegersohn des Gesandten Allahs, der Gatte seiner Tochter Zaynab. Aufgrund seiner Redlichkeit und Güte wurde er von den Männern in Mekka sehr geachtet und geschätzt. Er war ein Neffe Hadîdschas, die ihn wie einen eigenen

229 Ubayda bin Hâris war der Vetter des Propheten. Er war zehn Jahre älter als der Prophet.

230 Buhârî, 3985

Sohn geliebt hatte.[231] Der Prophet klärte seine Gefährten auf: *„Ich weiß, dass es einige unter den Banî Hâschim und auch andere gibt, die nicht freiwillig gekommen sind und kein Interesse daran haben, uns zu bekämpfen!"* Er nannte viele Männer, die nicht getötet werden sollten.

Der Prophet hob eine Handvoll Sand auf und rief: *„Erniedrigt werden sollen diese Gesichter!"* Dann warf er mit dem Sand nach den Feinden und gab den Befehl zum Gegenangriff. Als sie sich in den Kampf warfen, spürten die Gläubigen eine gewaltige Kraft, die sie vorantrug. Viele von ihnen erblickten weißgekleidete Männer, die auf himmlischen Pferden neben ihnen durch die Luft ritten. Es schien, als sei das Heer der Gläubigen auf wunderbare Weise verdoppelt, ja verdreifacht.

Ibn Abbâs berichtet, dass ein Mann vom Stamm der Gifâr erzählte: „Ich kletterte mit meinem Vetter auf einen Hügel, um Badr zu beobachten und danach mit den Siegern an der Verteilung der Beute teilzunehmen. Als wir uns auf dem Hügel befanden, waren wir plötzlich von einer Wolke umgeben und hörten Pferdegewieher. Mein Vetter fiel zu Boden und sein Herz zersprang vor Angst, sodass er auf der Stelle tot war. Beinahe wäre auch ich gestorben."[232]

---

231 Als sie eines Tages den Propheten bat – noch bevor er die erste Offenbarung empfing – für ihren Neffen eine Frau zu suchen, gab er ihm seine Tochter Zaynab. Nachdem Allah Muhammad mit dem Prophetentum beauftragt hatte, glaubten Hadîdscha und seine Töchter an ihn. Abul Âs aber blieb in seinem alten Glauben, obwohl er Muhammad nie verleumdete, wie er Zaynab gegenüber oft erwähnte. Aber nur, damit man nicht sagte, er folge seiner Frau und nicht seinem Stamm, wollte er den Islam nicht annehmen. Der Prophet hatte auch seine Tochter Rukayya mit Utba, dem Sohn Abû Lahabs, verheiratet. Als er öffentlich den Islam verkündete, sprachen diese untereinander: „Wir entlasteten Muhammad von der Fürsorge für seine Töchter, jetzt überlassen wir sie ihm wieder, damit er selbst sich um sie kümmere!" Sie gingen zu Abul Âs und sagten: „Verlasse deine Frau! Wir besorgen dir die Frau von den Kuraysch, die du willst." „Nie würde ich so etwas tun, und ich will an ihrer Stelle auch keine andere Frauen der Kuraysch", entgegnete er, und der Prophet lobte ihn stets dafür. Die Kuraysch machten Utba den gleichen Vorschlag. Utba sagte: „Wenn ihr mir die Tochter des Abban bin Saîd bin Âs oder die Tochter des Saîd bin Âs gebt, werde ich meine Frau verlassen." Sie gaben ihm die Tochter des Saîd. Die Tochter des Propheten, Rukayya, aber verstieß er, ohne ihr beigewohnt zu haben. Die Muslime sagten: „So befreite Allah sie aus seiner Hand, ihr zur Ehre und ihm zur Schande." Danach heiratete Usmân bin Affân sie. (Vgl. Ibn Hischâm, S. 312)

232 Ibn Hischâm, S. 298-304

Die Kuraysch wurden von Entsetzen gepackt. Eine grenzenlose Angst überfiel sie, sodass sie trotz ihrer zahlenmäßigen Übermacht zu fliehen begannen. Die Muslime, die spürten, dass sie in diesem Gefecht nicht allein waren, gewannen an Hoffnung und Mut.

Etwa 70 Männer der Kuraysch wurden getötet und etwa ebenso viele gefangen genommen, unter ihnen Abul Âs, der Schwiegersohn Muhammads. Mehr als 800 Mekkaner flüchteten – sie konnten sich allerdings jederzeit neu ordnen und zurückkommen. Die Muslime verloren 14 Männer. Sie hatten den Kampf trotz der Stärke des Feindes gewonnen! Als der Sieg der Gläubigen sicher war und es danach aussah, dass die Kuraysch sich nicht neu formieren würden, schickte der Prophet Abdullah bin Rawâha und Zayd bin Hârisa mit der Botschaft des Sieges nach Medina.

Usâma bin Zayd berichtet: „Wir hatten soeben Rukayya, die Tochter des Propheten, die Frau Usmâns, beerdigt, als mein Vater Zayd in Medina ankam. Ich erreichte ihn, als er von Menschen umgeben auf dem Gebetsplatz stand und rief: ‚Getötet sind die Führer der Kuraysch: Utba, Schayba, Abû Dschahl, Zama'a, Umayya und die beiden Söhne des Hudschadsch, Nabih und Munabbih!'" Unter den getöteten Kuraysch befanden sich außer Umayya, der den schwarzen Bilâl gefoltert hatte, auch Nadr bin Hâris und Ukba bin Abî Muayt, die für ihre Grausamkeit gegenüber den Menschen bekannt gewesen waren.[233]

Der Prophet beriet nun mit seinen Gefährten, was sie mit den Gefangenen tun sollten. Abû Bakr war dafür, sie gegen ein Lösegeld freizulassen. Sie waren ja trotz all ihrer Verbrechen die Verwandten und Stammesangehörigen der Auswanderer. Umar hingegen war dafür, sie wegen ihrer Verbrechen zu töten, denn an ihren Händen klebte das Blut der gequälten und getöteten Muslime aus Mekka. Der Prophet stimmte Abû Bakr zu. Doch seine Entscheidung wurde von Allah getadelt, da die Gefahr durch die Kuraysch noch nicht gebannt war.[234] Die Muslime hatten eine Schlacht gewonnen, nicht aber den Krieg, welchen die Kuraysch sicher noch weiter anheizen würden. Alle freigelassenen Mekkaner würden somit weiterhin eine Gefahr für die Muslime bilden.

---

233 Ebd., S. 307

234 Sure Anfâl, 8:67-68

Muhammad erreichte Medina wenige Tage später, kurz bevor man die Gefangenen brachte. Er verteilte sie an seine Gefährten und trug ihnen auf, sie gut zu behandeln. Die Muslime teilten ihr Essen und ihre Behausungen mit den Gefangenen.[235]

Gespannt saß Abû Lahab im großen Zamzam-Zelt in Mekka, als Abû Sufyân eintraf. Er rief: „Setz dich zu mir, mein Neffe, und berichte, was mit den Leuten passiert ist!"

Von den Ereignissen in Badr erschüttert, erwiderte Abû Sufyân: „Bei Allah, es gibt nichts zu sagen, außer dass wir, sobald wir auf die Leute trafen, ihnen sofort wieder den Rücken zuwandten, damit sie uns töteten und gefangen nahmen wie sie wollten. Deshalb würde ich keinen unserer Krieger tadeln, weil wir jenen weißgekleideten Männern auf den gescheckten Pferden, die zwischen Himmel und Erde ritten und keinen verschonten, nichts entgegenzusetzen hatten!"[236]

„Bei Allah, das waren die Engel!", rief der Sklave Abû Râfi jubelnd, der mit Umm Fadl in einer Ecke des Zeltes kauerte und Pfeile machte. Beide hatten ihren Glauben an den Islam bisher geheim gehalten. Da wurde Abû Lahab wütend und fing an, ihm ins Gesicht zu schlagen. Als der magere und schwache Sklave sich zu wehren versuchte, warf Abû Lahab ihn zu Boden, kniete sich auf ihn und schlug ihn weiter. Umm Fadl konnte das nicht mit ansehen. Sie stand auf und nahm einen Pfahl. Mit ihrer ganzen Kraft schlug sie auf den Kopf von Abû Lahab. „Behandelst du ihn so, nur weil sein Herr gerade nicht da ist?" [237]

Als die besiegten Mekkaner zurückkehrten, verboten Abû Sufyân und die anderen Oberhäupter den Kuraysch, ihre Toten zu beklagen, damit die Muslime nicht triumphierten. Es wurde auch beschlossen, dass niemand mit Muhammad über die Freilassung der Geiseln verhandeln solle.

---

235 Die Muslime teilten nicht nur ihr Essen und ihre Behausungen mit den Gefangenen, sondern gaben ihnen das Beste, was sie an Essen hatten. Tabarânî berichtet von Abû Azîz bin Umayr: „Ich war ein Gefangener. Der Prophet hatte seine Gefährten darum gebeten, die Gefangenen gut zu behandeln. Ich war bei den Ansâr und als diese nur trockene Datteln aßen, gaben sie mir das beste Essen." Ähnlich äußerte sich Abul Âs.

236 Mubârakpûrî, S. 207; Ibn Sad, IV/V, 67-68

237 Ibn Hischâm, S. 310

Der inzwischen erblindete Aswad, der seine Sklaven gefoltert hatte, verlor in der Schlacht drei Söhne und wollte um sie weinen, aber es war streng verboten. Als er in der Nacht heftiges Wehgeschrei hörte, befahl er seinem Sklaven: „Sieh nach, ob das Weinen wieder erlaubt ist und ob die Kuraysch ihre Toten beklagen dürfen, damit ich auch um Zama'a weinen kann! Denn es brennt in mir!" Als der Sklave zurückkam, brachte er die Nachricht, dass es sich nur um eine Frau handelte, die um ihr verlorenes Kamel weinte.[238]

Die Wunde an Abû Lahabs Kopf heilte nicht. Sieben Tage nach dem Schlag von Umm Fadl starb er. Man ließ ihn drei Tage unbeerdigt liegen, doch dann stank sein Leichnam so sehr, dass die ganze Stadt sich darüber beschwerte. Aus Angst vor Gerede schoben seine Söhne ihn schließlich mit langen Stöcken in eine Grube und warfen aus einiger Entfernung Sand und Steine auf ihn.[239]

Abû Sufyân, dessen Sohn auch gefangen genommen worden war, hielt sein Wort und bat nicht um dessen Freilassung. Die meisten anderen jedoch waren unterwegs nach Medina, um mit den Siegern über die Freilassung ihrer Angehörigen zu verhandeln. Abû Sufyân aber nahm bei der nächsten Gelegenheit einen alten Mann aus Medina, der zur Pilgerfahrt nach Mekka gekommen war, als Geisel und wollte ihn erst wieder freilassen, wenn man seinen Sohn freiließ. Die Familie des Greises ging zum Propheten und bat ihn, Amr, den Sohn Abû Sufyâns, freizulassen, damit dafür der alte Mann freikäme. Der Prophet war sofort einverstanden.[240]

Zaynab, die Tochter des Propheten, deren Ehemann Abul Âs bei der Schlacht von Badr gefangen genommen worden war, schickte für seine

---

238 Dass eine Frau wegen ihres Kamels, er aber um seine Söhne nicht weinen durfte, darüber verfasste Aswad ein bekanntes Gedicht. Sein Sohn Zam'a war einer der Gegner des Boykotts gewesen, der seinerzeit über die Muslime verhängt worden war, dennoch kämpfte er bei Badr gegen sie und wurde getötet. (Ibn Hischâm, S. 310-311)

239 Mubârakpûrî, S. 207

240 Nicht nur Amr wurde in die Freiheit entlassen – auch Abul Âs, Muttalib bin Hantab, Sayfi, Abû Azza und viele andere. In einem Gedicht bringt Abû Azza die Güte und Freundlichkeit Muhammads und die Rechtleitung und Vernunft seiner Religion zum Ausdruck. Das Gedicht „Abû Azza" sowie die Namen der Gefangenen, die die Muslime ohne Bedingungen freiließen, sind bei Ibn Hischâm auf S. 312 und 316 zu lesen.

Freilassung ein Lösegeld, dem sie eine Kette beilegte, welche ihr ihre Mutter Hadîdscha zur Hochzeit geschenkt hatte. Als der Prophet die Kette erkannte, rührte ihn das so sehr, dass er die Gefährten bat, Abul Âs freizulassen. Abul Âs bat er, seiner Tochter Zaynab die Auswanderung nach Medina zu ermöglichen, was dieser ihm auch versprach.

Als er nach seiner Freilassung in Mekka ankam, sagte er seiner Frau, dass sie ihrem Vater nach Medina folgen dürfe. Ihre kleine Tochter Umâma sollte sie mitnehmen. Zaynab, die schwanger war, bereitete sich auf die lange Reise vor. Ihr Schwager Kinâna erklärte sich bereit, sie zu begleiten. Er nahm Bogen und Köcher und verließ Mekka mit Zaynab und seiner kleinen Nichte Umâma, die beide auf einem Kamel saßen, bei helllichtem Tag. Einige Männer der Kuraysch bemerkten das, und unter ihnen gab es allerlei Gerede, bis einige ihr schließlich folgten.

Der Erste, der sie erreichte, war Habbar, ein Sohn des blinden Aswad. Er begann, sie zu umkreisen und mit dem Speer auf sie und ihre Tochter zu zielen. Er erschreckte das Kamel so sehr, dass Zaynab aus der Sänfte stürzte und sich verletzte. Durch den Schreck und die Verletzung erlitt sie eine Fehlgeburt.[241] Kinâna, ihr Schwager, sprang von seinem Reittier ab, nahm seinen Bogen und leerte seinen Köcher vor sich in den Sand. Während er seinen Bogen spannte, schrie er: „Bei Allah, wenn einer von euch mir zu nahe kommt, werde ich ihn mit einem Pfeil durchbohren!"

Die Leute entfernten sich von ihm. Abû Sufyân bat ihn, den Bogen weg zu legen, damit er mit ihm sprechen könne. Als Kinâna ihm die Möglichkeit gab, sagte Abû Sufyân: „Du hast nicht richtig gehandelt, indem du die Frau vor den Augen der Menschen aus unserer Mitte wegbrachtest, wo du doch weißt, was für ein Leid uns durch Muhammad geschehen ist! Die Leute werden dies als unsere Schwäche sehen. Bei meinem Leben, wir haben kein Interesse, sie von ihrem Vater zu trennen oder uns damit zu rächen. Jetzt aber schaffe die Frau zurück nach Mekka, bis sich die Stimmen beruhigt haben und es sich herumgesprochen hat, dass wir sie zurückgebracht haben; dann bringe sie heimlich weg, und sie soll ihrem Vater folgen!"

---

241 Ibn Hischâm, Band 1, S. 654. Zu den Details der Geschichte siehe die Fußnote auf derselben Seite.

Kinâna willigte ein und brachte die blutende Zaynab nach Mekka zurück.[242] Nachdem sie sich einige Tage lang von ihren Verletzungen erholt hatte, brachte Kinâna sie und die kleine Umâma nachts aus der Stadt heraus und übergab sie Zayd bin Hârisa, den der Prophet ihnen zusammen mit einem anderen Gefährten geschickt hatte. Als sie endlich in Medina ankamen, freuten Muhammad und seine anderen Töchter sich sehr.

Als auch Abbâs wieder nach Mekka zurückgekehrt war, schickte er dem Propheten seinen Sklaven Abû Râfi als Geschenk. Der Prophet ließ ihn sofort frei. Er sagte: *„Wenn einer einem Sklaven die Freiheit schenkt, dann rettet Allah für jedes Glied des Sklavenkörpers ein gleiches Glied seines eigenen Körpers vor dem Höllenfeuer.“*[243]

Aus allen Richtungen Arabiens kamen nun die Menschen herbei, um der Botschaft des Propheten zu folgen. Viele von ihnen wurden damit Flüchtlinge, die nicht mehr in ihre Heimat zurückkehren konnten. Der Prophet und die Mitglieder seiner Familie kümmerten sich um sie und überließen ihnen einen Teil der Moschee. Muhammad sagte: *„Das Essen von einem genügt für zwei, das Essen von zweien genügt für vier, und das Essen von vieren genügt für acht.“*[244] Er pflegte alles, was er bekam, noch am selben Tag an die Bedürftigen zu verteilen.

---

242 Ebd, S. 313-315

243 Muslim, 2775; Buhârî, 6204

244 Muslim, 176

Rache

Die besiegten Kuraysch vermochten es nicht, ihre Niederlage zu ertragen, noch waren sie bereit, Frieden mit Muhammad zu schließen. Abû Sufyân rief die Götzendiener auf, ihre Toten zu rächen und forderte von den Kuraysch, die Einnahmen der Karawane für den Krieg zu geben. Abû Sufyân seinerseits schwor nach Badr, kein Wasser solle nach dieser Niederlage seinen Kopf berühren, bis sie gegen Muhammad einen Rachezug unternommen hätten. Seine Frau Hind pflegte sich selbst nicht mehr, blieb dem Bett ihres Mannes fern und hetzte die Leute gegen Muhammad auf.

Eines Abends saß Umayr bin Wahb[245] mit Safwân bin Umayya[246] zusammen. „Bei Allah, seitdem unsere Brüder nicht mehr da sind, hat das Leben seinen Sinn verloren", jammerte Safwân.

„Bei Allah, es ist wahr, und wenn ich keine Schulden hätte, die ich zahlen muss, und keine Familie, um derentwillen ich fürchte, dass sie nach mir verloren geht, würde ich zu Muhammad reiten und ihn töten!", sagte sein Vetter Umayr, dessen Sohn auch in Gefangenschaft war. Er erklärte sich bereit, für alle Götzendiener zu sterben.

Safwân nutzte diesen Augenblick seiner Schwäche und versprach Umayr: „Deine Schulden werde ich übernehmen, und deine Familie werde ich wie meine behandeln und für sie sorgen, solange ich lebe!"

---

245 Der Sohn von Umayr war einer der Gefangenen von Badr.

246 Safwân war der Sohn von Umayya, Bilâls ehemaligem Herrn. Er und Umayr gehörten zu den schlimmsten Gegnern des Propheten. Wegen der Schlacht von Badr sannen beide auf Rache. (Mubârakpûrî, S. 214)

„Dann bewahre dies als mein und dein Geheimnis!"

Safwân schwor, es zu tun. Sogleich begann Umayr, sein Schwert zu schärfen und es mit Gift einzureiben. Dann machte er sich auf den Weg nach Medina.[247]

Die jüdischen Stämme, die Götzendiener und die Heuchler hatten in Badr die Stärke der Muslime erkannt. Sie sahen, wie der Fremde, der vor weniger als zwei Jahren von Mekka nach Medina floh, an Macht und Einfluss gewonnen hatte und nicht nur zum Herrscher seiner Gefährten, sondern fast aller Einwohner Medinas geworden war.

Kaum waren die Muslime – froh über den Sieg von Badr – zurückgekehrt, begannen die anderen Gruppierungen Medinas, auch die jüdischen Stämme, sich zu verschwören, gegen sie zu hetzen und sogar Gedichte zur Aufhetzung gegen sie zu verbreiten. All das blieb dem Propheten nicht verborgen.

Eine Weile, nachdem Umayr losgezogen war, sagte Safwân, der Sohn Umayyas, zu den Menschen in Mekka: „In einigen Tagen wird eine gute Nachricht zu euch kommen, durch die ihr eure Niederlage in Badr vergessen werdet!" Jedes Mal, wenn ein Reiter aus Medina kam, ging Safwân zu ihm und fragte nach Umayr.

Die Konflikte in Medina begannen mit Provokationen seitens der Heuchler und der jüdischen Stämme. Ihren traurigen Höhepunkt fanden die Auseinandersetzungen, als eine muslimische Frau mit etwas Schmuck zum Markt der jüdischen Banî Kaynukâ kam. Dort setzte sie sich zu einem Goldschmied. Dieser verlangte von ihr, dass sie ihr Gesicht entschleierte, doch sie weigerte sich. Da kam einer der Banî Kaynukâ heimlich von hinten und befestigte einen Zipfel ihres Gewandes mit einem Dorn an der Wand hinter ihrem Rücken. Als sie sich erhob, wurde sie entblößt. Alle lachten über sie, während sie weinend versuchte, sich zu bedecken. Als ein Muslim ihr zu Hilfe eilte, kam es zu einem heftigen Streit, bei dem der jüdische Goldschmied getötet wurde. Die Banî Kaynukâ stürzten sich daraufhin auf den Muslim und töteten ihn. Dann griffen sie auch die anderen Muslime an, die dort waren.

247 Ibn Hischâm, S. 317

Muhammad eilte auf den Markt und forderte die Banî Kaynukâ auf, mit ihren Angriffen aufzuhören, das Freundschaftsabkommen einzuhalten und nicht den Fehler der Götzendiener zu wiederholen, damit ihnen kein solcher Gotteszorn widerfahre wie den Kuraysch. Doch sie schlugen seine Warnung in den Wind. „Du solltest dich nicht der Illusion hingeben, o Muhammad, dass du auf ein Volk gestoßen bist, das nichts vom Krieg versteht, sodass du bei ihm siegst! Bei Allah, wenn wir gegen dich kämpfen, dann wirst du wissen, was für Leute wir sind!"

Sie meinten, dass sie bessere Krieger seien als die Kuraysch. Diese Aussage kam einer Kriegserklärung gleich. Mit ihren schweren Waffen und ihren Reichtümern waren sie sich sicher, die Muslime besiegen zu können. Beide Seiten begannen, sich auf den Krieg vorzubereiten.

Es dauerte nicht lange; die Muslime belagerten die Banî Kaynukâ 15 Tage, bis diese schließlich aufgeben und sich der Entscheidung des Propheten unterwerfen mussten. Der Gesandte Allahs überließ das Urteil den Hazradsch. Er folgte damit der Bitte einiger ihrer Anführer, da die Hazradsch früher die Verbündeten der Banî Kaynukâ gewesen waren. Es wurde beschlossen, dass sie ihr Vermögen mitnehmen durften und zu den Grenzen von Syrien zurückkehren sollten, woher sie ursprünglich gekommen waren.

Vor etlichen Jahren hatten sie Syrien verlassen und waren nach Medina ausgewandert, um den erwarteten Propheten in ihrer Mitte zu empfangen. Muhammad jedoch akzeptierten sie nicht als jenen Propheten. Sie nahmen ihre Habe und zogen Richtung Norden – bis nach Adriat an der Grenze von Syrien.

Umar bin Hattâb kam in die Moschee und rief: „O Prophet Allahs, hier ist der Feind Allahs Umayr bin Wahb, der sein Schwert gegürtet hat!"

„Lass ihn zu mir!", sagte der Prophet.

Umayr grüßte, wie sich die Götzendiener begrüßen, und wünschte einen guten Morgen.

„Allah gab uns einen besseren Gruß als deinen, Umayr", erwiderte der Prophet, *„er heißt ‚Frieden' und ist der Gruß, mit dem sich die Menschen im Paradies begrüßen."*

Danach fragte er: *„Was führt dich zu uns, Umayr?"* Umayr erklärte, er sei wegen seines gefangenen Sohnes gekommen.

„Weshalb trägst du das Schwert?"

„Allah verdamme die Schwerter, was haben sie uns gebracht", antwortete Umayr ausweichend.

Umar gab einigen Helfern den Befehl: „Geht hinein zum Propheten Allahs, setzt euch zu ihm und gebt acht auf diesen Bösen, dem nicht zu trauen ist!"

„Sag mir die Wahrheit, wozu bist du gekommen?", fragte der Prophet erneut.

Umayr erwähnte seinen Sohn. Da gab der Prophet das Gespräch zwischen Umayr und Safwân bei der Kaaba wieder. *„Du und Safwân habt euch über die getöteten Kuraysch unterhalten. Dann sagtest du: ‚Wenn ich keine Schulden hätte, die ich zahlen muss, und keine Familie, um derentwillen ich fürchte, dass sie nach mir verloren geht, würde ich zu Muhammad reiten und ihn töten.' Safwân übernahm deine Schuld und die Verantwortung für deine Familie, damit du mich für ihn tötest. Aber Allah ist zwischen dich und ihn getreten!"*

Umayr sagte: „Bei Allah, da ist kein dritter Mann außer mir und Safwân gewesen! Wir nannten dich einen Lügner, o Gesandter Allahs, während du uns himmlische Botschaften brachtest. Bei Allah, ich weiß, dass niemand anderes als Allah dir dies offenbarte, Dem Lob sei, Der mich jetzt zum Islam rechtleitete. Ich bezeuge, dass es keinen Anbetungswürdigen gibt außer Allah und du bist der Gesandte Allahs!" Nun war er überzeugt, dass der Prophet Recht hatte und dass die Götzen aus Stein und Holz keine Götter waren.

„Lehrt euren Bruder seine Religion, rezitiert ihm aus dem Koran und lasst seinen gefangenen Sohn frei!", beauftragte der Prophet seine Gefährten.[248] Als diese Nachricht Mekka erreichte, schwor sich Safwân, nie wieder mit Umayr zu sprechen und ihm nie mehr behilflich zu sein.

---

248 Ebd.

Einige Tage später kam Umayr zum Propheten und bat ihn: „O Gesandter Allahs, mein Vorhaben war es, das Licht Allahs auszulöschen. Ich war streng gegen die, die auf der Seite der Religion des Erhabenen standen. Ich habe nun die Bitte, dass du mir erlaubst, nach Mekka zurückzukehren und zum Islam einzuladen!" Der Prophet erlaubte es ihm. Viele Menschen in Mekka hörten daraufhin mit dem Götzendienst auf und wurden durch ihn Muslime.

Ein Jahr war seit der Schlacht von Badr vergangen und langsam kehrte in Medina Ruhe ein. Aber Abû Sufyân ertrug es nicht, die Schande der Niederlage auf sich sitzen zu lassen. Er musste den Arabern der Halbinsel beweisen, dass die Kuraysch die Macht und den Mut zum Kampf besaßen! Er sammelte eine Truppe Schwerbewaffneter um sich und zog insgeheim mit ihnen aus. In der Nähe Medinas brachen sie vor Tagesanbruch auf und gelangten zu einem Gebiet namens Urayd. Dort fanden sie einen Mann der Ansâr und einen seiner Bundesgenossen auf ihrem Acker. Sie töteten beide und steckten Häuser und Dattelpalmen in Brand. Nun glaubte Abû Sufyân, seinen Schwur, gegen Muhammad zu Felde zu ziehen, erfüllt zu haben und wandte sich zur Flucht.

Sobald der Prophet davon erfuhr, rief er seine Gefährten, und sie verfolgten, mit ihm an der Spitze, Abû Sufyâns Spur bis zu einem Ort namens Karkarat al-Hudr. Abû Sufyân und seine Begleiter bekamen es mit der Angst zu tun. Sie trieben ihre Kamele heftig an. Damit sie leichter und schneller vorankamen, warfen sie ihr Essen, das aus Weizenbrei [249] bestand, weg. Diesen Brei fanden die Muslime. Als der Prophet erkannte, dass die Flüchtigen außer Reichweite waren, kehrten er und seine Gefährten nach Medina zurück.

Abû Sufyâns Flucht ruinierte seinen Ruf und den der Kuraysch. Dabei hatte er damit gerechnet, dass der Feldzug der Kuraysch nach dem Unglück von Badr den verlorenen Stolz wiederherstellen würde.

---

249 Wegen des Weizenbreis, den die Kuraysch weggeworfen hatten, wurde dieser Feldzug Muhammads der „Weizenbrei-Feldzug" genannt. (Ibn Hischâm, S. 367)

Die Schlacht von Uhud

Mit dieser Niederlage wollten die Kuraysch nicht leben, und bald darauf rüsteten sie erneut für einen Angriff auf Medina. Mit ihnen kamen der Dichter Abû Azza, den der Prophet unter den Gefangenen Badrs begnadigt hatte, und die Kampftruppe der sogenannten Ahâbîsch.[250]

Die Frauen sollten den Kriegszug ebenfalls begleiten. In diesem Punkt waren sich die Kuraysch jedoch nicht einig, daher berieten sie sich. Einer der Befürworter sagte: „Sie eignen sich am besten, euch in Zorn zu versetzen und an die Gefallenen von Badr zu erinnern. Wir wollen nicht nach Hause zurückkehren, bevor wir nicht Rache genommen haben!" Einer der Gegner meinte: „O ihr Kuraysch! Ihr solltet eure Frauen dem Feind nicht ausliefern, zumal die Möglichkeit besteht, dass ihr eine Niederlage erleidet und dann vor euren Frauen bloßgestellt werdet!"

Während sie sich noch beratschlagten, schrie Hind bint Utba, die Frau von Abû Sufyân, der gegen den Auszug der Frauen war: „Bei Allah, du bist am Tag von Badr entkommen und zu deinen Frauen zurückgekehrt. Jawohl! Wir werden ausziehen und beim Kampf dabei sein, und niemand wird uns zurückhalten!" Die Kuraysch zogen aus, und ihre Frauen waren bei ihnen – an ihrer Spitze Hind, die heftig nach Rache verlangte, denn ihr Vater Utba, ihr Onkel Schayba sowie ihr Bruder Walîd waren in der Schlacht von Badr getötet worden. Die Kuraysch führten 3.000 Mann, 200 Pferde sowie 3.000 Kamele gegen Medina.

---

250 Diese Truppe setzte sich aus Mitgliedern der kleineren Stämme zusammen, die außerhalb Mekkas lebten. Sie wurde gegründet, um den kleineren Stämmen mehr militärische Macht gegenüber den Kuraysch zu geben. Im Laufe der Zeit und wegen des Konflikts mit dem Propheten verbündeten sie sich mit den Kuraysch.

Abbâs bin Abdulmuttalib, der Onkel des Propheten, erfuhr davon. Als die Kuraysch sich in großer Zahl zum Auszug sammelten, schrieb er einen Brief, in dem er ihr Tun, ihre Stärke, ihre Ausrüstung und ihre Anzahl genau beschrieb. Er übergab das Schreiben einem Boten, der drei Tage später Medina erreichte, wo er dem Propheten den Brief aushändigte. Die Einwohner Medinas erkannten die Gefahr dieses Feldzugs. Da sie um den Propheten fürchteten, verbrachten die Führer der Muslime die Nacht mit ihren Waffen in der Moschee. Ganz Medina war auf der Hut.

Der Prophet verließ die Stadt mit seiner 1.000 Mann starken Armee, um sich den auf Rache sinnenden Kuraysch in den Weg zu stellen. In der medinensischen Armee befanden sich auch der Anführer der Heuchler Ibn Salûl und seine Leuten. Bei Uhud überschritten die Truppen aus Medina die Bergpässe, wo sie übernachteten. Am nächsten Morgen sammelte Ibn Salûl seine Leute und zog mit ihnen ab. Seine Absicht war, Unruhe in die Reihen der Muslime zu bringen. Ibn Salûl zog mit 300 Männern ab. Nun bestand die Armee der Muslime nur noch aus 700 Mann.

Der Prophet ordnete die Reihen seiner Gefährten. Er stellte 50 Bogenschützen an einen Berghang und sprach zu ihnen: *„Deckt unseren Rücken, denn wir fürchten, dass sie mit ihrer Reiterei von hinten kommen. Bleibt an eurem Platz und verlasst ihn nicht, und passt auf, dass wir nicht von eurer Seite angegriffen werden! Wenn ihr seht, dass sie uns töten, kommt uns nicht zu Hilfe! Und wenn ihr seht, dass wir Beute machen, kommt nicht, um daran teilzuhaben!"*

Da wurde zum Angriff gerufen. Beide Heere marschierten aufeinander zu. Talha bin Abû Talha, der Bannerträger der Mekkaner, rief laut: „Wer misst sich mit mir im Duell?" Ali nahm die Herausforderung zum Zweikampf an; zwischen den beiden Heeren trafen sie aufeinander. Ali fügte ihm einen tödlichen Schlag zu. Die Muslime priesen Allah und stürmten los. Ein heftiger Kampf entbrannte; die Waffen krachten, die Männer schrien und Staub verdunkelte die Sonne.

Abû Dudschâna, in seiner Hand das Schwert des Propheten und um seinen Kopf die Todesbinde [251], schlug jeden nieder, auf den er stieß, bis er

251 Eine rote Binde, die er zu tragen pflegte, um zu zeigen, dass er nicht zurückweichen würde, egal was auf ihn zukäme.

in den Reihen der Götzendiener eine Person erblickte, welche die Feinde aufs Heftigste zum Kampf anspornte. Er erhob das Schwert gegen sie, worauf sie ein wildes Klagegeheul anstimmte – es war Hind bint Utba. Er ließ von ihr ab. „Das Schwert des Gesandten ist zu edel, als dass ich damit eine Frau erschlüge", sagte Abû Dudschâna.[252]

Hamza war einer der tapfersten Helden der Araber. Am Tag von Uhud war er wie am Tag von Badr „der Löwe Allahs" und „Sein scharfes Schwert". Er tötete einige der Anführer und Helden der Kuraysch.

Dschubayr bin Mut'im hatte dem Abessinier Wahschî, einem Sklaven aus Mekka, die Freiheit und reichen Lohn versprochen, sollte er Hamza töten.[253] Wahschî berichtete später von jenem Tag: „Ich zog mit den Leuten hinaus. Ich war ein Abessinier, der den Speer genau wirft und damit selten sein Ziel verfehlt. Als die Männer aufeinandertrafen, versuchte ich, Hamza zu finden, bis ich ihn erblickte, wie er mitten unter den Leuten sein Schwert vernichtend wüten ließ. Da bewegte ich meinen Speer, bis ich mit seiner Position zufrieden war, und schleuderte ihn auf Hamza. Er traf ihn in den Unterleib und ich ließ ihn und den Speer, bis er starb. Dann ging ich zu ihm, nahm meinen Speer und kehrte zum Lager zurück, wo ich mich niedersetzte; außer an ihm hatte ich an niemandem Interesse. Ich hatte ihn getötet, weil ich als Lohn die Freiheit erlangen würde; und als ich nach Mekka kam, wurde ich aus der Sklaverei der Götzendiener entlassen."

Nachdem Talha bin Abû Talha von Ali getötet wurde, trug Usmân bin Abû Talha das Banner der Kuraysch, bis er von Hamza getötet wurde. Dann übernahm Abû Sad bin Abû Talha das Banner und rief: „Behauptet ihr, dass eure Gefallenen im Paradies sind und unsere Gefallenen im Höllenfeuer? Bei Allah, ihr lügt! Solltet ihr wirklich glauben, was ihr sagt, soll einer von euch herauskommen, der mit mir kämpft!" Kaum war er fertig, versetzte Ali ihm mit dem Schwert einen Schlag, der ihn niederstreckte.

Als die Bannerträger getötet waren, ergriffen die besiegten Götzendiener die Flucht und kümmerten sich um nichts mehr – nicht einmal darum, dass ihre Frauen umzingelt wurden und ihr Götzenbild aus der

252 Ibn Hischâm, S. 381

253 Buhârî, 4072

Kamelsänfte fiel, in der es gelegen hatte. 3.000 Reiter der Kuraysch wurden bei dieser Schlacht von 700 Muslimen in die Flucht geschlagen.

Schon begannen einige Muslime siegesgewiss nach der Beute zu greifen. Reich und verlockend war diese Beute, vor welcher der Prophet die Bogenschützen ausdrücklich gewarnt hatte. Aber vergeblich! 40 von ihnen, denen der Gesandte doch eindringlich befohlen hatte, den Berghang unter keinen Umständen zu verlassen, wollten sich ebenfalls bereichern und verließen ihre Stellung.[254]

Hâlid bin Walîd [255], der an der Spitze der Reiter Mekkas stand, erkannte sofort die Schwachstelle in der Verteidigung der Muslime, stürmte mit seinen Männern von hinten gegen die letzten zehn Bogenschützen, die noch standhaft geblieben waren, tötete sie und fiel der muslimischen Armee in den Rücken. Die Kuraysch sahen, dass ihre Reiterei die Verteidigung der Muslime durchbrochen hatte. Die flüchtenden Truppen formierten sich neu und griffen die Muslime wieder an, unter denen daraufhin Panik ausbrach.

Nun begannen für den Propheten schwere und gefährliche Stunden. Die Truppen der Kuraysch umzingelten ihn. Einer der Männer schleuderte einen Stein, der ihn mit voller Wucht im Gesicht traf, seine Lippe verletzte und einen Zahn abbrach. Er fiel auf die Seite. Einige der Muslime, die ihn blutend zu Boden gehen sahen, wandten sich in Richtung des Berges, setzten sich auf die Erde und weinten. So sah sie Anas bin Nadr und fragte: „Warum setzt ihr euch hin?“

Sie antworteten: „Der Gesandte Allahs wurde getötet!“

Er erwiderte: „Was wollt ihr denn nach ihm mit dem Leben anfangen? Erhebt euch und sterbt wie er!“ Dann wandte er sich dem Feind zu und kämpfte tapfer, bis er getötet wurde. Als sein Leichnam gefunden wurde, war er so von Schwerthieben übersät, dass ihn später nur noch seine Schwester anhand seiner Fingerspitzen identifizieren konnte.

---

254 Buhârî, 1, 426

255 Hâlid war der Sohn von Walîd bin Mugîra, einem bekannten Gegner des Propheten. Er gehörte zu den Banî Mahzûm. Hâlid war für seine Klugheit und seinen Mut bekannt. Er gehörte zu den fähigsten militärischen Führern der Kuraysch.

Doch der Prophet Muhammad war nicht tot. Und es waren jetzt nur sehr wenige Muslime in seiner Nähe. Die Kuraysch sahen dies als ihre Chance, ihn zu töten und attackierten ihn immer wieder. Ein Schwerthieb verletzte ihn an der Stirn. Nun ergriff Umm Amara, eine Frau von den Helfern, ihrerseits ein Schwert und begann, den Propheten zu verteidigen. Auch Abû Bakr, Mus'ab bin Umayr und Abû Dudschâna kämpften sich zu ihm vor, um ihn zu schützen.

Einer der Männer der Kuraysch namens Abdullah bin Kam'a griff den Propheten direkt an. Umm Amara, die sich ihm in den Weg stellte, traf ihn mehrmals mit ihrem Schwert, konnte aber seine Panzerung nicht durchbrechen, und er verletzte sie schwer an der Schulter. Nun schlug er auf den Propheten ein. Sein erster Schlag traf ihn an der Schulter. Der Schlag war so stark, dass der Prophet trotz Panzerung große Schmerzen verspürte und taumelte, der zweite Schlag traf seinen Helm mit solch einer Wucht, dass zwei Glieder des Helmes in seine Wange eindrangen.

Die Gefährten drängten Ibn Kam'a zurück, der immer wieder versuchte, den Propheten zu treffen. Er erschlug Mus'ab bin Umayr, den er im Getümmel für den Propheten hielt und schrie: „Muhammad ist tot!" Die Gefährten erkannten, dass nicht der Prophet getötet worden war, und versuchten weiter, ihn zu schützen und die anderen Muslime zu Hilfe zu holen. Unter ihnen sprach sich herum, dass Muhammad noch lebte. Währenddessen kämpfte der Prophet mit einer kleinen Gruppe von Gefährten verzweifelt gegen eine immer größer werdende Anzahl von Feinden, die sie umzingelten.

Sad bin Abî Wakkâs hielt sich an der Seite des Propheten und schoss Pfeile ab, die dieser ihm reichte. Dabei rief er: *„Schieße, Sad! Für dich würde ich meinen Vater und meine Mutter opfern!"* [256] Der Prophet hatte zuvor selbst mit seinem Bogen geschossen; dieser war jedoch zerbrochen.

Es sammelten sich immer mehr Muslime um den Propheten, dem es endlich gelang, mit ihnen die Reihen der Kuraysch zu durchbrechen und sich auf den Berg zurückzuziehen. Mit den Verletzten in ihrer Mitte kämpften sie sich den Weg zum Berg frei. Die Kuraysch trauten sich

---

256 Dies darf natürlich nicht wortwörtlich verstanden werden, sondern ist im Arabischen ein Ausdruck größter Liebe und Wertschätzung. (Ibn Hischâm, S. 388)

nicht, ihnen zu folgen – das Wagnis erschien ihnen zu groß. Abû Sufyân stieg auf den Berg und rief so laut er konnte: „Im Krieg wird man einmal siegen und einmal besiegt werden. Unbesiegt sei Hubal [257]!"

Der Prophet ließ Umar antworten: „Allah ist erhabener und mächtiger. Wir sind nicht gleich. Unsere Gefallenen sind im Paradies, die euren in der Hölle!"

Abû Sufyân bat Umar, zu ihm herunterzukommen. Der Prophet sagte zu Umar: *„Geh zu ihm und schau, was er will!"*

„Haben wir wirklich Muhammad getötet?"

„Bei Allah, er kann dich gerade hören", antwortete Umar

„Ich glaube dir mehr als Ibn Kam'a!", sagte Abû Sufyân. Denn Ibn Kam'a hatte die Nachricht verbreitet, dass er Muhammad getötet hätte.

Abû Sufyân sprach erneut: „Es hat Verstümmelungen an euren Gefallenen gegeben. Bei Allah, ich bin damit weder zufrieden noch unzufrieden, und ich habe es weder verboten noch habe ich es befohlen."

Und ganz zuletzt rief Abû Sufyân: „Im nächsten Jahr ist unser Treffpunkt bei Badr!" [258]

Die Kuraysch zogen ab, nachdem sie ihre Gefallenen begraben und die Leichen der gefallenen Muslime verstümmelt hatten. Auch Hind beteiligte sich daran. An Hamza, dem Onkel des Propheten, den Wahschî im Auftrag von Dschubayr bin Mut'im getötet hatte, rächten sie sich auf übelste Weise.

Der Prophet machte sich auf, seinen Onkel Hamza zu suchen. Als er

---

257 Hubal war der Hauptgott unter den 360 Gottheiten, die in der Kaaba und um sie herum standen. Bei ihm wurden oft die Lospfeile geworfen.

258 Als im folgenden Jahr zur verabredeten Zeit der Prophet mit seinen Gefährten in Badr wartete, waren die Götzendiener nur einige Stunden von Mekka entfernt und trauten sich nicht, anzugreifen. Abû Sufyân hatte Nuaym bin Mas'ûd zwanzig Kamele versprochen, wenn er es schaffte, Muhammad zu überreden, nicht nach Badr zu ziehen, was ihm jedoch nicht gelang. So bereiteten sie sich weiterhin vor, um eine große Schlacht gegen die Muslime zu führen.

ihn so schrecklich zugerichtet daliegen sah, wurde er traurig und sagte: *„Nichts Vergleichbares wird mich je wieder treffen. Nie war ich in einer Situation, die mich mehr erzürnte als diese."* Sodann sprach er: *„Bei Allah, sollte Er uns eines Tages den Sieg über sie schenken, werde ich …"* Aus diesem Anlass offenbarte Allah einige Verse, die den Muslimen Geduld und Gerechtigkeit auch in den schlimmsten Fällen auferlegen: *„Wenn ihr bestraft, so bestraft in gleichem Maße, mit dem ihr bestraft wurdet; und wenn ihr Geduld zeigt, so ist dies besser für die Geduldigen. Und gedulde dich, und deine Geduld kommt nur von Allah; und betrübe dich nicht über sie und sei nicht bedrückt wegen dem, was sie aushecken."*[259]

Der Gesandte Allahs übte Nachsicht, geduldete sich und verbot die Vergeltung und das Verstümmeln von Leichen. Er bedeckte Hamza mit seinem Obergewand und betete für ihn. Seine Schwester Safiyya bint Abdulmuttalib kam, betete für ihn und bat für ihn um Vergebung.

Als die Muslime Mus'ab bin Umayr mit seinem Obergewand bedecken wollten, reichte dieses nicht, und seine Füße wurden sichtbar, als man seinen Kopf bedeckte. So war Mus'ab, der Lehrer von Medina, der im Luxus aufgewachsen war, von dieser Welt gegangen. Er starb, als er versuchte, den Propheten zu schützen. Er wusste, dass er seine Belohnung nicht im Diesseits, sondern im Jenseits bekommen würde. Die Muslime begruben ihre Toten.[260]

---

259 Sure Nahl, 16:126-127

260 zu den Details der Schlacht von Uhud siehe Mubârakpûrî, S. 225-255

Hafsas Hochzeit

Die damals 20 Jahre alte Fâtima war über den Tod ihrer Schwester Rukayya sehr unglücklich; sie weinte und weinte. Der Prophet versuchte, sie zu trösten und trocknete ihre Tränen. Schon bald darauf heiratete Fâtima Ali. Ali verdiente Geld als Wasserträger und Fâtima mit dem Mahlen von Korn. Nach ihrer Heirat erfuhr Hârisa, der ein Haus direkt neben der Moschee besaß, dass der Prophet seine Tochter gerne in seiner Nähe hätte. Deshalb schenkte er ihm sein Haus.

Nicht lange danach starb Hafsas Mann Hunays bin Huzâfa aus dem Stamme der Kuraysch. Hunays hatte an beiden Auswanderungen der Muslime nach Abessinien und Medina teilgenommen und wurde zu den engen Gefährten des Propheten gezählt. Nachdem er in der Schlacht von Uhud verwundet worden war, starb er in Medina. Er hinterließ Hafsa, die Tochter des Umar bin Hattâb, als Witwe. Nach dem Tod ihres Mannes kehrte Hafsa in das Haus ihres Vaters zurück. Dort verbrachte sie traurig ihre Tage – bekümmert, dass ihre Jugend einsam und abgeschieden verrann. Dies bereitete ihrem Vater große Sorge. Nachdem er ihre Trauer über sechs Monate mit angesehen hatte, entschloss er sich, ihr einen Ehemann zu suchen.

Dabei dachte er an seinen Freund Abû Bakr, der zugleich der erste Gefährte des Propheten und dessen Schwiegervater war. Abû Bakr war ein erfahrener Mann von gütigem Charakter, ruhig und zuverlässig; er würde Hafsa ohne Zweifel gut behandeln und die Trauer der Witwenschaft von ihr nehmen. Auch meinte Umar, dass eine Ehe mit Abû Bakr ihn dem Propheten näherbringen würde. Nachdem er dies alles überdacht hatte, gab es für ihn kein Zögern mehr. Er ging zu Abû Bakr und sprach mit ihm über seine Hoffnungen für Hafsa. Doch Abû Bakr, der ihm schweigend zuhörte, kam dem Vorschlag mit keinem Wort entgegen. Die Ablehnung Abû Bakrs, Hafsa zu heiraten, traf Umar sehr. In Zorn und tiefer Sorge verließ er das Haus Abû Bakrs.

Doch brachte ihn dies nicht von seinem Vorhaben ab; er ging zum Hause Usmân bin Affâns. Usmân bin Affân war mit Rukayya, der Tochter des Propheten, verheiratet gewesen. Doch war Rukayya gleich nach der Schlacht von Badr, kurz nach ihrer Rückkehr von der Auswanderung nach Abessinien, in Medina gestorben. Usmân war daher schon längere Zeit Witwer. Wegen seines guten Charakters, seiner Frömmigkeit und seiner Stellung zu Muhammad als dessen Schwiegersohn war er hochangesehen; auch war er bekannt für seine Schamhaftigkeit.[261] Nachdem Umar dies alles überdacht hatte, bot er Usmân Hafsa zur Ehe an. Usmân zögerte mit seiner Antwort und bat Umar um einige Tage Bedenkzeit. Danach zog er sich mit den Worten zurück: „Ich will jetzt nicht heiraten."

Diese erneute Kränkung seiner Ehre und die Sorgen um seine Tochter verletzten Umar umso tiefer, als er die Ablehnung durch Abû Bakr noch nicht verwunden hatte. Umar war zornig und konnte nicht verstehen, wie gläubige und gute Freunde seine Tochter Hafsa, die jung, gläubig und von gutem Charakter war, ablehnen konnten, zumal er selbst als ihr Vater eine Stütze des Islams war und aus edlem Geschlecht stammte.

Umar wollte wissen, warum Abû Bakr und Usmân seine Tochter zurückgewiesen hatten. Er ging zum Propheten, um ihm seine Sorge vorzubringen. Der Prophet merkte sogleich, dass Umar aufgebracht war und fragte, was ihn so getroffen habe. Umar rügte das Verhalten Abû Bakrs und Usmâns. Der Prophet lächelte und antwortete ihm: *„Hafsa wird den heiraten, der besser als Abû Bakr und Usmân ist, und Usmân wird die heiraten, die besser als Hafsa ist"*, womit er seine eigene Tochter Umm Kulsûm meinte.

---

261 Âischa berichtet, dass Abû Bakr eines Tages zum Propheten kam und dann Umar; der Prophet änderte seine Sitzstellung nicht. Dann kam Usmân, und Muhammad richtete seine Kleider und seine Sitzstellung. Als sie weg waren und Âischa nach dem Grund fragte, antwortete der Prophet, wie könne er sich vor einem Mann nicht schämen, vor dem die Engel sich schämen. Abû Hurayra berichtete: „Der Prophet sagte: *‚Der Glaube besteht aus mehr als 70 Bestandteilen, und die Schamhaftigkeit (Hayâ) ist einer der Bestandteile des Glaubens.'"* (Muslim, 50)

Diese Worte stimmten Umar überaus glücklich, denn wer anders als der Prophet konnte besser als Abû Bakr und Usmân sein? Er verstand das Angebot des Propheten, seine Tochter zu heiraten. Dies war eine Ehre, die Umar selbst nie zu wünschen gewagt hätte. Voller Freude und befreit von seiner Sorge gratulierte er dem Propheten zu dessen Entschluss. Er eilte hinaus, um allen Leuten seine Freude über die Verlobung zu verkünden und ihre Glückwünsche entgegenzunehmen. Dann stürmte er nach Hause, um seiner Tochter die frohe Botschaft zu übermitteln, und sie freute sich mehr als alle anderen darüber.

Auf dem Weg begegnete ihm Abû Bakr, der seine Freude bemerkte und erriet, was die Ursache war. Entschuldigend und zugleich gratulierend streckte Abû Bakr ihm die Hand entgegen und sprach: „O Umar, sei nicht traurig meinetwegen, denn der Prophet hatte bereits zuvor von einer Heirat mit Hafsa gesprochen, und ich konnte das Geheimnis des Propheten nicht verraten!“ [262]

Âischa brachte der Beteiligung der anderen Ehefrauen am Leben Muhammads Verständnis entgegen, denn sie war, wie die anderen Gläubigen, der Überzeugung, dass der Gesandte Allahs seine Ehen im Rahmen der Ausübung und Förderung seiner Botschaft schloss.

262 Buhârî, 4005

Die Grabenschlacht

Eines Tages begab sich der Prophet zu dem jüdischen Stamm der Banî Nadîr, da diese ihn gebeten hatten, einen Streit zwischen ihnen zu schlichten. Als er bei ihnen war, zogen sie sich zur Beratung zurück und sprachen zueinander: „In eine so günstige Lage bekommen wir diesen Mann nie wieder. Wer also steigt auf das Haus, wirft einen Stein auf ihn und tötet ihn?"

Einer von ihnen, Amr bin Dschihas, erklärte sich dazu bereit und stieg auf das Dach, um einen Stein auf den Propheten zu werfen. Dieser saß mit einigen seiner Gefährten, die ihn begleitet hatten, zusammen, darunter Abû Bakr, Umar und Ali. Der Engel Gabriel offenbarte ihm das üble Vorhaben. Er stand auf und ging, bevor Amr den Stein herunterwerfen konnte und ohne seinen Gefährten ein Wort zu sagen.

Diese warteten bei den Banî Nadîr auf seine Rückkehr. Als es ihnen zu lange dauerte, begannen sie, nach ihm zu suchen. Ein Mann, der gerade aus Medina kam, erzählte ihnen schließlich, er habe den Propheten in die Stadt kommen sehen. Sie folgten ihm dorthin, und als sie ihn erreichten, berichtete er ihnen von dem Verrat, den die Banî Nadîr gegen ihn geplant hatten.

Muhammad forderte die Banî Nadîr auf, Medina mit ihrem Vermögen zu verlassen. Diese wollten nach ihrem gescheiterten Plan der Aufforderung Folge leisten, doch Ibn Salûl versprach ihnen Unterstützung, falls sie sich dem Propheten widersetzten. So verweigerten sie den Abzug. Infolgedessen belagerten die Muslime die Banî Nadîr. Als die Unterstützung Ibn Salûls jedoch ausblieb, gaben sie auf und ergaben sich dem Urteil des Propheten. Wie bei den Banî Kaynukâ baten auch ihre ehemaligen

Verbündeten den Propheten, ihnen das Urteil zu überlassen. Obwohl der Anschlag seiner Person gegolten hatte, stimmte er zu. Die Banî Nadîr durften Medina verlassen und ihr Vermögen mitnehmen. Sie gingen nach Haybar [263], wo sie sich niederließen.[264]

Doch sie und ihre Verbündeten wollten sich immer noch nicht geschlagen geben. Die Oberhäupter der Banî Nadîr begannen, von Haybar aus ein Bündnis gegen den Propheten zu schmieden, um Verbündete für einen Angriff auf Medina zu gewinnen. Eine Delegation von den Banî Nadîr und den Banî Wâil [265], darunter Huyay bin Ahtab, das Oberhaupt der Banî Nadîr, zog zu den Kuraysch nach Mekka. Sie hetzten sie zum Krieg gegen den Propheten auf und sprachen: „Wir werden euch im Kampf gegen ihn unterstützen, bis wir ihn erledigt haben!"

„O ihr Männer der Juden!", fragte Abû Sufyân, „Ihr seid das Volk mit dem ersten Buch und habt Wissen über unseren Streit mit Muhammad! Ist unsere Religion besser oder seine?"

„Eure Religion ist besser als seine Religion, und ihr seid im Recht!", antworteten sie, obwohl sie genau wussten, dass die Kuraysch Götzendiener waren, die gegen die Prinzipien der Juden, Christen und Muslime handelten.[266] Das freute diese und ermutigte sie, sich auf einen weiteren Krieg vorzubereiten.

Nun begab sich die Delegation aus Haybar zu den Stämmen des Nadschd[267], den Banî Gatafân [268] und zu vielen anderen Götzendienern und warben für den Kampf gegen den Propheten. Sie versprachen ihnen Unterstützung und erzählten, dass die Kuraysch ihrem Aufruf bereits

---

263 Haybar ist eine Oasenstadt etwa 150 Kilometer nördlich von Medina.

264 Zu diesen Ereignissen wurde die Sure Haschr (59) herabgesandt.

265 Die Banî Wâil waren einer der Stämme, die Medina bewohnten, sie gehörten zu den Aws, stellten sich aber in der Grabenschlacht gegen ihre Stammesgenossen.

266 Über sie hat Allah in Medina diese Koranverse offenbart: „*Hast du nicht jene gesehen, denen ein Teil der Schrift gegeben wurde? Sie glauben an Zauberei und Götzen, und sie sagen von den Ungläubigen: ‚Sie sind in der Lehre besser geleitet als die Gläubigen.' Diese sind es, die Allah verflucht hat; und für den, den Allah verflucht, wirst du keinen Helfer finden.*" (Sure Nisâ, 4:51-52)

267 Nadschd ist das Gebiet in der Mitte der Arabischen Halbinsel.

268 Die Banî Gatafân waren ein großer Stammesverbund im Nadschd.

nachgekommen seien. Andere Stämme, die sie nicht anstacheln konnten, gegen die Muslime zu kämpfen, versuchten sie mit Bestechung und dem Versprechen von reicher Beute zum Kampf zu bewegen. Innerhalb kürzester Zeit bewegte sich eine gewaltige Streitmacht, wie sie Arabien bis dahin noch nicht gesehen hatte, in Richtung Medina.[269]

Als der Prophet dies alles durch einen Brief von seinem Onkel Abbâs erfuhr, blieb ihm nur noch eine Woche Zeit. Er versammelte seine Gefährten, um sich mit ihnen zu beraten. Verschiedene Meinungen darüber, wie man sich am besten verteidigen könnte, kamen zur Sprache. Salmân der Perser hatte einen besonderen Plan. Er erzählte, was er bei seinem Volk gesehen hatte, wenn dessen Städte angegriffen wurden: Sie gruben tiefe Gräben rund um ihre Städte, die es dem Feind unmöglich machten, diese einzunehmen. Alle waren von diesem Plan begeistert. Zum Glück mussten die Muslime nicht um die ganze Stadt herum graben, denn es gab bereits hohe Mauern und Felsen, die nicht passierbar waren und nur noch miteinander verbunden werden mussten, um die Lücken zu schließen. Jede Familie übernahm ein Stück des Grabens. Die Tage vergingen, aber die Arbeit schien nicht fertig zu werden. Angst und Hunger nahmen zu; der Prophet hungerte und arbeitete jeden Tag mit.[270] Sie gruben unermüdlich, Tag und Nacht.

Ein Fels wurde zum Hindernis, worüber sich die Muslime beim Propheten beklagten. Er ließ etwas Wasser bringen, spuckte hinein, sprach ein Bittgebet und besprengte den Felsen mit dem Wasser. Die Zeugen dieses Wunders sprachen später: „Bei Dem, Der ihn als Propheten sandte, der Fels brach zusammen."

---

269 Die Kuraysch wurden von Abû Sufyân angeführt, die Banî Gatafân von Uyayna bin Hisn. (Ibn Hischâm, S. 453)

270 Bint Baschir bin Sad berichtet: „Meine Mutter gab mir eine Handvoll Datteln und sagte: ‚Geh zu deinem Vater und deinem Onkel und bringe ihnen dies als Mittagessen!' Als ich mit den Datteln beim Propheten vorbeiging, rief er: *‚Komm, Töchterchen! Was hast du bei dir?'* ‚O Gesandter Allahs, das sind Datteln, das Mittagessen meines Vaters und meines Onkels.' *‚Bring sie hierher!'*, bat mich der Prophet. Es waren so wenige, dass sie seine Hände nicht ausfüllten. Er legte die Datteln auf ein Gewand und bat jemanden in seiner Nähe: *‚Rufe die Leute des Grabens, sie sollen zum Mittagessen kommen!'* Sie kamen herbei und begannen zu essen, während sich die Datteln immer wieder vermehrten, bis alle satt waren, und von den Seiten des Gewandes fielen die Datteln weiter herunter." (Ibn Hischâm, S. 454-455)

Auch Salmân hatte beim Graben Schwierigkeiten. Der Prophet, der in seiner Nähe war, sah, wie schwer er es mit einem Felsen hatte. Nun schlug er selbst dreimal mit der Hacke auf diesen Felsen, wobei jedes Mal ein Lichtstrahl aufblitzte.

„O Gesandter Allahs, was war das?", fragte Salmân erstaunt.

„Hast du es wirklich gesehen, o Salmân?", fragte der Prophet.

Salmân bejahte es.

„Das erste Aufblitzen bedeutet, dass Allah mir den Jemen eröffnet, durch das zweite ash-Sham (Syrien) und den Westen und durch das dritte eröffnete Er mir den Osten." [271]

Die Kuraysch rückten mit 10.000 Kriegern heran, in der Hoffnung, die ganze Stadt schnell zu vernichten. Der Graben war schon vollendet und der Prophet richtete mit 3.000 Muslimen ein Lager vor der Stadt ein, sodass der Graben zwischen ihnen und den Kuraysch lag. Er befahl, Kinder und Frauen in die Festungen zu bringen, damit sie in Sicherheit wären.

Überrascht mussten die Götzendiener feststellen, dass die Felder um Medina herum schon abgeerntet waren, weshalb ihr Heer gleich in Richtung Stadt weitermarschierte. Abû Sufyân, Hâlid, Ikrima, Amr und viele andere Häupter der Kuraysch gingen an der Spitze und freuten sich, als sie die Lager der Muslime vor den Toren der Stadt und nicht hinter ihnen erblickten. Da es ihnen nicht an Männern und Waffen fehlte, waren sie überzeugt, den Feind rasch vernichten zu können. Als sie aber immer näher kamen, erblickten sie den breiten Graben.[272]

Von der anderen Seite begannen nun die Bogenschützen der Muslime, einen Hagel von Pfeilen auf sie zu schießen und zwangen sie, zurückzuweichen. Dieser Graben war ein Kniff in der Kriegskunst, den die Araber noch nicht kannten!

---

271 Ibn Ishâk sagte, als diese Regionen tatsächlich zu Umars und Usmâns Zeit befreit wurden, pflegte Abû Hurayra zu sagen: „Nehmt ein, was ihr einnehmt, ihr werdet bis zum Jüngsten Tag keine Stadt einnehmen, die nicht Allah schon vorher dem Propheten Muhammad versprochen hat." (Ibn Hischâm, S. 455)

272 Der Graben war 3,5 Kilometer lang, mehr als 6 Meter breit und 5-7 Meter tief.

An einer Stelle blockierten die Festungen des jüdischen Stammes Banî Kurayza den Eingang in die Stadt. Huyay bin Ahtab vom Stamm der Banî Nadîr war sich sicher, dass es ihm gelingen würde, den jüdischen Stamm Banî Kurayza zu überreden, sein Versprechen Muhammad gegenüber zu brechen, und damit den Vertrag von Medina zu verletzen. Huyay ging sogleich zu Ka'b bin Asad von den Banî Kurayza, der für seinen Stamm mit dem Propheten das Bündnis geschlossen hatte.

Als Ka'b die Stimme Huyays vor der Burg hörte, verschloss er das Tor, denn Huyay war den Banî Kurayza als Unglücksbringer bekannt, der seinem Stamm Verrat und Leid brachte.

„Wehe dir, Ka'b! Mach auf!"

„Wehe dir, Huyay, du bist ein Unheilbringer! Ich habe einen Vertrag mit Muhammad und ich habe an ihm nur Treue und Ehrlichkeit erlebt!"

„Wehe dir, öffne mir, damit wir reden können!"

„Das tue ich nicht!"

„Du hast also Angst, dass ich von deinem Weizenbrei esse!"

Dies beleidigte Ka'b und machte ihn so wütend, dass er das Tor öffnete. Huyay trat ein und sprach: „Wehe dir, Ka'b! Ich komme zu dir mit ewigem Ruhm und einem Meer von entschlossenen Kämpfern. Mit den Kuraysch und ihren Führern bin ich gekommen und ebenso mit den Banî Gatafân und ihren Führern. Sie haben mir versprochen und mit mir einen Vertrag geschlossen, dass sie keine Ruhe geben, bis wir Muhammad und alle, die mit ihm sind, ganz zerrieben haben!"

„Bei Allah, Huyay, du bringst mir vielmehr ewige Erniedrigung und eine Wolke, die ihr Wasser schon vergossen hat und die nur blitzt und donnert, aber nichts bringt. Lass mich in Frieden; denn Muhammad war mir gegenüber stets treu und ehrlich."

Huyay aber redete solange auf Ka'b ein, bis er ihn schließlich zum Verrat bewegen konnte. Huyay schwor: „Wenn die Kuraysch und die Banî Gatafân zurückkehren, ohne Muhammad vernichtet zu haben, werde ich in deine Festung kommen, damit auch mich trifft, was dich trifft!"

Das überzeugte Ka'b, sodass er seinen Vertrag mit dem Propheten brach und Verrat beging. Nun war die ganze Mühe der medinensischen Stadtbewohner umsonst gewesen. Die Banî Kurayza würden den Götzendienern Eintritt in die Stadt gewähren; diese würden sie dann plündern, zerstören und jeden töten, dessen sie habhaft würden.

Einige der Banî Kurayza waren zuerst dagegen, den Bund mit Muhammad zu verletzen und ihn zu verraten, denn sie hatten von ihm nur Gutes gesehen. Als jedoch die Heuchler um Ibn Salûl hinzukamen und bestätigten, was Huyay ihnen gesagt hatte, waren sie vom Erfolg überzeugt. Sie sahen, was für ein grauenvolles Heer der Kuraysch da war, das die Ebene vor ihren Augen füllte.

Der Prophet wurde benachrichtigt, woraufhin er den Führer des Stammes Aws, Sad bin Muâz, und den der Hazradsch, Sad bin Ubâda, mit zwei weiteren Gefährten beauftragte: *„Schaut nach, ob es stimmt! Wenn es wahr ist, sagt es mir auf verschleierte Weise, damit die Leute nicht mutlos werden. Wenn sie aber Treue bewahren, dann sagt es klar und deutlich!"*

Die Delegation der Muslime suchte die Festung der Banî Kurayza auf. Sie merkten schnell, dass diese den Vertrag gebrochen hatten. Ihre Bitte, diese Entscheidung zu widerrufen, wurde entschieden zurückgewiesen. „Wer ist der Gesandte Allahs? Wir haben kein Abkommen und keinen Vertrag mit Muhammad!" Ka'b war sich sicher, dass die mekkanischen Kuraysch die Muslime vernichten würden und sie mit ihnen zusammen die Beute machen würden. Sad bin Muâz beschimpfte sie, doch Sad bin Ubâda hielt ihn zurück: „Lass das Schimpfen! Die Sache ist schlimm genug!"

Die beiden Sads kehrten mit den anderen Gefährten zum Propheten zurück und gaben ihm ein Zeichen.[273] Der Prophet Muhammad verstand. Er wandte sich seinen Leuten zu und rief: *„Allâhu akbar! Seid frohen Mutes, o ihr Muslime!"*

Trotz allem gab Muhammad die Hoffnung nicht auf, obwohl die Lage für die Muslime nie ernster gewesen war. Die Feinde bedrängten sie, bis

273 Ihr Zeichen war, dass sie ihn mit „Udal und Kara" grüßten, ein Hinweis auf den Verrat beim Brunnen Radschi an Hubayb und seinen Gefährten. (Ibn Hischâm, S. 456)

die Prüfung so hart wurde, dass die Gläubigen zu zweifeln begannen und einige Heuchler vor Angst und Zweifel das Gefühl hatten, ihre Leiber stünden in Flammen.[274]

Der Prophet und seine Gefährten hielten fast einen Monat am Graben durch. Außer einigen Pfeilschüssen kam es zu keinem richtigen Kampf. Eines Tages jedoch legten Ikrima und einige Reiter der Kuraysch ihre Waffen an, ritten mit ihren Pferden zum Lager der Kinâna und riefen: „Zum Krieg, ihr Banî Kinâna! Heute werden wir sehen, wer von uns die richtigen Reiter sind!" Als sie den Graben erreichten und sahen, wie mächtig er war, sagten sie erstaunt: „Wahrlich, die Araber sind bisher nicht auf diese Kriegslist gekommen!" Sie suchten sich eine enge Stelle und schlugen auf ihre Pferde ein, bis diese den Graben mühsam überwanden.

Ali sah sie und ritt schnell mit einigen Männern dorthin. Amr bin Abduwud, einer der berühmtesten Kämpfer der Kuraysch, der in Badr verletzt worden war und sich daher nicht an der Schlacht von Uhud beteiligt hatte, war unter ihnen und wollte sich nun deutlich zeigen, damit jeder sehen konnte, was für ein hervorragender Krieger er war. Er und die anderen Reiter wurden von den Muslimen angehalten. Er rief: „Wer ist zum Duell bereit?"

Ali meldete sich und machte Amr zunächst noch den Vorschlag, den Islam anzunehmen, was dieser jedoch ablehnte. Nach einem kurzen

---

274 Muattib bin Kuschayr vom Stamm der Banî Amr, der sich auch an der Schlacht von Badr beteiligt hatte, sagte: „Muhammad hatte uns doch versprochen, wir würden die Schätze Husraws und Cäsars bekommen, während wir heute nicht einmal unsere Notdurft verrichten können." (Ibn Hischâm, S. 456-457) Über diese Angst offenbarte Allah die folgenden Verse: *„Als sie von oben und von unten her über euch kamen und als die Augen rollten und die Herzen in die Kehle stiegen und ihr verschiedene Gedanken über Allah hegtet: Damals wurden die Gläubigen geprüft, und sie wurden in heftigem Maße erschüttert. Und da sagten die Heuchler und die, in deren Herzen Krankheit war: ‚Allah und Sein Gesandter haben uns nur Trug verheißen.' Und alsdann sagte eine Gruppe von ihnen: ‚O ihr Leute von Yathrib! Ihr könnt (ihnen) nicht standhalten, darum kehrt zurück.' Und ein Teil von ihnen bat den Propheten um Erlaubnis und sagte: ‚Unsere Wohnungen sind schutzlos.' Und sie waren nicht schutzlos. Sie wollten eben nur fliehen. Und wenn der Zutritt gegen sie von allen Seiten her erzwungen würde und wenn sie dann aufgefordert würden, (vom Islam) abzufallen, wären sie darauf eingegangen und hätten dabei wenig gezögert."* (Sure Ahzâb, 33:10-14)

Wortwechsel war Amr so wütend, dass er von seinem Pferd sprang und auf die Beine und den Kopf des armen Tieres einschlug.[275] Dann ging er auf Ali los, und die beiden umkreisten sich, bis sie in einer Staubwolke verschwanden. Ihre Schwerter prallten aufeinander, und ihre erregten Stimmen drangen aus dem Getümmel. Schließlich hörte man den Ruf „Allâhu akbar!" Jeder wusste, dass es Alis Stimme war, der die Größe Allahs pries, und dass Amr besiegt war. Ikrima ließ seinen Speer fallen und floh mit den anderen Reitern zurück über den Graben. Nun musste der Graben pausenlos bewacht werden und die Muslime mussten die Angriffsversuche mit Pfeilen abwehren.

Huyay versuchte weiterhin, die Kuraysch davon zu überzeugen, eine Abteilung ihrer Männer zu den Burgen der Banî Kurayuza zu entsenden, um von dort aus die Festungen, in denen sich die Frauen und Kinder der Muslime befanden, anzugreifen. Die Banî Kurayza schickten zunächst einige Leute vor, um herauszufinden, ob Männer bei den Frauen waren. Wenn keine Männer da wären, wollten sie angreifen.

In einer der Festungen befand sich die Tante des Propheten, Safiyya, eine Schwester von Hamza. Bereits früher hatte sie mit ihrem Speer an der Schlacht von Uhud teilgenommen. Als sie nun einen Mann der Banî Kurayza herankommen sah, nahm sie einen Zeltpfahl, stieg von der Festung herab, tötete ihn mit einem Schlag auf den Kopf und entledigte ihn seiner Waffen. Als die Banî Kurayza ihn so fanden, erschraken sie sehr und riefen: „Wir hatten uns schon gewundert, dass Muhammad Frauen und Kinder allein in den Festungen lässt! Jetzt wissen wir, dass auch Männer dort sind, um sie zu beschützen!"[276]

Viele Muslime, die den Zwischenfall bemerkten, bekamen nun Angst um ihre Familien. Die meisten Männer waren sehr erschöpft; ihnen fehlten Schlaf und Nahrung, weil sie am Tag und in den kalten Nächten ununterbrochen Wache hielten. Einige, die schwach im Glauben waren, dachten, dass der Sieg, den der Prophet ihnen versprochen hatte, nicht mehr kommen würde. Für die übrigen Gläubigen jedoch war dies lediglich eine Prüfung, die ihren Glauben stärkte.

275 Er wollte damit demonstrieren, dass er entweder siegen oder sterben wollte.

276 Ibn Sad, I/II, S. 53

Bei den Gatafân war auch Nuaym bin Mas'ûd. Abû Sufyân hatte ihm 20 Kamele versprochen, wenn er die Muslime dazu überreden könne, es nicht zu dem von ihm selbst in Uhud angekündigten zweiten Gefecht in Badr kommen zu lassen. Nuayms Reise damals nach Medina war für ihn nicht umsonst gewesen, denn als er dort war, beeinflusste ihn der Islam so sehr, dass „dies die Zeit war, in der Allah mein Herz für den Islam öffnete", wie er später sagte.

Nuaym schlich also in die Stadt und verlangte, den Propheten zu sprechen. Man brachte ihn zu ihm, und Muhammad fragte, weshalb er gekommen sei.

„O Gesandter Allahs, ich bin Muslim geworden, ohne dass meine Leute etwas davon wissen. Ich stehe unter deinem Befehl!"

„Du bist nur ein einzelner Mann, so geh und versuche Zwietracht unter unseren Gegnern zu säen. Denn Krieg ist List."[277]

Nuaym ging sogleich zu den Banî Kurayza, mit denen er in der Zeit der Unwissenheit, vor dem Islam, verbündet gewesen war und sprach: „Ihr Banî Kurayza! Ihr kennt meine Freundschaft euch gegenüber!"

„Du hast recht, wir misstrauen dir nicht", antworteten sie.

„Die Kuraysch und die Banî Gatafân sind nicht wie ihr. Hier ist eure Heimat, in der ihr euren Besitz, eure Kinder und eure Frauen habt. Ihr könnt sie nicht so einfach verlassen. Die Kuraysch und die Banî Gatafân aber sind nur hierher gekommen, um Muhammad und seine Gefährten zu bekämpfen und ihr habt sie dabei gegen Muhammad unterstützt. Hier ist für sie aber keine Heimat, sie haben ihren Besitz und ihre Frauen nicht hier, und wenn es ihnen nicht gelingen sollte, ihren Feind zu schlagen, dann werden sie einfach dahin zurückreiten, woher sie gekommen sind, und euch Muhammad und seinen Gefährten überlassen. Ihr habt dann keine Macht gegen ihn. Verlangt deshalb einige der Edlen der Kuraysch als Geiseln, damit sie bei euch bleiben, bis ihr gemeinsam gegen Muhammad gekämpft und ihn vernichtet habt!"

277 Ibn Hischâm, S. 460

„Du hast uns einen vollkommenen Rat gegeben", bestätigten ihm die Banî Kurayza. Denn genau diese Bedenken hatten auch sie schon oft bei sich erwogen. Sie entschlossen sich, seinem Vorschlag zu folgen und versprachen, niemandem zu verraten, dass er ihnen diesen Rat gegeben hatte. Anschließend ging Nuaym zu den Kuraysch und sprach zu Abû Sufyân und einigen Männern der Kuraysch: „Ihr kennt meine Freundschaft zu euch, im Gegensatz zu Muhammad. Ich erfuhr etwas, und bin verpflichtet, es euch mitzuteilen. Es soll aber ein Geheimnis bleiben!"

Die Kuraysch versprachen ihm, nichts zu verraten. Nuaym sagte weiter: „Die Banî Kurayza haben inzwischen ihr Verhalten bereut und ihm die folgende Nachricht zukommen lassen: ‚Wir bereuen unsere Tat. Würdest du zufrieden sein, wenn wir dir aus den beiden Stämmen Kuraysch und Banî Gatafân einige Edle übergäben? Danach werden wir mit dir gegen die restlichen Männer kämpfen, um alle zu vernichten.' Muhammad ist damit zufrieden. Sollten also die Banî Kurayza euch nun nach Geiseln fragen, liefert ihnen niemanden von euren Männern aus!"

Danach ging Nuaym zu seinen eignen Leuten, den Banî Gatafân, und sagte: „O ihr Männer der Banî Gatafân! Ihr seid meine Herkunft und meine Sippe, und die Menschen, die mir am liebsten sind." Und er warnte seinen eigenen Stamm, so wie er vorher die Kuraysch gewarnt hatte.

Es war an einem Freitagabend, als Abû Sufyân und die Häupter der Banî Gatafân einige Männer zu den Banî Kurayza schickten, ohne dass Huyay es erfuhr. Dort ließen sie Folgendes ausrichten: „Hier ist nicht unsere Heimat und wir können nicht länger warten. Macht euch morgen früh zum Kampf bereit, damit wir Muhammad vernichten!"

Die Banî Kurayza antworteten: „Morgen ist Sabbat – und wir kämpfen auch nicht gegen Muhammad, ohne dass ihr uns Geiseln gebt, die bei uns bleiben, bis wir ihn erledigt haben. Wir haben Angst, dass ihr im Falle der Niederlage in eure Heimat flüchtet und uns ihm überlasst, während wir hier zu Hause sind und nicht in der Lage, ihn zu besiegen." Mit dieser Antwort kehrten die Boten zu den Kuraysch zurück. Die Kuraysch und die Banî Gatafân stellten fest: „Was Nuaym uns erzählte, ist die Wahrheit!" Sie ließen die Banî Kurayza wissen, dass sie nicht bereit seien, auch nur eine einzige Geisel zu übergeben, und wenn sie bereit seien zu kämpfen, so sollten sie dies tun.

Als die Banî Kurayza diese Antwort erhielten, sagten auch sie: „Was Nuaym uns erzählte, ist die Wahrheit! Sie verlangen nur, dass wir kämpfen, und wenn sie eine Gelegenheit sehen, werden sie sie ausnutzen. Andernfalls werden sie in ihre Heimat zurückkehren und uns im Stich lassen." Deshalb ließen sie die Kuraysch und Banî Gatafân wissen, dass sie ohne Geiseln nicht kämpfen würden. Die Kuraysch bestanden ebenfalls auf ihrer Ablehnung. Nun bekam Huyay Angst um sein Leben, denn Abû Sufyân, der ihm nicht mehr traute, begann, sich mit ihm zu streiten. Deshalb verließ er das Lager und ging zu den Banî Kurayza.

Auf der anderen Seite des Grabens betete der Prophet. Er war sich des Sieges sicher und hoffte, dieser käme bald. Er fragte seine Gefährten, ob einer von ihnen auf die Seite der Feinde schleichen könne, um zu sehen, was diese taten. Es war aber schon spät, und vor Erschöpfung, Kälte und Hunger traute sich keiner von ihnen aufzustehen. Doch als Huzayfa [278] seinen Namen hörte, stand er auf. Trotz seiner Erschöpfung freute er sich, dass der Prophet ihn ausgewählt hatte. Der Prophet sagte: „*O Huzayfa, geh und schau, was die Leute tun, ohne jedoch selbst irgendetwas zu unternehmen.*" Es dauerte nicht lange, bis er in der dunklen Nacht aufbrach und sich in die Lager der Kuraysch einschlich.

Allah schickte in jener Winternacht einen eiskalten Wind, der die Gefäße der Kuraysch mit erbarmungsloser Wucht umwarf und ihre Zelte wegfliegen ließ. Da wandte sich Abû Sufyân an die Kuraysch, während ihm ein kalter Schauer über den Rücken lief, und sprach: „Ihr Männer der Kuraysch! Wir sind hier an keinem sicheren Aufenthaltsort! Unsere Pferde und Kamele sterben, und die Banî Kurayza haben ihr Wort nicht gehalten. Schreckliches haben sie uns angetan! Ihr seht den stürmischen Wind, der uns kein Kochgeschirr, kein Feuer und kein Zelt lässt. Reist also ab, denn auch ich reite nach Hause!" [279]

Huzayfa erzählte später: „Abû Sufyân war so verwirrt, dass er stolperte, als er auf sein Kamel steigen wollte. Bei Allah, wenn der Prophet mir

---

278 Huzayfa bin Yamân wurde in Mekka geboren. Wegen einer Blutrache war sein Vater Yamân nach Yasrib geflüchtet. Er gehörte zu der Delegation aus Medina bei Akaba. Seine ganze Familie konvertierte zum Islam. Huzayfa war ein enger Vertrauter des Propheten, nur ihm vertraute dieser die Namen der Heuchler an.

279 Ibn Hischâm, S. 462

nicht gesagt hätte, ich solle nichts machen, bis ich wieder bei ihm sei, hätte ich ihn mit einem Pfeil getötet!" Als Huzayfa das Lager der Banî Gatafân erreichte, war es bereits verlassen. „Ich kehrte zügig zum Propheten zurück, der sich, in den Umhang seiner Frau gehüllt, gerade im Gebet befand. Als er mich bemerkte, ließ er mich an seiner Seite sitzen, legte einen Teil des Umhangs über mich und betete weiter. Sobald er sein Gebet beendet hatte, berichtete ich ihm alles." [280]

Am nächsten Morgen, als auf der anderen Seite des Grabens nur noch eine leere Ebene zu sehen war, sagte der Prophet: „Die Kuraysch werden ab diesem Jahr nie wieder gegen uns ziehen, aber wir werden gegen sie ziehen." [281] Er gab bekannt, dass jeder nach Hause gehen könne. Erleichtert kehrten alle in die Stadt zurück und legten ihre Waffen ab.

Kaum war der Prophet von der Grabenschlacht nach Hause zurückgekehrt, als der Engel Gabriel zu ihm kam und fragte: „Hast du die Waffen schon abgelegt, o Gesandter Allahs?"

„Ja", antwortete der Prophet.

„Die Engel aber haben ihre Waffen noch nicht abgelegt. Ich komme von der Verfolgung der Leute. Allah befiehlt dir, o Muhammad, zu den Banî Kurayza zu marschieren! Ich gehe schon hin und lasse sie erzittern."

Der Prophet beauftragte sogleich einen Rufer: *„Wer hört, soll sein Nachmittagsgebet nicht verrichten, bevor er nicht bei den Banî Kurayza angekommen ist."* Er schickte Ali mit der Fahne und die Muslime folgten ihm. Ali zog weiter, bis er sich den Häusern der Banî Kurayza näherte und hörte, wie sie den Propheten beschimpften. Er ritt zu ihm zurück und sagte: „Gesandter Allahs! Du solltest dich diesen Abscheulichen nicht nähern!"

Als der Prophet bei den Banî Kurayza ankam, ließ er sich in ihrer Nähe an einem Brunnen namens Ana nieder und belagerte sie 25 Tage, bis sie geschwächt waren und ihre Herzen vor Furcht bebten. Drei Jungen von der jüdischen Sippe Banî Hadl erinnerten die Banî Kurayza an das Wort

280 Ebd.

281 Ebd., S. 472

Ibn Alhayabans, der nach Medina gekommen war, um den erwarteten Propheten zu sehen: „Seine Stunde ist gekommen. Ihr Juden, versucht die Ersten zu sein, die ihm folgen." Das war jedoch vergeblich, weshalb die drei in der Nacht heimlich die Banî Kurayza verließen und sich den Muslimen anschlossen. Das Gleiche taten auch zwei weitere Männer der Banî Kurayza, Rafiâ und Amr bin Suda. Über Amr sagte der Prophet: *„Allah rettete diesen Mann wegen seiner Treue."* Amr war immer dagegen gewesen, Verrat zu begehen, den Vertrag von Medina zu verletzen und ihre Bewohner in Gefahr zu bringen.

Huyay war schon vor dem Abzug der Kuraysch und der Banî Gatafân in die Festung der Banî Kurayza geflüchtet, um sich dort zu verstecken, da Abû Sufyân angefangen hatte, ihm zu misstrauen.

Als die Banî Kurayza sich bewusst wurden, welch schweren Verrat sie begangen hatten, sprach Ka'b: „Ihr seht, in welcher Lage ihr euch befindet! Deshalb mache ich euch drei Vorschläge. Der Erste ist: Wir folgen diesem Mann. Es ist wahrlich klar, dass er ein gesandter Prophet ist, über den ihr in eurer Schrift gelesen habt. Mein zweiter Vorschlag ist, dass wir unsere Frauen und Kinder töten. Dann sind wir frei und können mit dem Schwert gegen Muhammad und seine Gefährten kämpfen. Wenn wir nicht siegen, lassen wir zumindest keine Familien zurück. Wenn uns die Flucht gelingt, werden wir andere Frauen und Kinder finden. Der dritte Vorschlag ist, anzugreifen, obwohl Sabbat ist und Muhammad und seine Gefährten sich deshalb sicher sind, dass wir nichts unternehmen werden." [282]

Alle drei Vorschläge lehnten sie ab. Vielleicht waren sie daran gewöhnt, dass Muhammad alles verzieh? Aber diesmal hatten sie wenig Hoffnung, davonzukommen, da die Kämpfer der Banî Nadîr und der Kuraysch, die nach früheren Schlachten freigelassen worden waren, im Grabenkrieg erneut gegen die Muslime gekämpft hatten. Hätte man damals die Kriegsverbrecher hingerichtet, wäre das Heer der Kuraysch nicht so mächtig gewesen und die Banî Kurayza hätten sich nicht getraut, die Stadt und den Vertrag zu verraten und so viele Menschenleben zu gefährden.

282 Ebd., S. 463-464

Die Muslime jedoch hielten stand, kämpften und besiegten die Banî Kurayza. Huyay wusste, dass seine Verhaftung bevorstand. Gewiss hatte er sich auf diese Stunde vorbereitet und war sicher, dass er nicht entkommen würde. Er wurde zusammen mit den Männern der Banî Kurayza festgenommen. Sad bin Muâz, der Anführer der Aws, sollte das Urteil fällen. Ihm war die Schwere der Schuld der Banî Kurayza bewusst und er urteilte: „Ihre Männer sollen hingerichtet werden!“[283]

Mit der Bestrafung der Banî Kurayza endete die Grabenschlacht. Vom Norden her aber waren die Muslime weiterhin durch die Juden aus Haybar gefährdet, die in jedem Augenblick Medina angreifen konnten, um den Propheten umzubringen. Denn sie strebten danach, durch Gewalt und Ausbeutung ihre Macht in Arabien auszudehnen.

---

283 Siehe Mubârakpûrî, S. 278-281; Anlässlich der Grabenschlacht wurde die Sure Ahzâb (33) offenbart, die unter anderem auch den Verlauf der Schlacht und das Leiden der Muslime schildert.

Sumâma

Safiyya, die Tochter Huyays, hatte einen Traum, in dem sie sah, dass ein leuchtender Mond über Medina stand. Dann wanderte das Gestirn langsam nach Haybar, wo es in ihren Schoß fiel. Als sie erwachte, erzählte sie ihrem Mann Kinâna, was sie im Traum gesehen hatte. Er schlug ihr ins Gesicht, sodass sie beinahe ein Auge verlor, und brüllte: „Das kann nur heißen, dass du an Muhammad, dem König der arabischen Halbinsel, interessiert bist!“ [284] Anscheinend war ihm bekannt, dass sie mit Muhammad sympathisierte.

Eines Tages war eine Reitertruppe zum Nadschd unterwegs und brachte auf ihrem Heimweg einen Götzendiener zum Propheten. „Wisst ihr, wen ihr da mitgenommen habt?“, fragte er seine Gefährten. *„Das ist Sumâma bin Usâl al-Hanafi. Seid nett zu eurem Gefangenen!“* [285]

Der Prophet war ständig dem Widerstand von Götzendienern ausgesetzt, die sich mit den Kuraysch verbündeten. Allah wies ihn über Offenbarungen an, nicht Gleiches mit Gleichem zu vergelten, sondern das Böse mit Gutem abzuwehren, denn dann *„wird derjenige, zwischen dem und dir Feindschaft besteht, so, als wäre er ein warmherziger Freund“.* [286]

Muhammad ging also nach Hause und bat seine Familie, dem Gefangenen etwas zu essen zu bringen. Dann besuchte er ihn und fragte: *„Womit rechnest du bei mir, Sumâma?“*

---

284 Ibn Hischâm, S. 513-514

285 Ebd., S. 658; Buhârî, 4372; Sumâma bin Usâl war ein mächtiger Stammesfürst aus dem Nadschd, der dem Propheten den Krieg erklärt hatte, ohne ihn selbst zu kennen.

286 Sure Fussilat, 41:34

Sumâma antwortete: „Nur mit Gutem! Wenn du mich tötest, so tötest du einen Menschen, dessen Blut geschützt ist, aber wenn du mir Gnade erweist, so erweist du sie einem Dankbaren. Möchtest du jedoch ein Lösegeld, so verlange, was du willst."

Der Prophet ging fort, ohne ihm zu antworten. Am nächsten Tag fragte er ihn wieder: *„Womit rechnest du bei mir, Sumâma?"*

„Mit dem, was ich dir gesagt habe."

Auch am dritten Tag ging der Prophet zu ihm und fragte nochmals: *„Womit rechnest du bei mir, Sumâma?"*

Sumâma wiederholte: „Womit ich rechne, habe ich dir gesagt!"

Daraufhin befahl der Prophet: *„Lasst Sumâma frei!"*

Sumâma konnte es kaum glauben. Er war hocherfreut, ging zu einer Palme in der Nähe der Moschee, nahm dort eine Ganzkörperwaschung vor und kehrte zurück. Er betrat die Moschee und sprach: „Ich bezeuge, dass es keinen Anbetungswürdigen gibt außer Allah, und ich bezeuge, dass Muhammad der Gesandte Allahs ist! O Muhammad, ich schwöre bei Allah, dass es kein Gesicht auf dieser Erde gab, das ich mehr hasste als dein Gesicht. Heute ist dein Gesicht für mich dasjenige geworden, das ich am meisten liebe. Ich schwöre bei Allah, dass es keine Religion gab, die ich mehr hasste als deine Religion. Heute ist deine Religion für mich diejenige geworden, die ich unter allen Religionen am meisten liebe. Ich schwöre bei Allah, dass es keine Stadt gab, die ich mehr hasste als deine Stadt. Heute ist deine Stadt für mich diejenige geworden, die ich unter allen Städten am meisten liebe. Deine Truppen nahmen mich fest, als ich gerade die kleine Pilgerfahrt, die Umra, nach Mekka vollziehen wollte. Ich möchte sie gerne vollenden. Was hältst du davon?"

Der Gesandte lächelte und ermutigte ihn, die Umra fortzusetzen. Als Sumâma in Mekka ankam, begann er die Talbiya [287] des Islams zu rufen. Sofort nahmen ihn die Kuraysch fest und drohten, ihn zu enthaupten.

---

287 Talbiya: das Aussprechen der Formel: „Labbayk Allâhumma labbayk! – Hier bin ich, o Allah, zu deinen Diensten!". Mit dieser Formel kommt zum Ausdruck, dass der Mensch dem Ruf Allahs zu Seinen Stätten folgt.

Sie waren davon ausgegangen, dass Sumâma ihr Freund sei. Ein Mann sagte: „Lasst ihn, sonst bekommt ihr kein Getreide mehr aus Yamâma!"

Sie beschimpften ihn: „Ungläubig bist du geworden!"

„Nein, bei Allah", erwiderte er, „vielmehr bin ich ein Muslim geworden, durch Muhammad. Nein, bei Allah! Eines Tages werdet ihr kein einziges Weizenkorn mehr aus Yamâma erhalten, ohne dass der Prophet seine Erlaubnis dazu gibt!"

Schließlich sahen die Kuraysch sich gezwungen, ihn freizulassen. Als er wieder zu Hause in Yamâma war, gab er seinem Volk den Befehl, den Kuraysch kein einziges Körnchen Getreide mehr zu schicken. Würde Muhammad sich jetzt für all die Jahre rächen, in welchen die Kuraysch ihn und die Muslime hatten hungern lassen?

Den Kuraysch war der Ernst der Lage klar. Unverzüglich schrieben sie einen Brief an den Propheten und erinnerten ihn an die Verwandtschaft zwischen ihnen und ihm sowie an die Werte, welche Freundlichkeit gegenüber der Verwandtschaft gebieten. Sie flehten ihn an, er solle zulassen, dass sie wieder Getreide bekämen. Anscheinend hatten sie in diesem Moment ganz vergessen, was sie den Muslimen angetan hatten, oder sie wagten es, ihm diese Bitte zu schicken, weil sie blind seiner Güte vertrauten.

Nicht lange nach dem Grabenkrieg zog der Schwiegersohn des Propheten, Abul Âs, Zaynabs Mann, mit Handelsgütern der Kuraysch nach Syrien. In der Nähe Medinas stieß er auf eine Truppe von Muslimen, die beschlagnahmten, was die Karawane bei sich trug, und die meisten Männer gefangen nahmen. Abul Âs gelang die Flucht, und er wollte an Medina vorbei nach Mekka in den Süden. Als er aber in der Nähe von Medina war, in der Stadt, wo seine geliebte Frau Zaynab und seine kleine Tochter Umâma waren, konnte er nicht anders, als einfach in die Stadt zu Zaynabs Wohnung zu gehen.

Abul Âs blieb bei seiner Tochter Umâma, während Zaynab in die Moschee ging, um mit den Frauen das Morgengebet zu verrichten. Kurz bevor sie mit dem Gebet begannen, rief Zaynab: „O ihr Menschen, ich habe dem Abul Âs bin Rabîk Schutz gewährt!" Nachdem der Prophet das Gebet beendet hatte, machte er den Muslimen klar, dass er davon nichts gewusst habe, dass aber nicht nur seine Tochter, sondern jeder Muslim ein Schutzversprechen geben könne, das für alle Muslime bindend sei. Dann ging er zu Zaynab und sagte ihr: *„Mein Töchterchen, du sollst freundlich zu ihm sein, aber als Ehemann ist er dir nicht erlaubt.“* Zaynab stimmte zu und setzte sich weiter für Abul Âs ein.

„Ich würde mich freuen, wenn ihr diesem Mann Güte zeigt und ihm seine Waren zurückgebt“, sagte der Prophet zu seinen Männern – worauf sie ihm alles zurückgaben. Einige Muslime schlugen vor, ihm die Handelsgüter der Kuraysch zu schenken, wenn er Muslim würde. Doch er mochte sein Versprechen gegenüber den Kuraysch nicht brechen und sagte, er wolle seinen Glauben an den Islam nicht mit Veruntreuung beginnen. So ließen sie ihn ziehen.

Er gelangte sicher nach Mekka. Als er seinen Gefährten von den Kuraysch alles, was ihm anvertraut worden war, zurückgegeben hatte, rief er: „O ihr Kuraysch! Hat irgendjemand von euch etwas von dem, was er mir gegeben hatte, nicht zurückerhalten?“

Sie antworteten: „Nein! Allah möge es dir mit Gutem vergelten! Wir haben dich vertrauenswürdig und edel gefunden.“

Darauf sprach er: „So bezeuge ich, dass es keinen Anbetungswürdigen außer Allah gibt und dass Muhammad sein Diener und sein Gesandter ist. Bei Allah, nichts hinderte mich daran, als ich bei ihm war, Muslim zu werden, außer der Furcht, ihr könntet sagen, ich hätte mir eure Güter aneignen wollen; doch da Allah sie euch nun zukommen ließ und ich sie los bin, werde ich jetzt Muslim!“ [288]

Alle im Haus des Propheten freuten sich über die Rückkehr von Abul Âs, und besonders Zaynab und ihre kleine Tochter waren sehr froh, dass sie nun endlich wieder mit ihm zusammen waren.

Der Prophet hatte Umâma sehr gern. Wenn er betete, trug er sie auf dem Arm. Wenn er sich niederwarf, setzte er sie hin, und wenn er aufstand, nahm er sie wieder. Je öfter die Frauen sahen, wie gut der Prophet Kinder und Frauen behandelte, desto wohler und selbstbewusster fühlten

288 Ibn Hischâm, S. 315-316; Mubârakpûrî, S. 285

sie sich und wagten, nach ihren Rechten zu fragen. Ehen von Frauen, die ohne ihr Einverständnis hatten heiraten müssen – auch wenn diese Zwangsehen aus vorislamischen Zeiten stammten – erklärte Muhammad für ungültig, und er gab den Frauen das Recht, sich scheiden zu lassen. Hansâ war eine dieser Frauen; der Prophet erklärte ihre Ehe für nichtig, weil ihr Vater sie gegen ihren Willen verheiratet hatte. Danach heiratete sie Abû Lubâba und verbrachte mit ihm ein glückliches Leben.

Es wurde zur Voraussetzung für eine Heirat, dass der Ehevertrag in beiderseitigem Einverständnis geschlossen werden musste. Immer mehr lernten die neuen Muslime über ihre Religion, und auch die Frauen kamen zum Gesandten Allahs und erklärten: „Die Männer sind im Vergleich zu uns im Vorteil, so gib uns einen Tag, an dem wir teilhaben an dir, um von dir zu lernen!" Da setzte er für sie einen bestimmten Tag fest, an dem er mit ihnen zusammentraf, sie unterrichtete und ihnen Anweisungen gab.[289]

---

289 Buhârî, 101, 102, 1249, 7310; Muslim, 2633

Âischas Kette

Aus Mitleid hatte der Prophet den Bewohnern von Yamâma erlaubt, Mekka wieder mit Getreide zu versorgen – während die Kuraysch ihre Verbündeten von der Sippe der Banî Mustalik drängten, einen Angriff auf Medina zu starten. Als Muhammad dies hörte, zögerte er nicht lange und stand mit seinen Männern plötzlich vor dem Lager der Banî Mustalik. Ohne viel Widerstand ergaben sie sich.

Auf dem Rückweg gab es im Lager der Muslime an einer Wasserquelle eine kleine Auseinandersetzung zwischen einem Mann von den Helfern und einem von den Auswanderern. Als der Prophet davon erfuhr, erinnerte er sie daran, dass derlei Zwietracht in die Zeit der Unwissenheit gehöre, die jetzt überwunden sein sollte.[290]

Einigen Männern, welche Muhammad als Heuchler bekannt waren, allen voran Ibn Salûl, kam jedoch diese Situation sehr gelegen, und sie versuchten, noch mehr Zwietracht zwischen den Helfern und den Auswanderern zu säen. Als der Prophet durch Zayd davon erfuhr und sah, wie die Stimmung sich verschlechterte, gab er den Befehl, sofort aufzubrechen und weiterzumarschieren. Er ließ nur ab und zu noch kurz anhalten, um die Gebete zu verrichten.

Âischa und Umm Salama sowie einige andere Frauen begleiteten diese Expedition. Als Âischa unterwegs ihre Kette verlor und zurückblieb, um sie zu suchen, begannen Ibn Salûl und die anderen Heuchler, daraus eine Geschichte zu spinnen, die den Propheten dort traf, wo es ihn am meisten schmerzte. Sie begannen, Lügen zu verbreiten und zu erzählen, Âischa

290 Mubârakpûrî, S. 289

sei mit einem fremden Mann zurückgeblieben. Umar beobachtete diese Sache aufmerksam, schnell wurde ihm klar, welch schlimme Folgen diese Lügen haben können. Er schlug vor, Ibn Salûl zu bestrafen. Doch der Prophet ließ dies nicht zu. Er übte sich in Geduld und sprach: *„O Umar, die Leute würden sagen: ‚Muhammad tötet seine Gefährten!'"*

Unterwegs wehte ein starker Wind, der ihnen das Weiterziehen erschwerte und schließlich zum Sturm wurde. Alle fürchteten sich. Der Prophet aber beruhigte seine Gefährten: *„Habt keine Angst! Dieser Wind weht wegen des Todes eines großen Verbrechers!"* [291] Als sie in Medina ankamen, erfuhren sie, dass am selben Tag ein übler Verbrecher namens Rifâ gestorben war, der ein Unterstützer der Heuchler gewesen war.

Ibn Salûls Sohn Abdullah, der gemeinsam mit seiner Schwester Dschamîla Muslim geworden war, erfuhr davon und fragte sich verzweifelt, was er machen sollte, denn er liebte den Propheten über alles. Er ging zum Propheten. „O Gesandter Allahs, ich erfuhr, dass du meinen Vater Ibn Salûl möglicherweise töten lassen willst, wegen dem, was er getan hat. Wenn dem so ist, beauftrage bitte mich damit. In meinem Stamm, den Hazradsch, wissen alle, dass es keinen Mann unter ihnen gibt, der seinem Vater mehr Güte zeigt als ich. Ich fürchte, dass jemand anderes damit beauftragt wird und ich es nicht ertragen kann, den Mörder meines Vaters zu sehen, und ihn dann töten werde. Doch dafür würde ich ins Höllenfeuer kommen!"

Der Prophet jedoch verzieh Ibn Salûl und antwortete: *„Im Gegenteil, wir werden deinen Vater mit Sanftmut behandeln, solange er unter uns ist."* Ab diesem Zeitpunkt wurde Ibn Salûl immer wieder von seinen eigenen Verwandten wegen seiner Taten getadelt.[292] Erst viel später erfuhr auch Âischa, dass die Heuchler Gerüchte über sie in die Welt gesetzt hatten. Das tat ihr sehr weh, denn ihr Charakter und ihre Liebe zum Propheten waren in ganz Medina bekannt. Sie war zu der Zeit krank, im Hause ihrer Mutter, und hatte erwartet, dass der Gesandte Allahs zu ihr käme, denn er kannte ja ihre Liebe zu ihm, die so groß war, dass sie das,

---

291 Ibn Hischâm, S. 491; Muslim, 2782

292 Ibn Hischâm, S. 491; Umar sagte später, dass er gemerkt habe, dass die Entscheidung des Propheten mehr Segen brachte, als die seine es getan hätte. (Mubârakpûrî, S. 292)

dessen man sie beschuldigte, nie hätte tun können. Dass er sie öffentlich von der Kanzel herab verteidigte, wusste sie nicht. Weinend bemühte sie sich um Geduld.

Sie erzählte später: „Ich suchte nach dem Namen Jakobs, konnte ihn mir aber nicht ins Gedächtnis rufen, weshalb ich sagte: ‚Aber ich will wie Josephs Vater sagen: *„Mein ist die schöne Geduld und Anrufung Allahs um Hilfe gegen euren Bericht.“* [293] Der Prophet saß noch bei uns, als eine himmlische Botschaft zu ihm kam und er, wie üblich, von den Schmerzen dieser Offenbarung ergriffen wurde. Trotz der Kälte des Winters perlten Schweißtropfen von seiner Stirn. Als der Druck, den er empfand, nachließ, wischte er mit Freude den Schweiß von seiner Stirn und sprach: *‚O Âischa, Allah hat den Beweis deiner Unschuld herabgesandt.‘“* Âischa pries Allah, und der Prophet ging zu den Gläubigen und rezitierte ihnen die herabgesandten Koranverse. [294]

Mistah war einer von denen, die nachplapperten, was die anderen Übles über Âischa gesagt hatten. Abû Bakr, der Mistah regelmäßig unterstützte, sagte: „Bei Allah, ich werde ihm nie wieder etwas geben und ihm nie wieder einen Gefallen tun, nachdem er uns und Âischa so etwas angetan hat!“ Daraufhin wurden folgende Koranverse offenbart: *„Und es sollen diejenigen von euch, die Überfluss und Wohlstand besitzen, nicht schwören, sie würden den Verwandten, den Armen und denjenigen, die auf Allahs Weg ausgewandert sind, nichts mehr geben, sondern sie sollen verzeihen und nachsichtig sein. Liebt ihr es nicht, dass Allah euch vergibt? Und Allah ist Allvergebend und Barmherzig.“* [295]

Abû Bakr sagte dazu: „Bestimmt liebe ich es, dass Allah mir vergibt!“ Schnell lief er zu Mistah, um ihm zu verzeihen und ihm zu geben, was er immer gab, und er versprach: „Bei Allah, ich werde es ihm nie mehr verweigern!“ [296] Damit kehrte in Medina wieder Ruhe ein.

---

293 Ibn Hischâm, S. 493-496; Mubârakpûrî, S. 291; Joseph litt unschuldig. Zuerst unter seinen Brüdern, dann unter Potiphars Frau und schließlich im Gefängnis.

294 Ibn Hischâm, S. 496. Die herabgesandten Verse sind Sure Nûr, 24:11-12 und 15-17.

295 Sure Nûr, 24:22

296 Ibn Hischâm, S. 497; Buhârî, 2637, 2879, 4025, 4690, 4750, 6662, 6679, 7369, 7500, 7545; Muslim, 2770

Friedensangebot

Eines Nachts träumte der Prophet, dass er mit geschorenem Kopf vor der Kaaba stand, während er ihre Schlüssel in der Hand hielt. Er begriff, dass der Traum ein Hinweis von Allah war, und am nächsten Tag forderte er seine Gefährten auf, sich auf eine Besuchspilgerfahrt nach Mekka, eine Umra, vorzubereiten.

70 Kamele wurden gekauft, um diese für Allah zu opfern und das Fleisch an Arme zu verteilen. Vielleicht wollte Muhammad die Pilgerfahrt auch unternehmen, weil die derzeitige Schwäche der Kuraysch dem Frieden dienen konnte. Er wollte keine Gelegenheit ungenutzt lassen, die Menschen einander näher zu bringen.

Die Gefährten wollten ihre Panzer und Schilde anlegen, weil sie befürchteten, dass die Kuraysch sie trotz des heiligen Monats, in dem sie sich gerade befanden, angreifen könnten.[297] Der Prophet jedoch bestand darauf, das sie unbewaffnet blieben. Er machte ihnen klar, dass er nur die Pilgerfahrt vollziehen und in Frieden reisen wollte. So trug er nur zwei ungenähte Tücher; mit dem einen bedeckte er den unteren Teil seines Körpers, das andere legte er um die Schultern, um die spirituelle und friedliche Reise bescheiden und demütig anzutreten.

Der Anweisung des Propheten folgend, führten die Muslime nur die Waffen mit sich, welche für Handelskarawanen üblich waren. Diese Bewaffnung hätte einer Armee nicht standhalten können. Damit signalisierten sie ihre gute Absicht. Die Mekkaner jedoch, die nicht von den

297 In den vier heiligen Monaten des islamischen Kalenders waren und sind jegliche Kampfhandlungen verboten, ebenso in dem geschützten Bezirk rund um die Kaaba.

friedlichen Absichten der Muslime überzeugt waren, machten sich große Sorgen und waren gespannt, wann sie von ihnen angegriffen würden, nachdem die Muslime nun stärker geworden waren und man in ganz Arabien von ihrer Gerechtigkeit, aber auch von ihrer Tapferkeit sprach.

Der Prophet hatte den Bischr bin Sufyân al-Kabî als Kundschafter vorausgeschickt. Bei Asfan [298] trafen sie ihn wieder. Er berichtete: „O Gesandter Allahs! Die Kuraysch haben von deinem Kommen erfahren. Bewaffnet haben sie Mekka verlassen und sich nach Zi-Tuwa [299] begeben, um dir den Eintritt in die Stadt zu verweigern. Hâlid bin Walîd ist schon mit den Reitern der Kuraysch nach Kur al-Gamim [300] unterwegs." *„Wehe den Kuraysch, sie denken nur noch an Krieg! Was würde es ihnen ausmachen, wenn sie mich und die restlichen Araber in Ruhe ließen! Wenn diese mir etwas antun, ist es ja genau das, was sie auch wollen ..."* [301]

Dann fragte er, ob es jemanden gebe, der sie nach Mekka bringen könne, ohne dass sie unterwegs auf die Kuraysch stoßen würden. Ein Mann von den Banî Aslam [302] meldete sich. Er führte sie durch das sogenannte Salzgebiet – auf einem Weg, der sie über den Pass von Murar in die Niederung von Hudaybiya unterhalb Mekkas führte. Als die Reiter der Kuraysch den aufgewirbelten Staub sahen, erkannten sie, dass die Muslime einen anderen Weg eingeschlagen hatten und ritten nach Mekka zurück.

Plötzlich kniete Kaswâ, die Kamelstute des Propheten, auf dem Pass von Murar nieder. Die Muslime wunderten sich. *„Das ist nicht typisch für sie"*, erklärte der Prophet, *„aber Allah, Der auch den Elefanten [303] von Mekka abhielt, versperrt ihr den Weg. Deshalb werde ich heute kein Angebot der Kuraysch ablehnen, das die Verwandtschaftsbande wiederherstellt."* [304]

Zuversichtlich ließ er die Muslime absteigen, und als sie ihm erklärten, dass es hier kein Wasser gebe, um zu rasten, holte er aus seiner

---

298 Asfan ist eine Ortschaft etwa 60 Kilometer nordöstlich des heutigen Dschidda.

299 Eines der Täler in der Nähe Mekkas.

300 Ein Ort im Süden Asfans.

301 Mubârakpûrî, S. 296

302 Ein Stamm aus Asfan.

303 Vgl. den Feldzug Abrahas gegen die Kaaba, als Allah den Elefanten niederknien ließ.

304 Ibn Hischâm, S. 499-500; Mubârakpûrî, S. 296

Satteltasche einen Pfeil und gab ihn einem Gefährten, der ihn in ein ausgetrocknetes Wasserloch steckte. Reichlich frisches, klares Wasser sprudelte hervor. Menschen und Tiere löschten ihren Durst.

Nach einer Weile kam Budayl bin Warka mit einigen Männern vom Stamm Banî Huzâ aus Mekka zum Propheten und erkundigte sich nach seinem Vorhaben. Er sagte, er wolle keinen Krieg und sei als Besucher der Kaaba gekommen. Die Männer waren sehr erstaunt, dass sie statt Rache ein Friedensangebot erwartete. Sie ritten wieder zu den Kuraysch zurück und erklärten ihnen: „Männer der Kuraysch! Ihr beeilt euch gegen Muhammad, doch er ist nicht zum Kämpfen, sondern zum Besuch der Kaaba gekommen!"

„Selbst wenn er nicht kämpfen will, wird er sie nicht betreten!"

Die Kuraysch schickten nun Hulays.[305] Als er ihn kommen sah, sagte der Prophet: *„Dieser Mann verehrt den Herrn der Kaaba. Stellt die Opfertiere direkt vor ihn, damit er sie sehen kann!"*

Hulays sah die vielen Opfertiere und den Zustand der Muslime, weshalb er aus Ehrfurcht nicht weiterging. Er erkannte, dass die Muslime wirklich als Pilger nach Mekka gekommen waren und kehrte zu den Kuraysch zurück, um ihnen zu erzählen, was er gesehen hatte. Diese aber sagten nur: „Setz dich! Du bist nur ein Beduine, der nichts versteht!"

Wütend antwortete Hulays: „Ihr Kuraysch! Dafür haben wir uns nicht mit euch verbündet! Kann jemandem der Zutritt zum Hause Allahs verweigert werden, der gekommen ist, um es zu ehren? Bei Dem, in Dessen Hand Hulays' Seele ist – ihr werdet Muhammad tun lassen, wofür er gekommen ist, oder ich werde alle Ahâbîsch abziehen lassen!"

„Lass uns, Hulays, bis wir erreicht haben, was wir erreichen wollen!"

Die Kuraysch wollten nun Urwa bin Mas'ûd zum Propheten schicken. Dieser zögerte zunächst, die Aufgabe zu übernehmen, nachdem er gesehen hatte, wie Hulays behandelt wurde. Als er dann doch zum Propheten

---

305 Hulays bin Alkâma gehörte zu den Banî Hâris bin Abdumanât aus dem Großverband der Kinâna und war damals der Führer der Ahâbîsch. (Ibn Hischâm, S. 501; Mubârakpûrî, S. 96)

ging, erklärte dieser ihm das Gleiche, und auch Urwa konnte sich davon überzeugen, dass der Prophet Muhammad ohne kriegerische Absichten gekommen war.

Beim Propheten sah Urwa auch, welche Stellung Muhammad unter seinen Gefährten hatte. „Wenn er seine Gebetswaschung vollziehen wollte, brachten sie ihm sogleich Wasser; wenn ihm ein Haar ausfiel, hoben sie es auf, noch bevor es den Boden erreichte", erzählte er später in Mekka, und fügte hinzu: „O ihr Männer der Kuraysch! Ich war schon als Abgesandter bei Husraw in seinem Königreich, beim Kaiser von Byzanz und beim Negus. Bei Allah, ich habe niemals einen König gesehen, der von seinen Gefährten mit soviel Liebe und Respekt behandelt wurde wie Muhammad! Ich habe ein Volk gesehen, das ihn für nichts aufgeben würde. Er bittet euch um etwas Vernünftiges, so nehmt es an!" [306]

Als einige Kampfesdurstige der Kuraysch merkten, dass der Friede allzu nah war, schlichen sie sich mit etwa 70 bis 80 Kriegern nachts ins Lager der Muslime, um das Feuer des Krieges zu entfachen. Muhammad bin Maslama hatte die Führung der Wache übernommen, und es gelang ihm, alle Angreifer festzunehmen. Der hinterhältige Angriff schmälerte den Wunsch des Propheten nach Frieden nicht – er antwortete mit einer weiteren Vergebung und ließ alle wieder frei. Er schickte seinen Schwiegersohn Usmân und Harrasch zu den Führern der Kuraysch, und auch diese beiden brachten ihnen die Friedensbotschaft des Propheten.

Als Usmân seinen Auftrag erledigt hatte, boten die Kuraysch ihm an, er dürfe die Kaaba umschreiten. Er lehnte das Angebot jedoch ab und sagte: „Ich werde dies nicht tun, bevor nicht der Gesandte Allahs die Kaaba umschritten hat!" [307]

---

306 Mubârakpûrî, S. 97

307 Hier gab es noch zwei Zwischenfälle: Der Prophet schickte Harrasch bin Umayya al-Huzâi mit einer Friedensbotschaft zu den Kuraysch. In Mekka überfiel Ikrima, der Sohn Abû Dschahls, den Botschafter. Hulays rettete Harraschs Leben und schickte ihn zum Propheten zurück. Ikrima und einigen Kurayschiten war dieses Friedensabkommen ein Dorn im Auge, sie wollten es unbedingt verhindern. Der zweite Zwischenfall: Während Usmân als Botschafter in Mekka war und man ihn warten ließ, sprach sich herum, dass man ihn getötet habe, weshalb die Muslime schon daran dachten, etwas gegen sie zu unternehmen. Es dauerte jedoch nicht lange und die Nachricht wurde dementiert. (Ibn Hischâm, S. 502-503; Mubârakpûrî, S. 298)

Nun schickten die Kuraysch Suhayl bin Amr mit einer neuen Anweisung zum Propheten: „Geh zu Muhammad und schließe mit ihm einen Friedensvertrag, aber nur auf der Basis, dass er in diesem Jahr wieder umkehrt, damit die Araber nicht sagen, er habe uns gezwungen, ihm den Eintritt zu gewähren."

Als der Prophet Suhayl kommen sah, sagte er: *„Die Kuraysch wollen Frieden, deshalb haben sie diesen Mann gesandt."*

Sie verhandelten lange; die Gefährten hörten von draußen, wie ihre Stimmen sich hoben und senkten. Endlich hatten sie sich geeinigt. Als nun nur noch eine Urkunde fehlte, sprang Umar auf und suchte nach Abû Bakr: „Abû Bakr! Ist er nicht der Gesandte Allahs?"

„Doch!", sagte Abû Bakr

Umar fragte: „Sind wir nicht Muslime?"

„Doch!"

„Sind sie nicht Götzendiener?"

„Doch!"

„Warum müssen wir dann unseren Glauben durch diesen Vertrag mit den Götzendienern erniedrigen?"

„O Umar! Folge ihm einfach! Ich bezeuge, dass er der Gesandte Allahs ist", entgegnete Abû Bakr.

„Ich bezeuge auch, dass er der Gesandte Allahs ist", sagte Umar.

Dann ging er zum Propheten und fragte auch ihn: „O Gesandter Allahs! Bist du der Gesandte Allahs?"

„Ja", sagte der Prophet.

„Sind wir Muslime?"

„Ja."

„Sind sie Götzendiener?"

„Ja.“

„Warum müssen wir dann unseren Glauben durch diesen Vertrag mit den Götzendienern erniedrigen?“, fragte Umar.[308]

„Ich bin der Diener und der Gesandte Allahs und werde niemals Seinen Befehl übertreten, und Er wird mich nie im Stich lassen“, entgegnete der Prophet.

Er bat Ali, den Friedensvertrag zu schreiben: „Auf Folgendes hat Muhammad bin Abdullah mit Suhayl bin Amr einen Friedensvertrag geschlossen: Sie vereinbaren, zehn Jahre auf Krieg zu verzichten, damit sich in dieser Zeit die Menschen sicher fühlen und einander keine Gewalt antun. Muhammad ist verpflichtet, jeden zu den Kuraysch zurückzuschicken, der ohne Erlaubnis seines Vormundes zu ihm kommt. Die Kuraysch aber sind nicht verpflichtet, solche, die Muhammad verlassen, zurückzuschicken. Keine Feindschaft und keinen Betrug darf es geben. Wer ein Bündnis mit Muhammad schließen möchte oder mit den Kuraysch, ist frei, dies zu tun.“

Plötzlich meldeten sich die Stammesführer der Huzâ und erklärten, dass sie ein Bündnis mit dem Propheten eingehen wollten. Sie waren zum Lager gekommen, um die Pilger zu besuchen. Einige Vertreter der Banî Bakr, die mit Suhayl gekommen waren, erklärten, dass sie mit den Kuraysch in Vertrag stünden.

Am Ende des Vertrags stand: „In diesem Jahr wirst du, Muhammad, zurückkehren und Mekka nicht besuchen dürfen. Im nächsten Jahr werden wir Mekka verlassen, sodass du, Muhammad, dort mit deinen Gefährten drei Tage verbringen kannst. Ihr werdet nur die Waffen der Reisenden bei euch tragen dürfen.“

Nachdem der Friedensvertrag abgeschlossen worden war, der als „Sulh al-Hudaybiya“ bekannt wurde, wollte der Prophet die Opfertiere

308 In solchen Angelegenheiten war der Prophet pragmatisch und tolerant. Während der Vertrag von Hudaybiya aufgesetzt wurde, diktierte er zunächst die Worte: „Dies ist von Muhammad, dem Gesandten Allahs.“ Die Delegation der Kuraysch war jedoch nicht einverstanden damit, weshalb er sie kurzerhand streichen ließ und den Schreiber anwies, „Von Muhammad, dem Sohn Abdullahs.“ zu schreiben.

schlachten, doch die Muslime zögerten und waren sehr traurig darüber, dass sie Mekka nicht betreten durften. Der Prophet zog Umm Salama, die ihn begleitete, zurate. Sie riet ihm, er solle einfach mit dem Schlachten der Opfertiere und mit dem Rasieren der Haare beginnen, denn dann würde jeder Gefährte seinem Beispiel folgen.

Der Prophet hörte auf seine Frau und tat dies; er begann die Opfertiere zu schlachten und setzte sich nieder, damit Charrasch ihm den Kopf schor. Als die Gefährten das sahen, sprangen sie gleich auf, schlachteten ihre Opfertiere und rasierten sich die Köpfe. Umm Salama[309] war mit einigen anderen Frauen dabei und sah, dass die Gefährten begannen, sich so energisch die Köpfe zu rasieren, dass sie befürchtete, sie könnten einander verletzen.[310]

Auf dem Rückweg wurde dem Propheten zwischen Mekka und Medina eine Sure offenbart, die er Umar rezitierte: *„Gewiss, wir haben dir einen deutlichen Sieg verliehen.“*[311] Umar fragte, ob die Verse die Befreiung Mekkas voraussagten. Der Prophet bejahte es. Umar war erleichtert, als er das zufriedene Gesicht des Propheten sah.

Nie zuvor war ein Sieg im Islam größer als bei diesem Friedensvertrag. Vorher waren sich die Menschen nur im Kampf begegnet. Die Götzendiener wollten nicht, dass man die Botschaft des Islams hörte, und sie waren es gewesen, die mit dem Kampf begonnen hatten. Nun aber, nachdem der Waffenstillstand besiegelt und der Krieg verhindert worden war, begegneten sich die Menschen offen und in Frieden. Deshalb nahm fast jeder, der angesprochen wurde, den Islam an.

In den nächsten zwei Jahren erhöhte sich die Zahl der Muslime kontinuierlich[312], eine Delegation nach der anderen kam nach Medina, um ihren Beitritt zum Islam zu verkünden oder Friedensabkommen mit dem

---

309 Nach dem Tod ihres Mannes bat Muhammad Umm Salama um ihre Hand. Ihre anfänglichen Bedenken, dass sie eine große Familie habe und auch nicht mehr jung sei, konnte er zerstreuen. Sie heirateten und er sorgte fortan für sie und ihre Kinder.

310 Buhârî, 2731, 2732; Muslim 1783-1786, 1409-1413

311 Sure Fath, 48:1

312 Ibn Hischâm, S. 506

Propheten zu schließen.[313] Gerade weil es keinen Zwang gab, nahmen nun ganze Stämme und Dörfer die Lehren des Korans an, denn die Muslime konnten allen Menschen jene Freiheit des Glaubens bieten, wie sie in folgendem Koranvers offenbart ist: *„Es gibt keinen Zwang im Glauben. (Der Weg der) Besonnenheit ist nunmehr klar unterschieden von (dem der) Verirrung. Wer also falsche Götter ablehnt, jedoch an Allah glaubt, der hält sich an der festesten Handhabe, bei der es kein Zerreißen gibt.“*[314]

Die neuen Muslime aus Mekka durften nicht zum Propheten nach Medina auswandern, deshalb wurden sie im Laufe der Zeit ein Problem für die Kuraysch, denn sie bereiteten ihren Handelskarawanen Schwierigkeiten. Einem Mann namens Abû Busayr[315] gelang die Flucht aus der Gefangenschaft der Kuraysch. Als er jedoch Medina erreichte, durfte ihn der Prophet, dem Abkommen von Hudaybiya folgend, nicht aufnehmen. Er sagte zu ihm: *„O Abû Busayr, wir haben mit ihnen vereinbart, was dir bekannt ist, und unsere Religion verbietet uns den Verrat von Vereinbarungen. Allah wird dir und den anderen Unterdrückten einen Ausweg und eine Rettung gewähren, nun geh zurück zu deinen Leuten!“*

Abû Busayr antwortete ihm: „O Gesandter Allahs, schickst du mich zu ihnen zurück und gibst ihnen die Möglichkeit, mich von meiner Religion abzubringen?“

Der Prophet erwiderte: *„O Abû Busayr, geh zurück. Allah wird dir und den anderen Unterdrückten einen Ausweg und eine Rettung gewähren!“*

Zwei Mekkaner, die gekommen waren, um ihn zu holen, nahmen ihn mit. Auf dem Rückweg gelang ihm die Flucht. Er ging wieder zum Propheten und sagte: „O Gesandter Allahs, du hast dein Abkommen

---

313 Später sagte Umar immer wieder darüber: „Wegen meines Benehmens dem Propheten gegenüber gebe ich immer noch Almosen, faste, bete und lasse Sklaven frei, wegen meiner Äußerung, von der ich dachte, sie wäre die bessere.“ (Ibn Hischâm, S. 503-504; Buhârî, I, S. 378, 381, II, S. 598; Muslim, II, S. 104-106; Mubârakpûrî, S. 302)

314 Sure Bakara, 2:256; Über die Freiheit der Religion steht in einem anderen Vers: *„Und sag: (Es ist) die Wahrheit von eurem Herrn. Wer nun will, der soll glauben, und wer will, der soll ungläubig sein.“* (Sure Kahf, 18:29)

315 Sein richtiger Name war Utba bin Usayd bin Dscharidscha, vom Stamme der Sakîf. Er war ein Verbündeter der Kuraysch, die ihn jedoch einsperrten, nachdem er Muslim geworden war.

eingehalten und mich zurückgeschickt. Doch Allah hat mich gerettet!" Er verließ Medina, damit der Vertrag nicht gebrochen würde. An der Küste des Roten Meeres in der Nähe der Karawanenstraße nach Syrien ließ er sich nieder.

Im Laufe der Zeit sammelten sich 70 Muslime um Abû Busayr, die alle das gleiche Schicksal erlitten hatten. Sie waren aus Mekka vor der Unterdrückung der Kuraysch geflüchtet und konnten nicht zum Propheten nach Medina. Um sich zu versorgen, begannen sie, die Karawanen der Kuraysch zu überfallen, denn da sie nicht nach Medina durften, galt die Waffenruhe für sie nicht.

Die Kuraysch mussten feststellen, dass sie nicht nehmen konnten, was in den Herzen der Frauen und Männer heimisch geworden war. Ihnen wurde klar, dass sie keine Möglichkeit hatten, ihre Töchter und Söhne, die den Islam angenommen hatten, dazu zu zwingen, ihre neue Religion aufzugeben. Jeder der jungen Muslime wartete nur auf eine Gelegenheit, Mekka zu verlassen und sich Abû Busayr anzuschließen. Schließlich sahen sich die Kuraysch gezwungen, eine Nachricht zum Propheten zu schicken und ihn darum zu bitten, Abû Busayr und die anderen in seiner Gemeinde aufzunehmen, damit sie die Karawanen der Kuraysch nicht länger überfallen würden; was Muhammad gerne tat.

Muhammad nahm Abû Busayr und die anderen Muslime um ihn in Medina auf. Damit verzichteten die Kuraysch auf das, worauf Suhayl bin Amr im Vertrag von Hudaybiya bestanden hatte: das Zurückschicken der kurayschitischen Muslime nach Mekka, wenn diese ohne Einwilligung ihrer Familien und Stämme zum Propheten überliefen.[316] Diese neue Freiheit ermutigte nicht nur einzelne Personen, sondern ganze Stämme, dem Propheten zu folgen. Das gefiel den Juden in Haybar ganz und gar nicht ...

316 Ibn Hischâm, Ausgabe des Dâr al-Ma'rifa Verlags, S. 323-324; Mubârakpûrî, S. 302

Geheimnis für drei Tage

Haybar war eine nördlich von Medina gelegene Oase, östlich der Karawanenstraße von Mekka nach Syrien. Nach dem Konflikt mit den Muslimen in Medina waren viele der Banî Kaynukâ und der Banî Nadîr hierher gezogen. Haybar hatte den Angriff auf Medina bei der Grabenschlacht tatkräftig unterstützt. Dieses Vorhaben war jedoch misslungen und die Kuraysch hatten nun ein Abkommen mit den Muslimen, durch welches die Kämpfe eingestellt worden waren. Jetzt versuchte Haybar, auf eigene Faust Krieg gegen Medina zu führen, um der wachsenden Vormachtstellung der Muslime in der Region Einhalt zu gebieten.

Haybar unternahm einen Mordanschlag auf den Propheten und versuchte, verschiedene Stämme, unter ihnen die Banî Gatafân, gegen Medina zu mobilisieren. Im Jahre 628, sieben Jahre nach der Auswanderung, rüsteten sie zum Angriff auf die Muslime. Diese kamen ihnen jedoch zuvor und zogen mit einer Armee von 1500 Mann zu den Festungen von Haybar. Als die Banî Gatafân davon hörten, rüsteten sie sich und brachen auf, um ihre Verbündeten gegen die Muslime zu unterstützen.

Währenddessen warteten die Kuraysch gespannt auf Nachrichten vom Kriegsgeschehen. Sie hatten erfahren, dass die Muslime nach Haybar unterwegs waren. Jeden Tag versammelten sie sich und fragten alle Reisenden, die aus dem Norden kamen, ob es etwas Neues gebe. Sie wussten, dass die Festungen von Haybar schwer zu bezwingen waren.

Als Hadschadsch bin Ilatt as-Sulamî in Mekka eintraf, wurde er, noch bevor er von seinem Kamel absteigen konnte, gefragt, ob er etwas Neues wisse. „Ich habe Nachrichten, die euch freuen werden", begann Hadschadsch. Die Götzendiener umringten sein Kamel und fragten ihn aufgeregt, ob das wirklich wahr sei. „Eine Niederlage hat er erlitten, wie ihr sie euch nicht vorstellen könnt! Viele seiner Gefährten sind getötet worden, und Muhammad ist in Gefangenschaft geraten, und sie haben gesagt, sie werden ihn nicht umbringen, sondern den Kuraysch ausliefern, damit sie sich an ihm rächen und ihn töten können!"

Die Götzendiener verkündeten nun in ganz Mekka, dass sie Muhammad erwarteten, um ihn zu töten. Dann bat Hadschadsch die Mekkaner, ihm zu helfen, sein Geld zurückzubekommen, denn viele hätten ihre Schulden bei ihm noch nicht bezahlt. Er brauche das Geld, um die erbeuteten Gegenstände, die man Muhammad weggenommen habe, kaufen zu können, bevor andere Händler es täten. Dieser Bitte kamen die Kuraysch mit Freude nach. Während er sich im Zelt der Händler aufhielt, kam Abbâs bin Abdulmuttalib, der Onkel des Propheten, und fragte: „O Hadschadsch, was ist das für eine Nachricht, mit der du gekommen bist?"

„Habe ich auch dir etwas von meinem Besitz anvertraut?", fragte Hadschadsch.

Abbâs bejahte es.

„Dann lass es noch bei dir, bis ich dich allein treffe, denn wie du siehst, bin ich beschäftigt."

Als Hadschadsch alles, was er in Mekka besaß, an sich genommen hatte, ging er zu Abbâs und bat ihn: „Bewahre mein Geheimnis drei Tage lang, o Abbâs."

Er fuhr fort: „Bei Allah, ich schwöre, dass Haybar erobert ist und jetzt dem Propheten und seinen Gefährten gehört! Von dort droht keine Gefahr mehr."

„Was sagst du, Hadschadsch?", fragte Abbâs.

„Ja, bei Allah, so ist es. Aber behalte mein Geheimnis für dich! Ich bin Muslim geworden und bin nur hier, um meinen Besitz zu holen, der hier verstreut war! Wenn drei Tage vergangen sind, mach es bekannt. Und was den Propheten angeht, bei Allah, es geht ihm so, wie du es wünschst!"[317]

317 Ibn Hischâm, S. 518-519; Ibn Sad, I/IV, 157-159; Wâkidî, II, 702-705

Nach drei Tagen zog Abbâs seine besten Kleider an, machte sich zurecht, nahm seinen Stock und ging zur Kaaba, um sie zu umschreiten. Als man ihn so sah, fragte man ihn, ob er dies aus Trauer tue.

„Im Gegenteil", antwortete Abbâs, „Muhammad hat Haybar besiegt; er und seine Gefährten haben Haybar unter Kontrolle!"

„Wer hat dir diese Nachricht gebracht?"

„Der Gleiche, der euch die andere brachte! Er war schon Muslim, als er zu euch kam. Er nahm seinen Besitz und ist jetzt auf dem Weg, sich Muhammad und seinen Gefährten anzuschließen."

„Wenn wir das nur gewusst hätten", stöhnten die Kuraysch, „wir hätten ihn nicht entkommen lassen!"

Es dauerte nicht lange, bis diese Nachricht bestätigt wurde.[318]

318 Ibn Hischâm, S. 518-519

Eine Handvoll Steine

Die Banî Gatafân waren schon einen Tag unterwegs, um Haybar zu Hilfe zu kommen, als sie eine Stimme hörten, die ihnen sagte, dass mit ihren Herden und Familien etwas geschehen sei. Sie wussten nicht, ob die Stimme vom Himmel oder von der Erde zu ihnen gesprochen hatte, aber sie fürchteten, dass ihre Feinde sie in ihrer Abwesenheit angegriffen hatten und eilten deshalb nach Hause zurück. Damit gaben sie dem Propheten den Weg nach Haybar frei. Nach harten Kämpfen gelang es den Muslimen, die Festungen der jüdischen Stämme einzunehmen. Nun drohte von dort keine Gefahr mehr.

Während der Belagerung einer der Festungen kam ein Hirte namens Aswad mit seinen Schafen zum Propheten und sagte ihm, er sei der Hirte eines Juden. Er bat ihn, ihm den Islam zu erklären. Muhammad erklärte ihm geduldig, was er wissen wollte. Die Worte des Propheten berührten den Hirten so tief, dass er Muslim wurde. Daraufhin forderte der Prophet ihn auf, die Schafe, die ihm anvertraut worden waren, ihrem Besitzer zurückzuschicken, indem er eine Handvoll Steinchen nehmen und diese in Richtung der Tiere werfen solle. Als Aswad die Steine warf, sammelten sich die Tiere und gingen zusammen davon, als ob jemand sie führte.[319]

Die besiegten jüdischen Stämme von Haybar baten den Propheten flehentlich, er möge sie ziehen lassen und sie begnadigen. Der Prophet erfüllte ihnen diesen Wunsch. Kurz danach kam Safiyya, die Tochter des Huyay, zu ihm. Als der Prophet die Wunde in ihrem Gesicht sah, fragte er, woher sie diese habe.

---

319 Ebd, S. 517-518

Safiyya erzählte von ihrem Traum und den Schlägen ihres Mannes. Der Prophet bot auch ihr die Freiheit an und ließ ihr die Wahl, ob sie zu ihren Leuten zurückkehren oder mit den Muslimen gehen wolle. Sie hatte ihre Entscheidung längst getroffen. „Ich wähle Allah und seinen Gesandten", antwortete sie. Safiyya hegte schon länger Sympathie für den Islam und den Propheten. Sie war damals sehr enttäuscht gewesen, als sie von ihrem Vater und ihrem Onkel gehört hatte, dass Muhammad der erwartete Prophet sei, sie ihn aber dennoch bekämpfen wollten.[320] Der Prophet heiratete Safiyya und sie wurde damit eine der Mütter der Gläubigen.

Nach der Befreiung Haybars hatte Hadschadsch bin Ilatt as-Sulamî den Propheten um die Erlaubnis gebeten, nach Mekka zu reisen, um seinen Besitz, der sich bei den Händlern Mekkas befand, zu holen. Die Mekkaner hatten von seiner Bekehrung zum Islam nichts gewusst, ihm geglaubt, was er ihnen erzählt hatte, und ihm sogar dabei geholfen, seinen Besitz einzusammeln.[321]

Ein Jahr war seit dem Friedensvertrag von Hudaybiya vergangen, als die Mekkaner hörten, dass der Prophet und seine 2.000 Gefährten wieder unterwegs seien. Neugierig verließen sie die Stadt, um ihm beim Einzug in Mekka zuzusehen. Die Oberhäupter der Kuraysch versammelten sich auf dem Berg Abû Kubays, um von dort aus die Kaaba zu beobachten. Sie sahen die barhäuptigen, weißgewandeten Männer, und sie hörten die alten Pilgerrufe aus der Zeit des Propheten Abraham: „Labbayk Allâhumma labbayk! – Hier bin ich, o Allah, zu deinen Diensten!"

Die Kuraysch hatten inzwischen Gerüchte verbreitet, dass der Prophet und seine Gefährten durch das Fieber von Medina sehr geschwächt seien. Bald standen auch die anderen Mekkaner reihenweise oben auf dem Berg, um sie zu beobachten. Als der Prophet den geschützten Bezirk der Kaaba erreichte, legte er sein Ihrâm-Tuch über seine linke Schulter. Seine rechte Schulter bedeckte er nicht. Dann küsste er den Schwarzen Stein und lief mit seinen Gefährten siebenmal um die Kaaba. Danach gingen sie zum Fuße des Hügels Safâ und begannen, insgesamt siebenmal, die Strecke zwischen Safâ und Marwa zu durchlaufen, wie einst Hadschar,

320 Ebd., S. 513

321 Ebd., S. 518

die Mutter Ismaels. Einen Teil der Etappen legten sie in schnellem Lauf zurück, sodass jeder sehen konnte, dass sie, entgegen der Behauptung der Kuraysch, stark und gesund waren. Anschließend opferte der Prophet ein Kamel und ließ sich die Haare rasieren.

Abbâs zeigte sich während der drei Tage öffentlich mit seinem Neffen, und fast alle Mekkaner, die im Geheimen Muslime geworden waren, begegneten in den Nächten ihren Schwestern und Brüdern aus Medina. Der Prophet blieb drei Tage in Mekka. Auf dem Rückweg nach Medina fragte er nach Hâlid bin Walîd, weil er sich wunderte, dass dieser, trotz seiner Klugheit, noch immer nicht zum Islam gefunden hatte. Als Walîd, der jüngere Bruder von Hâlid, dies hörte, schickte er einen Brief an seinen Bruder, in dem er schrieb, dass der Prophet ihn erwähnt habe. Seine Mutter und viele Verwandte waren bereits Muslime. Er selbst hatte, auch als er gegen den Propheten kämpfte, ihm gegenüber stets Liebe und Respekt verspürt.

Ein weiterer mächtiger Mann der Kuraysch vom Range Hâlids war Amr bin Âs, der eine Weile nach der Grabenschlacht einige Männer der Kuraysch um sich scharte, die seine Meinung teilten und ihn als Führer annahmen. Er erklärte ihnen, dass die Sache Muhammads inzwischen üble Ausmaße angenommen habe. Er hatte eine Idee und wollte wissen, was sie davon hielten.

„Was ist das für eine Idee?"

„Meine Idee ist, dass wir uns zum Negus nach Abessinien begeben. Wenn Muhammad über unser Volk siegt, bleiben wir dort, und wenn die Kuraysch siegen, können wir jederzeit nach Mekka zurückkehren."

„Das ist gut!"

„Dann bereitet Geschenke für den König vor!"

Als Amr beim Negus ankam, sah er, wie Amr bin Umayya, ein Bote Muhammads, gerade das Schloss des Königs verließ. Nachdem er die Geschenke überreicht hatte, bat er den König, er möge ihnen den Boten Muhammads übergeben. Das machte den Negus sehr wütend. Amr sagte: „O König, wenn ich gewusst hätte, dass dich dies so verärgert, hätte ich dich nicht darum gebeten." Der Negus sagte: „O Amr, soll ich dir den

Boten des Gesandten Allahs geben, damit du ihn tötest – den Boten des Gesandten, zu dem Gabriel kommt, wie er früher zu Moses und Jesus, dem Sohn der Maria, kam?"

In diesem Moment, so berichtete Amr später, habe er sich gedacht: „Araber und Nichtaraber haben die Wahrheit akzeptiert und ich widersetze mich ihr." Überrascht fragte er den Negus: „O König, auch du bezeugst dies?"

„Ich bezeuge es vor Allah. Höre auf mich, Amr, und folge ihm! Bei Allah, er ist im Recht und wird all diejenigen besiegen, die gegen ihn auftreten, wie Moses den Pharao und sein Heer besiegte!" [322]

Amr fragte, ob der König ihm den Treueid auf den Islam abnehmen könne. Der Negus bejahte und streckte seine Hand aus. Amr schwor den Treueid und ging dann zu seinen Gefährten, denen er jedoch noch verheimlichte, dass er den Islam angenommen hatte. Dann verließ er Abessinien auf einem Schiff.

Auf der anderen Seite des Meeres angelangt, kaufte er sich ein Pferd, um in Richtung Medina zu reiten. Auf einem der Rastplätze traf er Hâlid und Usmân bin Talha. Amr fragte: „Wohin gehst du, Hâlid?"

„Zu Muhammad!", antwortete Hâlid.

„Bei Allah, das habe ich auch vor!"

Zu dritt reisten sie weiter nach Medina. Hâlid erzählte später über diese Begegnung: „Der Prophet wartete schon auf mich. Als ich ihn begrüßte, erwiderte er meinen Friedensgruß mit einem Lächeln."

Hâlid trat als Erster zu ihm und sprach: „Ich bezeuge, dass es keinen Anbetungswürdigen gibt außer Allah, und du bist der Gesandte Allahs."

Der Prophet antwortete: *„Gepriesen sei Allah, der dich rechtgeleitet hat. Ich wusste, dass du einen Verstand hast, der dich nur zum Guten führen wird."*

---

322 Ebd., S. 277; Wâkidî, II, S. 742-744; Mubârakpûrî, S. 302; Die ganze Geschichte erzählt Amr selbst; sie wird von Yazîd bin Abî Habîb bei Ibn Hischâm überliefert.

Dann sagte ich: „O Gesandter Allahs, du hast meine Hartnäckigkeit gegen die Wahrheit gesehen. Bitte Allah, dass Er mir verzeiht!"

Der Prophet antwortete: *„Die Annahme des Islams tilgt alle vorherigen Sünden."* Dann betete er für Hâlid, dass Allah ihm vergeben möge.

Danach traten Amr und Usmân zu ihm und schworen den Treueid. Amr hatte den gleichen Wunsch wie Hâlid; dass Allah ihm seine vergangenen Taten vergeben möge.

Der Prophet sagte ihm: *„O Amr, der Islam tilgt, was vorher war, und auch die Auswanderung tilgt, was vorher war."*[323]

Über diese Vergebung freuten sich die drei mächtigen Männer der Kuraysch sehr. Später erzählte Amr, dass er seine Augen aus Ehrfurcht kaum zum Antlitz des Propheten heben konnte und dass seitdem sein Rang und der von Hâlid beim Propheten so hoch war wie der von Abû Bakr und Umar.

---

323 Ibn Hischâm, Band 2, S. 278; Muslim, S. 121; Über die Vergebung Allahs wurden viele Koranverse offenbart, z. B. Sure Zumar, 39:53: *„Sprich: ‚O meine Diener, die ihr euch gegen eure eigenen Seelen vergangen habt, verzweifelt nicht an Allahs Barmherzigkeit; denn Allah vergibt alle Sünden; Er ist der Allverzeihende, der Barmherzige.'"*; Sure Bakara, 2:186: *„Und wenn dich Meine Diener über Mich befragen, so bin Ich nahe; Ich höre den Ruf des Rufenden, wenn er Mich ruft. Deshalb sollen sie auf Mich hören und an Mich glauben. Vielleicht werden sie den rechten Weg einschlagen."*

Friedensboten

Der Prophet schickte Friedensboten in die Welt und lud die Völker ein, den Islam kennenzulernen. Um dem Auftrag Allahs gemäß alle Menschen zum Islam einzuladen und um die Universalität seiner Botschaft zu verdeutlichen, schickte Muhammad Briefe an den Mukawkis [324], das Oberhaupt Ägyptens, an Husraw [325], den Kaiser von Persien, an den Negus, den König von Abessinien [326], an Herakleios [327], den Kaiser von Byzanz, an Munzir bin Sâwâ, das Oberhaupt von Bahrain, an Hawda, den Statthalter von Yamâma und an Hâris bin Abî Samar vom Stamme der Gassân, den Statthalter des römischen Kaisers in Syrien.

In den Briefen lud er die mächtigen Herrscher ein, die neue Religion ohne Zwang kennenzulernen, getreu den Worten Allahs im Koran: „*Es gibt keinen Zwang im Glauben. (Der Weg der) Besonnenheit ist nunmehr klar unterschieden von (dem der) Verirrung. Wer also falsche Götter ablehnt, jedoch an Allah glaubt, der hält sich an der festesten Handhabe, bei der es kein Zerreißen gibt.*“ [328]

Der Bote an Hâris bin Abî Samar, den Statthalter des römischen Kaisers, wurde von dessen Leuten überfallen und umgebracht. Weitere 15

---

324 Der Patriarch von Alexandria, der zugleich Statthalter des oströmischen Kaisers war.

325 Husraw II. regierte Persien bis 628 n. Chr.

326 Der alte, einst christliche, Negus, zu dem die frühen Muslime geflüchtet waren, hatte den Islam angenommen. Als er gestorben war, betete Muhammad für ihn das Totengebet in Abwesenheit. (Buhârî, 1317; Tirmizî, 1022) Dieses Schreiben war an seinen Nachfolger gerichtet.

327 Herakleios regierte das Oströmische Reich bis 641 n. Chr.

328 Sure Bakara, 2:256

Friedensboten des Propheten, die nach Syrien unterwegs waren, wurden ermordet. Ihre Grüße wurden mit einem Hagel von Pfeilen beantwortet, in dem alle, bis auf einen, starben. Obwohl klar war, dass der Stamm des Statthalters von den mächtigen Byzantinern unterstützt wurde, wollten die Muslime diese Morde nicht ungestraft lassen, denn das Überfallen oder Töten eines Boten kam einer Kriegserklärung gleich.[329] Nachdem die Byzantiner alle Vorschläge des Propheten zur Wiedergutmachung zurückgewiesen hatten, zog eine 3.000 Mann starke Armee nach Syrien.

Bei Mûta an der syrischen Grenze kam es zum Kampf gegen eine mehr als dreißigfache Übermacht der Byzantiner und der Gassân. Wie weiße Flecken auf der Haut eines schwarzen Kamels war die Größe der muslimischen Armee gegenüber jener der Byzantiner. Über diese Schlacht wird berichtet: Der Prophet schickte ein Heer nach Mûta. Er hatte es unter den Befehl des Zayd bin Hârisa gestellt und sagte: „*Wenn Zayd* fällt, übernimmt *Dschâfar bin Abû Tâlib die Führung. Wenn auch er fällt, wird Abdullah bin Rawâha der Befehlshaber!*"

Der Prophet berichtete in Medina, was in Syrien während der Schlacht geschah, wobei ihm Tränen über das Gesicht liefen. Er schilderte, dass die drei Gefährten gefallen seien. „*Dann wurde die Fahne von einem der Schwerter Allahs ergriffen, und Allah öffnete ihnen den Weg.*" Die Muslime, 3.000 an der Zahl, konnten das mehr als 100.000 Mann starke Heer von Byzanz und den Gassân in Schach halten, und Hâlid gelang durch einen klugen Plan der Rückzug. Er schaffte es, seine Männer mit nur geringen Verlusten nach Hause zu bringen, ohne dass die Feinde ihnen zu folgen wagten.

Nach der Schlacht von Mûta kehrten die Muslime unter Hâlid bin Walîd zurück – weder als Sieger noch als Besiegte. Ihr Abzug nach dem Tode von Zayd bin Hârisa, Dschâfar bin Abû Tâlib und Abdullah bin Rawâha war dennoch ein Sieg, denn die Byzantiner waren erleichtert über den Abzug der Muslime und dankbar, dass sie nicht länger zu kämpfen brauchten – obwohl ihr Heer einer Überlieferung zufolge 100.000 Mann stark war, während die Zahl der Muslime nur 3.000 Mann betrug.[330]

---

329 Ibn Kayyim, II, S. 155

330 Einer anderen Überlieferung zufolge umfasste das römische Heer 200.000 Mann.

Entscheidend war die Entschlossenheit der Muslime beim Kampf, aber auch die Klugheit und List Hâlids, der am zweiten Tag der Schlacht die kleine Armee so geschickt verteilte und sie solchen Lärm machen ließ, dass die Byzantiner dachten, Hilfstruppen aus Medina seien gekommen. In Hâlids Hand zerbrachen am Tag von Mûta neun Schwerter. Nichts blieb in seiner Hand außer einem kleinen jemenitischen Schwert.[331] Die arabischen Stämme, die an der Grenze von Syrien lebten, blickten nun voller Bewunderung auf die Kampfkunst der Muslime.

Eine Folge der Schlacht war, dass der Islam sich unter den Stämmen des Nadschd in den Grenzgebieten von Irak und Syrien, wo die Herrschaft der Byzantiner sich auf ihrem Höhepunkt befand, zunehmend verbreitete. Die christlichen Araber in Syrien und Jordanien litten sehr unter den Byzantinern. Sie waren ihnen tributpflichtig, mussten hohe Steuern zahlen und standen politisch unter ihrem Einfluss. Die Byzantiner begannen nun, jeden zu verfolgen, der in ihrer Grenzregion die neue Religion, den Islam, angenommen hatte.

Nach dem Rückzug aus Mûta erhielt man in Medina die Nachricht, dass auch die nördlichen Stämme der Bâlî und Kudâ die junge islamische Gemeinschaft angreifen wollten. Der Prophet reagierte rasch und schickte Amr bin Âs mit 300 Männern nach Norden. Nach einem kurzen Pfeilwechsel gelang es Amr, den Machtbereich des Islams im Norden bis zu den Grenzen von Syrien und Jordanien zu erweitern und zu festigen.

Nicht nur wegen der Einfachheit der Lehren des Islams, sondern auch wegen der Großzügigkeit, Treue und Zuverlässigkeit der Gläubigen wurden die Angehörigen vieler Stämme entweder Muslime oder Bündnispartner.[332] Außerdem hatten viele Menschen den Propheten inzwischen hautnah erlebt und somit jeden Zweifel an seiner Wahrhaftigkeit verloren.

---

331 Buhârî, 4265

332 In diesen zwei Jahren interessierten sich viele Völker der Region für den Islam. Unter den Delegationen waren auch sechzig Christen aus Nadschran, die ein Bündnis mit dem Propheten schlossen und den Schutz des islamischen Staates genossen. Während ihres Aufenthaltes erlaubte er ihnen, ihre Gebete in der Moschee, nach Osten gewandt, zu verrichten.

Einige Jahre zuvor hatte Herakleios über die Perser gesiegt, wodurch eine Prophezeiung des Korans erfüllt worden war.[333] Um Gott für diesen Sieg zu danken, war er nach Jerusalem gepilgert. Während er noch dort weilte, bat ein Bote des Statthalters von Busrâ um Einlass beim Kaiser. Er sprach zu ihm: „O Kaiser, ein Araber kam zu uns und berichtete vom Auftreten eines neuen Propheten in seinem Land!" Herakleios befahl seinem Armeeoberhaupt, ihm jemanden zu bringen, der aus derselben Gegend stammte wie der Prophet.[334] Sie fanden Abû Sufyân, der zu dieser Zeit immer noch ein erbitterter Gegner Muhammads war.

Abû Sufyân berichtete später von seinem Treffen mit dem Kaiser: „Ich befand mich zu jener Zeit, als es zwischen mir und dem Gesandten Allahs noch Feindschaft gab, auf einer Reise. Während ich mich im Gebiet von Syrien aufhielt, kam ein Bote mit einem Schreiben vom Propheten, das an Herakleios, den römischen Kaiser, gerichtet war. Herakleios fragte: ‚Gibt es in dieser Gegend jemanden, der zu den Leuten dieses Mannes Muhammad gehört?' Dies wurde bejaht und ich wurde mit einigen Leuten aus dem Stamm Kuraysch hergerufen. Wir traten bei Herakleios ein. Er ließ uns vor sich sitzen und sagte: ‚Wer von euch ist am nächsten verwandt mit jenem, der behauptet, er sei ein Prophet?' Ich sagte: ‚Ich'. Da ließ er mich vor sich sitzen und meine Begleiter hinter mir.

Zu meinen Begleitern sprach Herakleios: ‚Ich will ihm einige Fragen stellen. Sollte er lügen, dann meldet euch!'

Er sagte zu seinem Dolmetscher: ‚Frage ihn: Wie ist seine Herkunft unter euch?'

---

333 *„Die Byzantiner sind besiegt worden. Im nächstliegenden Land. Aber sie werden nach ihrer Niederlage siegen, in einigen Jahren. Allah steht die Entscheidung zu, vorher wie nachher. Und an jenem Tag werden die Gläubigen froh sein, über Allahs Hilfe. Er hilft wem Er will, und Er ist der Allmächtige und Barmherzige."* (Sure Rûm, 30:2-5) Anmerkung in der Übersetzung von Bubenheim/Elyas: „Die Byzantiner (Oströmer) wurden von den Persern geschlagen und verloren Damaskus (613) und Jerusalem (614). Diese Prophezeiung erfüllte sich, als Herakleios einen Feldzug gegen die Perser führte (622-627 n. Ch.) (1-5 n. H.), der mit einem großen Sieg bei Ninive endete (627). Die heidnischen Mekkaner sympathisierten mit den Persern, die Muslime hingegen mit den christlichen Byzantinern." Der Kaiser war im Jahre 629 n. Chr. nach Jerusalem gepilgert, um Gott für den Sieg über die Perser zu danken.

334 Buhârî, 7

Ich antwortete: ‚Muhammad ist unter uns von edler Abstammung.‘

Herakleios fragte: ‚War einer seiner Vorväter ein König?‘

Ich sagte: ‚Nein.‘

Er fragte weiter: ‚Habt ihr ihn der Lüge bezichtigt, bevor er das sagte, was er verkündet hat?‘

Ich sagte: ‚Nein.‘

Herakleios fragte: ‚Folgen ihm die Starken und Mächtigen oder die Schwachen?‘

Ich sagte: ‚Ihm folgen die Schwachen, die Armen, unterdrückte Sklaven und Frauen.‘

Er fragte: ‚Nimmt ihre Zahl zu oder ab?‘

Ich antwortete: ‚Sie nimmt ständig zu.‘

Er fragte: ‚Trat einer von ihnen von seinem Glauben zurück, nachdem er diesen angenommen hatte, weil er mit ihm unzufrieden war?‘

Ich sagte: ‚Nein.‘

Herakleios fragte weiter: ‚Habt ihr ihn bekämpft?‘

Ich sagte: ‚Ja.‘

Er fragte: ‚Wie war euer Kampf gegen ihn?‘

Ich erwiderte: ‚Der Erfolg war wechselnd – eine Runde gewannen wir, und die andere gewann er.‘

Herakleios fragte: ‚Brach er je seine Abmachungen mit euch?‘

Ich sagte: ‚Nein! Wir wissen aber nicht, was er zurzeit macht. Wir stehen mit ihm unter einem Friedensvertrag.‘

Er fragte: ‚Hat jemand vor ihm behauptet, ein Prophet zu sein?‘

Ich sagte: ‚Nein.‘

Da sprach Herakleios: ‚Ich habe dich über seine Abstammung unter euch befragt, und du gabst an, dass er unter euch von edler Abstammung ist. Genauso sind die Propheten: Diese werden gewöhnlich aus den Edlen ihrer Völker auserwählt.

Ich fragte dich auch, ob es unter seinen Vorvätern einen König gab, und du hast dies verneint. Wäre unter seinen Vorvätern ein König gewesen, so würde ich annehmen, dass er ein Mann ist, der für die Rückgewinnung des Königreiches seiner Vorväter kämpft.

Ich fragte dich nach seinen Anhängern, ob sie zu der Elite oder zu den Schwachen gehören, und du sagtest, dass ihm die Schwachen folgen. Diese sind doch stets die Anhänger der Propheten.

Ich fragte dich, ob ihr ihn der Lüge bezichtigt habt, bevor er sagte, was er behauptet, und du hast dies verneint. Ich halte es nicht für möglich, dass er die Lüge vor den Menschen unterlässt, um dann eine Lüge gegen Allah zu erdichten.

Ich fragte dich, ob jemand von seinen Anhängern vom Glauben zurücktrat, nachdem er diesen angenommen hatte, weil er mit ihm nicht zufrieden war, und du hast auch dies verneint. Dies ist doch üblich für den Glauben, wenn er sich im Herzen eines Menschen einnistet.

Dann fragte ich dich, ob die Zahl seiner Anhänger zu- oder abnimmt, und du gabst an, dass diese zunehme.

Ich fragte dich, ob ihr ihn bekämpft habt, du gabst an, dass der Kampf zwischen euch wechselhaft war und dass ihr eine Runde gewonnen habt, und die andere gewann er. Dies ist genau der Fall mit den Gesandten: Sie werden zunächst geprüft; aber am Ende ist der Sieg auf ihrer Seite.

Ich fragte dich, ob er seine Abmachungen mit euch bricht und du gabst an, dass er dies nicht tue. Es ist genauso mit den Gesandten: Sie brechen ihre Abmachungen nicht.

Ich fragte dich, ob jemand vor ihm die Behauptung gemacht hätte, ein Prophet zu sein, und du hast dies verneint. Hätte es vor ihm einen gegeben, der so etwas behauptete, so hätte ich angenommen, dass er es ihm nachmacht!‘

Herakleios fuhr fort: ‚Was befiehlt er euch?'

Ich antwortete: ‚Er befiehlt uns, dass wir das Gebet verrichten, die Zakat [335] entrichten, die Verwandtschaftsbande pflegen und uns anständig verhalten.'

Herakleios sagte: ‚Wenn das, was du über ihn sagst, die Wahrheit ist, so ist er ein Prophet. Ich wusste schon zuvor, dass noch ein Prophet kommen wird, nahm aber nicht an, dass er aus eurer Mitte hervorgehen würde. Wenn ich wüsste, dass ich ihm Folge leisten könnte, so würde ich mich gerne auf den langen Weg zu ihm machen. Wenn ich mich bei ihm befände, so würde ich seine Füße waschen. Wahrlich, sein Machtbereich wird den Boden erreichen, den ich hier unter meinen Füßen habe.'

Danach ließ er das Schreiben des Propheten vorbringen und verlesen, in dem Folgendes stand: ‚*Im Namen Allahs, des Allerbarmers, des Barmherzigen! Dieses Schreiben ist von Muhammad, dem Gesandten Allahs, an Herakleios, den Herrscher des Römischen Reiches! Friede sei mit demjenigen, der der Rechtleitung folgt. Sodann: Ich lade dich ein, den Weg des Islams zu befolgen. Werde Muslim, so rettest du dich, und wenn du Muslim geworden bist, so wird Allah deinen Lohn verdoppeln. Wendest du dich aber davon ab, so trägst du die Sünde doppelt, sowohl wegen deiner Herrschaft als auch wegen deiner Untertanen.*'

Dann folgten diese Worte aus dem Koran: ‚*O Volk der Schrift, kommt herbei zu einem gleichen Wort zwischen uns und euch, dass wir nämlich Allah allein dienen und nichts neben Ihn stellen, und dass nicht die einen von uns die anderen zu Herren nehmen außer Allah.*' [336]

Als das Verlesen des Schreibens beendet war, wurden Stimmen laut. Da wurde der Befehl erteilt, wir sollten hinausgehen. Draußen sagte ich zu meinen Gefährten: ‚Mir scheint, die Sache ist so weit gegangen, dass der Kaiser der Byzantiner Furcht davor empfindet.'

---

335 Zakat, die Pflichtabgabe, welche die Wohlhabenden u.a. an Arme und Bedürftige zu entrichten haben. Sie beträgt 2,5 Prozent des Besitzes eines jeden Muslims, dessen Vermögen eine gewisse Grenze überschreitet. Dies ist die dritte der fünf Säulen des Islams. Das Wort Zakat bedeutet „Reinigung" oder „Anwachsen".

336 Sure Âli Imrân, 3:64

Ich war davon überzeugt, dass die Angelegenheit des Gesandten Allahs doch eines Tages erfolgreich sein würde, sodass Allah mir den Islam in mein Herz eingab."[337]

Den Brief des Propheten hatte Dihya al-Kalbî in Busra dem Gouverneur gegeben, damit dieser ihn zum Kaiser nach Jerusalem schickte. Der Brief und jetzt noch das Gespräch mit Abû Sufyân waren für den Kaiser eine Bestätigung, dass es sich tatsächlich um den erwarteten Propheten handelte.[338]

---

337 Buhârî, I, S. 4; Muslim, II, S. 97-99; Mubârakpûrî, S. 308-309

338 Für die ganze Geschichte siehe Buhârî 7, 51, 2681, 2804, 2941, 2978, 3174, 4553, 9580, 6260, 7196, 7541; Muslim, 4607; Tirmizî, 2717

Zurück nach Mekka

Die Kuraysch hatten im Geheimen oft zum Ausdruck gebracht, dass sie den Friedensvertrag von Hudaybiya ursprünglich nicht wollten. Unauffällig nutzten sie die Zeit, sich militärisch zu stärken, um erneut gegen die Muslime zu Felde zu ziehen. Infolge des Abkommens von Hudaybiya waren verschiedene Bündnisse zwischen den arabischen Stämmen und den Muslimen beziehungsweise den Kuraysch entstanden; so hatten die Muslime ein Bündnis mit den Banî Huzâ, während die Kuraysch eines mit den Banî Bakr hatten. Das Friedensabkommen von Hudaybiya galt für alle. Es gab unter den Banî Bakr aber einige, die entschlossen waren, ihre alte Fehde mit den Banî Huzâ trotzdem fortzuführen.

Mithilfe der Kuraysch, unter ihnen auch Ikrima, Abû Dschahls Sohn, verübten sie einen nächtlichen Überfall auf die Banî Huzâ. Sie kämpften gemeinsam gegen sie, bis sie im geschützten Bezirk mehr als 20 Männer, die dort Zuflucht gesucht hatten, töteten und damit nicht nur den Friedensvertrag mit dem Propheten verletzten, sondern auch den geschützten Bezirk entehrten, der gemäß Allahs Bestimmung ein Ort des Friedens sein sollte, wo Blutvergießen ein noch größeres Verbrechen darstellt, als es ohnehin schon ist.

Amr bin Sâlim von den Banî Huzâ ritt daraufhin in höchster Eile los und ruhte nicht, bis er bei Muhammad in Medina ankam, der in der Moschee unter seinen Leuten saß. In Gedichtform erzählte er ihm, was sich ereignet hatte und bat ihn um Hilfe. Der Gesandte Allahs sagte: *„Dir wird geholfen werden, o Amr bin Salim.“* [339]

---

339 Ibn Hischâm, S. 540; Auf derselben Seite steht das Gedicht von Amr bin Sâlim, das ausführlich über den Mord an den schlafenden Menschen berichtet.

Kurz nach Amr traf eine Delegation der Huzâ ein, die seine Schilderung bestätigte. Nachdem sie dem Propheten berichtet hatten, was geschehen war, kehrten sie nach Mekka zurück. Jetzt wurde auch den Kuraysch bewusst, dass sie mit diesem Überfall das Abkommen von Hudaybiya gebrochen hatten. Der Prophet sprach zu den Muslimen: *„Ich glaube, Abû Sufyân wird bald zu euch kommen, um den Vertrag zu bestätigen und zu verlängern."*

Tatsächlich traf die Delegation der Banî Huzâ auf ihrem Rückweg auf Abû Sufyân, der inzwischen aus Syrien zurückgekehrt war. Die Kuraysch schickten ihn aus Furcht vor den Konsequenzen ihres Verhaltens zum Propheten, um das Abkommen zu festigen und eine Verlängerung der Vertragsdauer zu erwirken, bevor dieser von ihrem Verrat erfahren würde. Als Abû Sufyân unterwegs die Delegation der Banî Huzâ sah, war er schockiert und sicher, dass sie bereits mit dem Propheten gesprochen hatten. Er zog trotzdem weiter, denn er wusste, dass die Muslime niemandem etwas antaten, der sie nicht bekämpfte und ihr Leben gefährdete – erst recht nicht, wenn es sich um einen Boten handelte.

In Medina angekommen, begab er sich zunächst zu seiner Tochter Umm Habîba, die eine der Ehefrauen des Propheten Muhammad war. Er wollte sich auf die Schlafmatte des Propheten setzen, doch seine Tochter reagierte schnell und faltete die Matte zusammen. Abû Sufyân fragte sie erstaunt: „Mein Töchterchen! Ich weiß nicht, ob du mich oder diese Schlafmatte vorziehst?"

„Das ist die Schlafmatte des Gesandten Allahs, und du bist ein Götzendiener. Ich mag nicht, dass du auf der Schlafmatte des Propheten sitzt!" Sie hatte ihren Vater schon seit Jahren nicht mehr gesehen, aber ihre Liebe zum Propheten und zum Islam war größer als alles andere auf der Welt. Als er sah, dass seine eigene Tochter nicht bereit war, ihm zu helfen, begriff er, dass der Friedensvertrag von Hudaybiya durch die Verbrechen der Kuraysch aufgehoben war. Ängstlich und unsicher begab sich der mächtigste Herr der Kuraysch zum Propheten – von dem er keine Auskunft bekam.

Dann bat er Abû Bakr, er möge sich für ihn beim Propheten einsetzen, und mit ihm reden. Doch Abû Bakr erwiderte, dass er dies nicht tun würde. Dann ging er zu Umar, der sagte: „Wie bitte? Ist es dein Ernst, dass ich mich für euch beim Gesandten Allahs einsetzen soll? Bei Allah, selbst wenn ich nichts als eine Ameise fände, womit ich gegen euch kämpfen könnte, würde ich euch bekämpfen!"

Schließlich versuchte Abû Sufyân es bei Ali und dessen Frau Fâtima, der Tochter des Propheten. Auch diese beiden konnten und wollten ihm nicht helfen. Niedergeschlagen und ängstlich bestieg er sein Kamel und verließ Medina. In Mekka tadelten ihn die Kuraysch dafür, dass er nichts erreicht und sich dazu noch lächerlich gemacht hatte.[340]

Nach der Verletzung des Abkommens durch die Kuraysch stand für den Propheten fest, dass nur noch die Einnahme von Mekka den Frieden garantieren könnte.

Abû Bakr besuchte seine Tochter Âischa, die damit beschäftigt war, die Rüstung des Propheten vorzubereiten. Er fragte sie: „Meine Tochter, hat der Gesandte Allahs dir gesagt, du sollst seine Rüstung vorbereiten?"

„Ja! Mach du es auch", sagte Âischa.

„Wohin will er deiner Meinung nach?", fragte ihr Vater.

Sie schwieg, um das Geheimnis ihres Mannes nicht zu verraten.

Der Prophet befahl den Leuten, sich gut vorzubereiten, verriet ihnen aber nicht das Ziel, damit die Mekkaner sich nicht auch vorbereiten konnten. Er betete: *„O Allah, enthalte den Kuraysch die Sicht und die Nachrichten vor, bis wir sie in ihrem Land überraschen!"*

Nach diesem Bittgebet erfuhr er durch Gabriel, dass ein Muslim namens Hatîb einer Frau, die nach Mekka reiste, einen Brief für die Kuraysch mitgegeben hatte, um sie zu warnen. Der Prophet schickte ihr seine Gefährten Ali und Zubayr hinterher. Als diese ihr Gepäck durchsuchten und dort nichts fanden, schwor Ali bei Allah, dass der Prophet nie gelogen habe, und drohte, sie zu durchsuchen, wenn sie den Brief nicht freiwillig übergebe. Als sie sah, wie sicher sich die beiden waren, holte sie den Brief, den sie in ihren Haaren versteckt hatte, heraus.

---

340 Vgl. Ibn Hischâm, S. 541

Sie brachten Hatîb und den Brief zum Propheten und fragten ihn nach seinem Beweggrund.

Er sagte: „Weder habe ich meinen Glauben verlassen noch bin ich ein Heuchler geworden, o Gesandter Allahs. Aber bei den Mekkanern leben noch meine Frau und meine Kinder, die niemanden dort haben. Ich wollte für sie die Gunst der Kuraysch gewinnen, damit diese ihnen nichts antun."

Umar rief: „O Gesandter Allahs, lass mich den Kopf dieses Mannes abschlagen, denn er ist ein Heuchler geworden!"

Der Prophet erwiderte jedoch: *„O Umar, was ist, wenn Allah auf die Kämpfer von Badr schaut und sagt: Tut, was ihr wollt, denn Ich vergebe euch."* Er wollte die guten Seiten Hatîbs nicht vergessen und verzieh ihm. Umars Augen wurden feucht, und er sagte: „Allah und Sein Gesandter wissen es besser."[341]

Die Muslime brachen auf. Unterwegs trafen sie auf Abbâs und seine Frau Umm Fadl mit ihren Kindern, die sich endlich entschieden hatten, nach Medina auszuwandern. Nun schlossen sie sich dem Propheten an. Den Muslimen wurde jetzt klar, in welche Richtung sie marschierten, und es dauerte nicht lange, bis sie – 10.000 an der Zahl – vor Mekka standen.

Neben Abbâs ritten die Vettern des Propheten, Abû Sufyân bin Hâris bin Abdulmuttalib[342] und der Halbbruder seiner Frau Umm Salama, Abdullah bin Abû Umayya. Die beiden hatten das Heer der Muslime erreicht, als diese zwischen Medina und Mekka rasteten, und hatten Umm Sal'ama um Erlaubnis gebeten, beim Propheten vorzusprechen. Sie bat den Gesandten, die beiden zu empfangen, aber wegen ihrer schlimmen Vergangenheit verweigerte er es ihnen zunächst.

Als Abû Sufyân bin Hâris dies erfuhr, schwor er: „Bei Allah, entweder bekomme ich die Erlaubnis, ihn zu sehen, oder ich werde die Hand meines Sohnes nehmen und mit ihm in die Wüste ziehen, bis wir vor Durst und Hunger sterben!"

---

341 Ebd., S. 542-543; Buhârî, I, S. 422; II, S. 612; Mubârakpûrî, S. 343

342 Nicht zu verwechseln mit Abû Sufyân bin Harb, dem Anführer der Kuraysch.

Da empfand der Prophet Mitleid und gab ihnen die Erlaubnis. Sie traten bei ihm ein und nahmen den Islam an.[343]

Unterwegs zwischen Ardsch und Tulub, auf der Strecke zwischen Mekka und Medina, sah der Prophet am Straßenrand eine Hündin liegen, die ihre Jungen säugte. Er befahl Dschuayl bin Surâka, bei ihr zu bleiben und auf sie aufzupassen, bis alle Männer an ihr und ihren Jungen vorbeigezogen waren.[344]

Als der Prophet schließlich in Marr Azahran nahe bei Mekka lagerte, ließ er die Muslime, sobald es dunkel wurde, überall Lagerfeuer entzünden. Die Kuraysch entdeckten diese schon bald und glaubten, es läge eine riesige Streitmacht vor der Stadt. Abû Sufyân, Hakîm [345] und Budayl [346] ritten vor die Tore Mekkas – es war ein überwältigender Anblick.

Abbâs berichtete: „Ich ritt los und wollte einen Holzsammler oder Melker oder irgendjemanden, der nach Mekka unterwegs war, suchen und ihn beauftragen, den Mekkanern zu sagen, wo der Prophet sich jetzt befand, damit sie kämen und ihn um Sicherheit bäten, sodass er nicht mit Gewalt in die Stadt eindringen müsse. Während ich mich umschaute, hörte ich Abû Sufyân, der mit Budayl sprach. Er sagte gerade: ‚Solche Feuer und solche Streitkräfte, wie ich sie heute Nacht sehe, habe ich noch nie zuvor gesehen!' ‚Das sind ganz bestimmt die Feuer der Banî Huzâ, die sich nun im Kriegszustand befinden, um sich an uns zu rächen', meinte Budayl. Abû Sufyân entgegnete: ‚Die Banî Huzâ sind viel weniger und zu

---

343 Ibn Hischâm, S. 543; Bei Mubârakpûrî, S. 344, wird weiter erwähnt, dass Ali dem Abû Sufyân bin Hâris empfahl, zum Propheten zu gehen und ihm zu sagen, was Josephs Brüder zu Joseph gesagt hatten, wie es im Koran steht, nämlich: „*Sie sprachen: ‚Bei Allah! Allah hat dich vor uns ausgezeichnet. Wir aber waren wahrlich Sünder.'*" Abû Sufyân bin Hâris tat dies, und tatsächlich, der Prophet antwortete, wie es im Koran steht: „*Er sprach: ‚Kein Tadel treffe euch heute! Allah möge euch verzeihen. Er ist ja der Barmherzigste der Erbarmer*'" (Sure Yûsuf, 12:91-92)

344 Wâkidî, II, S. 804

345 Hakîm bin Hizâm war Hadîdschas Neffe, der seinerzeit alles versucht hatte, die Kuraysch zu überzeugen, nicht zu kämpfen, um die Schlacht von Badr zu verhindern. (Ibn Hischâm, S. 297-298)

346 Budayl bin Warka gehörte zur Delegation der Huzâ, die dem Propheten von dem nächtlichen Angriff der Banî Bakr auf die Huzâ berichtet hatte. Er war einer der Anführer der Banî Huzâ.

gering, als dass diese ihre Feuer und ihre Armee sein könnten.' Da rief ich: ‚Abû Sufyân, dies ist der Gesandte Allahs.' Abû Sufyân fragte: ‚Was sollen wir tun?' Ich antwortete: ‚Wenn man dich hier findet, wird es dein Ende sein! Reite mit mir! Ich bringe dich zum Gesandten Allahs, damit ich ihn für dich um Schutz bitte!' Wir ritten, bis wir an Umars Lagerfeuer vorbeikamen. Er wollte wissen, wer wir waren. Als er Abû Sufyân erkannte, rief er: ‚Abû Sufyân, der Feind Allahs! Gepriesen sei Allah, Der dich ohne Vertrag und ohne Versprechen hierher gebracht hat!' Schnell lief er zum Propheten."

Abbâs setzte sein Tier in Galopp und kam gleichzeitig mit Umar beim Propheten an. Umar rief: „O Gesandter Allahs, Allah hat uns Abû Sufyân ohne Vertrag übergeben!"

Abbâs bat den Propheten, Abû Sufyân schützen zu dürfen. Der Gesandte Allahs erlaubte ihm, Abû Sufyân zu seiner Lagerstelle mitzunehmen und am nächsten Morgen wieder zu ihm zu kommen. Abû Sufyân übernachtete bei Abbâs und nach Sonnenaufgang gingen beide zum Propheten. Der Prophet fragte freundlich: *„Siehe, Abû Sufyân! Ist die Zeit nicht gekommen, zu bezeugen, dass es keinen Anbetungswürdigen außer Allah gibt?"*

„Du, der du mir wertvoller bist als mein Vater und meine Mutter, wie milde, wie großzügig und wie liebenswürdig bist du! Wäre da ein anderer Gott außer Allah, hätte er mich nicht im Stich gelassen."

Abbâs bat den Propheten, etwas für Abû Sufyâns Ansehen zu tun. Da sagte der Prophet: *„Ja! Wer sich in das Haus Abû Sufyâns begibt, ist sicher! Und jeder, der in seinem eigenen Haus bleibt, ist sicher! Und jeder, der sich bei der Kaaba aufhält, ist sicher!"*

Als Abû Sufyân gehen wollte, bat der Gesandte seinen Onkel Abbâs, ihn an jener engen Stelle des Tales aufzuhalten, durch welche die Armee ziehen würde, damit er die Streitmacht Allahs sähe. Er tat es, und als die Stämme mit ihren Bannern an ihnen vorbeizogen, fragte Abû Sufyân nach den jeweiligen Namen dieser Stämme.

Als der Prophet mit seiner grünen Abteilung vorbeiritt, fragte Abû Sufyân erneut: „Gepriesen sei Allah, o Abbâs, wer sind diese?"

„Dies ist der Gesandte Allahs mit den Auswanderern und den Helfern", antwortete Abbâs.

„Niemand hat die Macht, diese zu besiegen! Bei Allah, o Abbâs, das Königreich deines Neffen ist heute mächtig geworden!"

„Das ist die Prophetenschaft, o Abû Sufyân", antwortete Abbâs. Abû Sufyân sagte: „Das ist wahr!" [347] Der Anblick war atemberaubend.

Das Banner der Helfer wurde von Sad bin Ubâda getragen. Als er an Abû Sufyân vorbeiritt, rief er: „O Abû Sufyân, dies ist der Tag der Schlacht! An diesem Tag demütigt Allah die Kuraysch!" Als der Prophet Abû Sufyâns Nähe erreichte, rief dieser: „O Gesandter Allahs, hast du befohlen, dein Volk zu töten?" Und er wiederholte, was Sad gesagt hatte. Auch Usmân und Abdurrahman bin Awf waren besorgt: „O Gesandter Allahs, wir vertrauen Sad nicht!"

„Dies ist der Tag der Barmherzigkeit, der Tag, an dem Allah die Kuraysch erhöht", sagte der Prophet und schickte einen Boten zu Sad, um ihm zu sagen, er solle seinem Sohn Kays das Banner aushändigen.[348]

Nachdem der Prophet an Abû Sufyân vorbeigezogen war, riet ihm Abbâs, nun schnell zu den Kuraysch zu gehen. Dort angekommen, rief Abû Sufyân ganz laut: „Ihr Kuraysch! Muhammad ist mit einer Armee gekommen, gegen die ihr hilflos seid! Wer sich in Abû Sufyâns Haus begibt, dem passiert nichts!"

Seine Frau Hind, die sich über ihn sehr aufregte, zog ihn am Schnurrbart und schrie: „Tötet ihn! Tötet diesen feigen, nichtsnutzigen Beschützer seines Volkes!"

„Wehe euch! Lasst euch nicht von dieser Frau anstiften, denn gegen Muhammads Armee habt ihr keine Macht. Wer sich in mein Haus begibt, dem passiert nichts!"

„Allah soll dich töten! Wem wird dein Haus reichen?"

---

347 Ibn Hischâm, S. 545; Mubârakpûrî, S. 346

348 Ebd; Wâkidî, II, S. 820-823

Dann sagte er: „Wer in seinem Haus bleibt, ist sicher, und wer sich bei der Kaaba aufhält, ist auch sicher."

Die Leute gingen in ihre Häuser oder zur Kaaba und die Muslime marschierten in Mekka ein.

Im Angesicht des Sieges, den Allah ihm geschenkt hatte, hielt der Prophet sein Reittier an und verbeugte sich dankbar. Er senkte seinen Kopf in Demut, bis sein Bart den Sattel berührte.[349] Als er das Blitzen der Schwerter von Hâlid und seiner Truppe sah, rief er: *„Habe ich das Kämpfen nicht verboten?"* [350] Denn er hatte seine Heerführer verpflichtet, beim Betreten Mekkas nicht zu kämpfen, außer sie würden angegriffen.

Man sagte ihm, dass Ikrima, Safwân und Suhayl einige Männer der Kuraysch und ihrer Verbündeten um sich geschart und Hâlid den Weg versperrt hatten. Hâlid bat Ikrima, den Weg freizumachen, denn der Prophet habe ihm befohlen, nicht zu kämpfen. Trotzdem wurde er angegriffen. Nachdem 30 Götzendiener getötet worden waren, flüchteten die Angreifer zur Küste.

Fâtima, Umm Salama und Maymûna waren bereits vor dem Propheten in dem Zelt angekommen, das Abû Rafî bei der Kaaba errichtet hatte. Auch Umm Hânî ging zu den Frauen, denn zwei von den Männern, die gegen Hâlid gekämpft hatten, waren in ihr Haus geflüchtet und hatten sie um Schutz gebeten. Ihr Bruder Ali, der die beiden sah, als er seine Schwester besuchte, war damit nicht einverstanden.[351] Als der Prophet das Zelt erreichte, begrüßte er seine Vetterin herzlich. Sie berichtete ihm von denen, die sie schützte, und er antwortete: *„Wem du Sicherheit gibst, dem geben wir Sicherheit."* [352] Damit bekräftigte er erneut die hohe Stellung der Frau im Islam. Denn in der Zeit der Unwissenheit wäre es für die meisten Frauen undenkbar gewesen, einen solchen Schutz zu gewähren.

Nachdem sich die Lage in Mekka beruhigt hatte, begab der Prophet sich zur Kaaba, wobei er mit einem Stab den Schwarzen Stein berührte.

---

349 Ibn Hischâm, S. 545; Mubârakpûrî, S. 347; Wâkidî, II, S. 823-824

350 Ebd, S. 826, 838-839

351 Mubârakpûrî, S. 348

352 Ibn Hischâm, S. 549; Ibn Sad, II, S. 144-145

Während er die Kaaba umschritt, richtete er ihn auf die Götzen, worauf sie alle, einer nach dem anderen, zu Boden stürzten, 360 an der Zahl. Dabei sprach er den Vers der Offenbarung: *„Die Wahrheit ist gekommen, und das Falsche geht dahin; das Falsche ist ja dazu bestimmt, dahinzugehen.“* [353] Anschließend vollzog er das übliche siebenmalige Umschreiten der Kaaba, den Tawâf, auf seinem Reittier.[354]

Die Götzendiener hatten ihr falsches Handeln oft mit dem Willen der Götzen gerechtfertigt, die das Töten ihrer Kinder, vor allem das lebendige Begraben ihrer Töchter, erlaubt haben sollten. Den Verzehr bestimmter Feldfrüchte und das Fleisch bestimmter Tiere hätten sie dagegen verboten.[355] Als die Mekkaner nun sahen, dass ihre Götzen hilflos zu Boden stürzten, gab es keinen mehr unter ihnen, der nicht begriff, dass Muhammad nur ihr Bestes wollte. Allah ist der einzige wirkliche Gott, der Schöpfer und Bewahrer aller Dinge. Zuvor waren sie der Meinung, der Prophet habe die Religion ihrer Väter beleidigt. Hubal, der größte Götze und ein Symbol der Unterdrückung, war Bestandteil der alten Religion. Nun hatten sie gesehen, dass weder Hubal noch die anderen 359 Götzen etwas ausrichten konnten.

Aber was sollte nun aus diesen Stein- und Holzfiguren werden? Der Prophet rief Usmân bin Talha und ließ sich von ihm den Schlüssel zur Kaaba geben. Das Heiligtum wurde geöffnet und als er eintrat, fand er auch dort noch einige Statuen und Bilder, die er, wie all die anderen auch, zerstören oder auslöschen ließ.[356]

---

353 Sure Isrâ, 17:81; Ibn Hischâm, S. 551; Tirmizî, 3137

354 Mubârakpûrî, S. 394

355 Sie sahen derartige Verbote als Teil ihrer Religion an und führten sie auf Allahs angeblichen Befehl zurück. Im Koran weist Allah ihre Behauptungen zurück: *„Und sie sagten: ‚Dieses Vieh und diese Feldfrüchte sind unantastbar; niemand soll davon essen, außer dem, dem wir es erlauben‘, wie sie meinten, und es gibt Tiere, deren Rücken (zum Reiten) verboten ist, und Tiere, über die sie nicht den Namen Allahs aussprechen und so eine Lüge gegen Allah erfinden. Bald wird Er ihnen vergelten, was sie erdichteten.“* (Sure An'âm, 6:138); Darüber hinaus hat der Koran auch das Irregehen derjenigen offengelegt, die für erlaubt erklären, was verboten sein sollte und für verboten erklären, was erlaubt sein sollte: *„Den Schaden tragen wahrlich jene, die ihre Kinder aus törichter Unwissenheit töten und das für verboten erklären, was Allah ihnen gegeben hat und so eine Lüge gegen Allah erfinden“* (Sure An'âm, 6:140)

356 Mubârakpûrî, S. 395

Die Menschen versammelten sich um ihn und er begann zu sprechen: *„Es gibt keinen Anbetungswürdigen außer Allah allein. Er hat keinen Partner. Er hat Sein Versprechen verwirklicht und Seinem Diener zum Sieg verholfen. Er alleine besiegte die Verbündeten*[357]*. O ihr Kuraysch, Allah entfernte von euch die Großtuerei der Zeit der Unwissenheit und den Stolz auf die Stammesväter! Alle Menschen stammen von Adam ab, und Adam wurde aus Staub erschaffen!“*

Um die Gleichheit der Menschen zu bekräftigen, trug er den Koranvers vor, der die Gleichwertigkeit von Mann und Frau beschreibt: *„O ihr Menschen, Wir haben euch aus Mann und Frau erschaffen und euch zu Völkern und Stämmen gemacht, auf dass ihr einander erkennen möget. Wahrlich, vor Allah ist von euch der Angesehenste, welcher der Gottesfürchtigste ist. Gewiss, Allah ist allwissend, allkundig.“*[358]

Der Prophet rief: *„Ihr Kuraysch! Was glaubt ihr, was ich mit euch tun werde?“*

Gespannt, aber hoffnungsvoll antworteten sie: „Gutes! Ein edler Bruder, der Sohn eines edlen Bruders bist du!“

Und er sprach mit den Worten der Vergebung, die auch der Prophet Joseph schon zu seinen Brüdern gesagt hatte: *„Siehe, ich spreche zu euch, wie mein Bruder Joseph: ‚Kein Tadel treffe euch heute! Allah möge euch verzeihen. Er ist ja der Barmherzigste der Erbarmer.‘“*[359] Dann setzte sich der Gesandte Allahs in die Moschee.

Da kam Ali mit dem Schlüssel der Kaaba in der Hand und bat ihn: „O Gesandter Allahs! Übertrage uns die Aufgabe, die Kaaba zu bewachen und die Pilger mit Wasser und Getränken zu versorgen!“

---

357 Damit sind die Stämme gemeint, die sich zum Kampf gegen den Propheten verbündet hatten (s. Grabenschlacht).

358 Sure Hudschurât, 49:13; Mann und Frau sind vor Allah sowohl in religiöser als auch geistiger Hinsicht gleichwertig. Rechte und Pflichten von Mann und Frau sind im Koran offenbart: *„Und die gläubigen Männer und Frauen sind untereinander Freunde. Sie gebieten, was Recht ist und verbieten, was verwerflich ist, verrichten das Gebet, geben die Zakat und gehorchen Allah und seinem Gesandten. Ihrer wird sich Allah erbarmen“* (Sure Tawba, 9:71)

359 Sure Yûsuf, 12:92; Mubârakpûrî, S. 348; Wâkidî II, S. 835

Der Prophet aber fragte, wo Usmân bin Talha sei, der bis dahin den Dienst an der Kaaba innegehabt hatte. Als Usmân kam, sagte der Prophet: *„Dies ist dein Schlüssel, Usmân. Heute ist der Tag der Güte und Treue.“* Und er vergab ihm unter anderem, dass er ihm einst den Eintritt in die Kaaba verweigert hatte.

Der Prophet hatte nun all seine Feinde und Gegner besiegt. Die Kuraysch und ihre Verbündeten hatten die Muslime enteignet, verstoßen, eingesperrt, gefoltert und getötet – doch er vergab ihnen, in dem Bewusstsein, dass Rache nie zu Frieden und Erfolg führen kann, und war damit ein gutes Vorbild.

Nachdem Abû Bakr seinen blinden Vater besucht hatte, brachte er ihn zum Propheten. Als Muhammad dies sah, sagte er: *„Du hättest den alten Mann zu Hause lassen sollen und ich hätte ihn besuchen können.“*

„Gesandter Allahs, er soll zu dir kommen und nicht umgekehrt.“

Der Prophet Muhmmad gab ihm die Hand und nahm seinen Beitritt zum Islam an.[360]

Als es Mittag wurde, bat er Bilâl, auf das Dach der Kaaba zu steigen. Bilâl kletterte hinauf und rief mit seiner klaren Stimme den Ruf des Islams, der die Einzigkeit Allahs bezeugt und Muhammad als Seinen Gesandten. Der ehemalige, schwarze Sklave, der wegen seines Glaubens gefoltert worden war, stand nun auf dem Heiligtum, einem Platz, der sonst nur den Edelsten der Kuraysch vorbehalten war. Es gab keine Unterschiede mehr aufgrund von Hautfarbe oder Abstammung. Fortan sollten alleine gute Taten, Gottesfurcht und die Liebe zum Schöpfer zählen.

Männer und Frauen kamen zu Hunderten zu Muhammad, der sich auf dem nahegelegenen Hügel Safâ befand – unter ihnen auch Hind, die Frau des Abû Sufyân, verschleiert, weil sie Angst hatte, der Prophet könne sie wegen ihrer verbrecherischen Vergangenheit zum Tode verurteilen. Sie sprach: „Gesandter Allahs, Preis sei Allah, Der die Religion siegen ließ, die ich nun für mich selbst gewählt habe.“ Danach zeigte sie ihr Gesicht und sagte: „Hind bint Utba.“

---

360 Ibn Hischâm, S. 546

„*Du bist willkommen*“, sagte der Prophet.

Sie lobte Muhammad für seine Verzeihung, und als sie wieder zu Hause war, zerstückelte sie die Götzenfiguren, die sie dort hatte.[361] Nachdem Hind den Islam angenommen hatte, kam auch Umm Hakîm, Ikrimas Ehefrau, zum Propheten und bat um Gnade für ihren Mann, der in Richtung Jemen auf der Flucht war. Der Prophet gab ihr die Sicherheit. Umm Hakîm brach mit einem Begleiter auf, um Ikrima zurückzuholen, bevor er ein Schiff bestieg.

Auch Safwân bin Umayya war geflüchtet und wollte in Dschidda ins Meer springen, um sich umzubringen. Sein Freund Umayr bin Wahb, mit dem er einst einen Anschlag auf den Propheten geplant hatte, ging zum Propheten und bat um Sicherheit für Safwân, die ihm auch gewährt wurde. Safwân aber hatte noch Bedenken und konnte nicht glauben, dass der Prophet ihm verzeihen würde. Er bat Umayr um ein Zeichen des Propheten.

Umayr ritt zurück nach Mekka und erzählte von der Unsicherheit Safwâns. Der Prophet gab ihm seinen Turban als Zeichen der Sicherheit, was Safwân beruhigte. Als er schließlich beim Propheten ankam fragte er, ob er ihm wirklich Sicherheit gewähre. Der Prophet bestätigte es, doch Safwân wurde erst drei Monate später Muslim, nachdem er genug Zeit gehabt hatte, es sich zu überlegen.[362]

Einer der drei größten Götzen, Uzzâ, befand sich in Nahla. Als der Wächter des dortigen Tempels erfuhr, dass Hâlid kam, um ihn zu zerstören, band er dem Götzen ein Schwert um und sprach: „Verteidige dich und töte Hâlid, oder werde Muslim!“[363]

Umm Hakîm beeilte sich, ihren Mann zu erreichen. Dieser war schon an der Küste von Tihama angekommen und wollte gerade ein Schiff besteigen, als der Kapitän ihn aufforderte: „Sprich: ‚Lâ ilâha illallah – Es gibt keinen Anbetungswürdigen außer Allah!‘“

---

361 Wâkidî, II, S. 850

362 Ibn Hischâm, S. 552; Wâkidî, II, S. 853-855

363 Ebd., III, S. 874

„Ich bin aber vor nichts anderem als ‚lâ ilâha illallah‘[364] geflüchtet!“, sagte Ikrima.[365]

Gerade noch rechtzeitig traf seine Frau ein und flehte ihn an, nicht zu fliehen, denn sie komme von einem Mann, dessen Güte und Milde beispiellos sei und bei dem er sicher sein werde. Gemeinsam kehrten sie zurück.

Hâlid und seiner Truppe gelang es inzwischen, den Götzen Uzzâ zu zerstören. Die Götzendiener wunderten sich, dass das Steinbild, dem sie im Laufe der Jahre so viel Geld und Opfertiere dargebracht hatten, sich nicht zu wehren vermochte. Hâlid tat sein Vater leid, der früher so viele Tiere für diese Steinfiguren geopfert hatte, die weder hören noch sprechen konnten.[366]

Ikrima ging als Gläubiger zum Propheten. Als er in Mekka ankam, setzte er sich mit seiner Frau zu ihm. Der Prophet lächelte ihn freundlich an und sagte: *„Heute werde ich dir keinen Wunsch abschlagen.“*

„Dann bitte Allah, dass Er mir meine Feindschaft dir gegenüber vergibt und alles, was ich dir angetan und zu dir gesagt habe!“, bat Ikrima.

Der Prophet verzieh ihm und bat Allah um Verzeihung für ihn.

Dann rief Ikrima aus: „Was das Geld angeht, das ich ausgegeben, und die Kriege, die ich geführt habe, um die Menschen davon abzuhalten, der Wahrheit und dem Licht zu folgen, so werde ich ab jetzt auf dem Wege Allahs das Doppelte ausgeben, und für all die Kämpfe, die ich geführt habe, um den Weg Allahs zu versperren, werde ich doppelt soviel auf dem Wege Allahs kämpfen!“ Er hielt sein Wort und fing gleich damit an, die vielen Götzenbilder, die er zu Hause hatte, zu zerstören.[367]

---

364 Dieses schlichte Glaubensbekenntnis zeigt, dass der Gott des Himmels und der Erde keinen Vermittler brauche, sondern von jedermann direkt angerufen werden könne.

365 Wâkidî, II, S. 851-852

366 Ebd., S. 850, III, S. 874

367 Wâkidî, II, S. 850-853, III, S. 870-871;

Aus Feinden werden Brüder

Bislang waren die Kuraysch die Hüter der alten Götzenreligion gewesen. Nun aber, da sie den Islam angenommen hatten, fühlten andere sich dazu berufen, diese Aufgabe zu übernehmen. Der mächtige Stamm der Hawâzin[368] rüstete sich, um Mekka anzugreifen. Die Kuraysch standen jetzt auf der Seite des Propheten, um mit ihm gemeinsam den Islam und Mekka zu verteidigen.

König der Hawazin war Mâlik bin Awf.[369] Er zwang seine Soldaten, ihre Frauen, ihre Kinder und ihr Vermögen auf den Feldzug mitzunehmen. Dies sollte ihren Kampfeswillen steigern und sie davon abhalten, vom Kampfplatz zu flüchten.

Die muslimische Armee zählte 12.000 Mann; unter ihnen waren einige, die erst neu zum Islam konvertiert waren und die dachten, dass eine solch große Streitmacht nicht besiegt werden könne. Dem Propheten missfiel diese Art zu denken. Er setzte seine Hoffnung auf die Unterstützung Allahs, denn er wusste, dass die Größe einer Armee allein nicht ausschlaggebend ist. Und er sollte recht behalten.[370]

Unter den neuen Muslimen waren einige, die sich noch nicht vollständig von ihrem früheren Aberglauben befreit hatten. Als sie an einem

368 Ein Stammesverbund, zu dem unter anderen die Stämme Banî Sakîf, Banî Sad und Banî Gazia gehörten. Die Hawâzin waren ursprünglich aus dem Jemen gekommen und waren Nomaden. Sie bewohnten Tâif und deren Umgebung.

369 Mâlik bin Awf war damals 30 Jahre alt. Er war sehr ehrgeizig und sah für seinen Stamm, die Hawâzin, die Möglichkeit, die Vormachtstellung in Arabien zu gewinnen.

370 Mubârakpûrî, S. 357

Sidr-Baum[371] vorbeikamen, an welchen die Götzendiener ihre Waffen zu hängen pflegten, um so die Götter um Kraft zu bitten, schlug einer von ihnen dem Gesandten Allahs vor, so etwas auch für sie zu machen.

Der Prophet entgegnete: „*Du hast da genau das gesagt, was die Kinder Israels zu Moses gesagt haben!*", und er nutzte diese Gelegenheit, ihnen zu erklären, dass solche Praktiken - sich von Bäumen, Gegenständen, Gräbern oder gar verstorbenen Menschen irgendeine Hilfe zu erhoffen - nutzlos seien und mit dem Islam nicht zu vereinbaren, da alle Macht und alle Kraft nur bei Allah allein ist.[372]

Beide Armeen marschierten aufeinander zu, die Hawazin und Sakîf von Tâif, die Muslime von Mekka kommend. Mâliks Plan war es, die Truppen aus Mekka im Tal von Hunayn[373] in einen Hinterhalt zu locken. Er hatte vor, seine Truppen in den Schluchten und auf den Bergen um das Tal zu postieren, bevor die Muslime ankamen, um sie so einkesseln zu können. Er trieb seine Truppen an, damit er das Tal als Erster erreichen würde, was ihm auch gelang. Nun warteten die Hawazin auf die Muslime, die sich in Richtung Hunayn bewegten.

Die muslimischen Truppen drangen in das Tal vor, ohne die Hawazin zu bemerken. Mâlik gab seinen Bogenschützen, die auf den Bergen postiert waren, den Befehl, zu schießen. Die Pfeile prasselten auf die Muslime nieder, es brach Panik aus. Mâlik befahl seinen Truppen, von allen Seiten anzugreifen. Von diesem Angriff überrascht, begann das Heer der Muslime zu fliehen. Eine Niederlage stand kurz bevor.

---

371 Stechdorn (Ziziphus)

372 Abû Wâkid al-Laysî sagt: Wir begleiteten den Propheten auf dem Feldzug von Hunayn, kurz nachdem wir den Unglauben verlassen und den Islam angenommen hatten. Die Götzendiener hatten einen Sidr-Baum, bei dem sie anhielten und an den sie ihre Waffen hängten, um den Segen der Götter zu erbitten. Sie nannten ihn „Zât al-Anwat". Als auch wir an einem Sidr-Baum vorbeikamen, sagten wir: „O Gesandter Allahs, willst du uns keinen Zât al-Anwat machen, genau wie ihren?" Der Gesandte sagte: „*Allâhu akbar! Bei Dem, in Dessen Hand meine Seele liegt, das ist der Weg der früheren Völker; ihr habt da das Gleiche gesagt wie die Söhne Israels zu Moses: ‚Mache uns einen Götzen so wie ihre Götzen.' Er sprach: ‚Ihr seid ein unwissendes Volk. Wahrlich, diese Leute werden zerstört werden für das, was sie tun, und alles, was sie tun, wird vergeblich sein.' (Sure Arâf, 7:138) Sicherlich werdet ihr den Wegen derer folgen, die euch vorausgingen.*"

373 Das Tal von Hunayn liegt in der Nähe von Tâif, auf dem Weg nach Mekka.

Muhammad jedoch flüchtete nicht. Er wich nicht zurück, sondern platzierte sich an der rechten Seite des Tales und rief seine Leute: „*Schnell, kommt her zu mir, ich bin der Gesandte Allahs, ich bin Muhammad, der Sohn Abdullahs!*" An seiner Seite waren noch 80 der Auswanderer und der Helfer. Für alle sichtbar ritt der Prophet vor die Truppen der Hawazin und rief: „*Ich bin der Prophet, dies ist keine Lüge. Ich bin der Sohn Abdulmuttalibs! O Allah, sende Deinen Sieg herab!*" [374]

Die wenigen Männer waren ihm gefolgt und griffen nun mit ihm das ihnen zahlenmäßig überlegene Heer der Hawazin an. Der Prophet wies Abbâs an, die Gefährten zu rufen. Abbâs rief so laut er konnte: „O ihr Auswanderer! O ihr Helfer!" Dieser Ruf blieb nicht ungehört, immer mehr der flüchtenden Muslime machten kehrt und schlossen sich der Truppe um den Propheten an, welche die Hawazin immer mehr unter Druck setzte, bis sie diese zurückschlug.[375]

Die Hawazin sahen sich den Muslimen nicht mehr gewachsen und flohen; die meisten von ihnen verschanzten sich bei ihren Stammesbrüdern von den Sakîf in Tâif. Der Besitz der Hawazin und ihre Familien waren in die Hände der Muslime gefallen. Mâliks Plan war gescheitert.

Einige der neuen Muslime von den Kuraysch hatten schon am Propheten gezweifelt, doch nun sahen sie mit eigenen Augen seinen Mut und den seiner Anhänger.

Die Muslime marschierten nach Tâif und belagerten die Stadt. Die Hawazin und die Sakîf bewarfen sie von den Mauern Tâifs aus mit Steinen und Feuer, was zu einigen Opfern unter den Muslimen führte. Daraufhin bauten diese Katapulte auf, mit denen sie die Stadt beschossen.[376]

Um den Druck auf Tâif zu erhöhen, ließ der Prophet verkünden, dass jeder, der die Festung verließe, frei sein würde. Es gelang 23 Sklaven[377] aus Tâif, den Götzendienern zu entfliehen und zum Propheten zu gelangen.

---

374 Muslim, 1776

375 Buhârî, 2864, 2874, 2930, 4315, 4316, 4317; Muslim, 1775, 1776; Tirmizî, 1688

376 Zur Schlacht von Hunayn und der Belagerung Tâifs siehe Mubârakpûrî, S. 356-363; Ibn Hischâm, Ausgabe des Dâr al-Ma'rifa Verlags, Band 2, S. 437-500

377 Buhârî, II, S. 620; Mubârakpûrî, S. 360; Ibn Hischâm, Band 2, S. 485

So erhielten sie ihre Freiheit. Die Hawazin und die Sakîf wurden sich der Aussichtslosigkeit ihrer Situation bewusst. Sie wussten, dass der Sieg des Propheten nun nicht mehr rückgängig zu machen war. Um seine Gefährten vor den Angriffen aus der Stadt zu schützen, lockerte der Prophet die Belagerung, zog seine Truppen nach Dschirâna [378] zurück und verweilte dort in Erwartung der Sakîf und Hawazin. Er wusste, sie würden auch ohne Belagerung aufgeben und kommen.

Einige Gefährten des Propheten Muhammad baten ihn, er solle die Sakîf in Tâif verfluchen. Doch dies tat er nicht, denn er wollte, dass sie freiwillig kämen. Er hob seine Hände gen Himmel und betete zu Allah, dass Er sie rechtleite.[379]

Als die Sakîf dann, wie er es von Allah erbeten hatte, freiwillig zu ihm kamen und ihren Beitritt zum Islam verkündeten, fragten einige von ihnen nach ihren Sklaven. Der Prophet gab sie ihnen nicht zurück, sondern sagte: *„Nein, sie sind die Freigelassenen Allahs!“* [380] Und er ermutigte die Muslime, ihre noch verbliebenen Sklaven freizugeben oder Sklaven zu kaufen, um ihnen die Freiheit zu schenken.

Inzwischen nahm auch Wahschî, der Mörder von Hamza, Kontakt mit dem Propheten auf, obwohl er sich nicht vorstellen konnte, dass er ihm vergeben würde. Doch der Prophet vergab ihm und Wahschî wurde Muslim.

Auch Mâlik bin Awf, der König der Hawazin, kam nach einigem Zögern zum Propheten nach Dschirâna. Dieser gab ihm seine Familie und sein Vermögen zurück. Auch andere Familien, die in Gefangenschaft geraten waren, ließ er frei und gab ihnen ihren Besitz zurück – bis auf das, was man schon an die Kuraysch und die anderen Stämme verteilt hatte. Als er sich dann jedoch für die Hawâzin einsetzte, gaben die meisten der Kuraysch ihre Anteile wieder her.

---

378 Ein Ort nahe Mekka, von dem aus man in den Ihrâm (Weihezustand) eintritt, um die Umra oder den Hadsch zu vollziehen. Zu Beginn des Ihrams wird die Pilgerkleidung angelegt und die Absicht zur Umra oder zum Hadsch gefasst.

379 Mubârakpûrî, S. 361; Ibn Hischâm, S. 586; Tirmizî, 4034

380 Ibn Hischâm, Ausgabe des Dâr al-Ma'rifa Verlags, Band 2, S. 485

Der Prophet hatte einigen neuen Muslimen, wie Abû Sufyân und Safwân, sowie auch manchen Beduinenstämmen viele Geschenke gemacht, um ihre Herzen für den Islam zu gewinnen. Die Auswanderer und die Helfer aus Medina bekamen jedoch nichts. Einige von den Helfern flüsterten darüber und sagten: „Der Gesandte Allahs hat sich wieder mit seinem Volk vereint!“

Sad ging zum Propheten und erzählte ihm, was über ihn gesprochen wurde. Da beauftragte der Prophet ihn, alle Helfer zu versammeln. Als die Auswanderer auch dazukamen, ließ er dies zu, als aber andere sich an dieser Versammlung beteiligen wollten, erlaubte er es nicht. Dann begab er sich zu ihnen, pries Allah und hielt eine kurze Rede: *„O ihr Helfer! Welch ein Gerede höre ich von euch, und welche Abneigung, die ihr mir gegenüber empfindet? bin ich nicht zu euch gekommen, als ihr irregeleitet wart, und Allah leitete euch auf den rechten Weg? Wart ihr nicht arm, und Allah machte euch reich? Seid ihr nicht miteinander verfeindet gewesen, und Allah vereinte eure Herzen?“*

„Ja, in der Tat! Allah und Sein Gesandter sind gnädig und gütig!“

„Wollt ihr mir denn nichts entgegnen, o ihr Helfer?“, fragte der Prophet.

„Was könnten wir entgegnen? Bei Allah und Seinem Propheten sind Gnade und Güte!“

„Bei Allah, ihr könntet es mir vorhalten, und ihr hättet recht und jeder würde es glauben: ‚Du kamst zu uns, als man dich der Lüge bezichtigte, und wir haben dir geglaubt; du wurdest im Stich gelassen, und wir halfen dir; du wurdest vertrieben, und wir haben dich aufgenommen; du warst arm, und wir haben mit dir unseren Besitz geteilt.‘ Seid ihr mir wirklich böse, o ihr Helfer, wegen weltlicher Dinge, mit denen ich die Herzen der Menschen versöhne, damit sie sich Allah ergeben, während ich doch euch den Islam anvertraut habe? Seid ihr nicht zufrieden, o ihr Helfer, dass diese Leute mit Schafen und Kamelen nach Hause gehen, ihr aber mit dem Gesandten Allahs? Bei Dem, in Dessen Hand Muhammads Seele liegt – auch wenn es nicht wegen der Auswanderung wäre, bliebe ich einer von euch. Wenn die Leute einen Weg einschlagen und die Helfer einen anderen, würde ich mir den Weg der Helfer wählen. O Allah, sei gnädig den Helfern sowie ihren Kindern und Kindeskindern!“

Die Leute weinten so sehr, dass die Tränen ihre Gesichter hinunterliefen und riefen: „Wir sind glücklich und zufrieden, mit dem Gesandten Allahs als unserem Anteil!" Erleichtert zerstreuten sie sich.[381]

Nachdem sich der Prophet von Dschirâna aus zur Umra, der kleinen Pilgerfahrt, nach Mekka begeben hatte, kehrte er am Ende des Monats nach Medina zurück. Zwischen Mekka, Medina und den arabischen Stämmen herrschte nun Frieden, und alle konnten in Sicherheit leben. Aus den einstigen Feinden waren Brüder geworden.[382]

Der Prophet zog noch einmal gegen die Byzantiner und ihre Verbündeten, nachdem er erfahren hatte, dass diese sich versammelten, um im Norden der Arabischen Halbinsel einzufallen. Er selbst führte den Feldzug an. Dieser Feldzug, der im Sommer bei großer Hitze und unter schwierigen Bedingungen für die Muslime stattfand, wurde „Schlacht von Tabuk" [383] genannt.

Die Byzantiner und ihre Verbündeten verloren den Mut zum Kämpfen, als sie die muslimischen Truppen erblickten. So kam es, dass der Prophet verschiedene Abkommen mit den Verbündeten der Byzantiner schließen konnte, die den Frieden im Norden vorerst sicherten. Allah hatte den Muslimen den Kampf erspart und sie kehrten dankbar nach Medina zurück.[384]

381 Ibn Hischâm, S. 591–592; Buhârî, II, S. 620, 621; Mubârakpûrî, S. 362

382 Muhammad war nun Herrscher über alle Stämme Arabiens und hätte sich jeden Luxus erlauben können. Reichtümer interessierten ihn jedoch nicht, es sei denn, um sie zu verschenken oder um damit Frieden herzustellen. Er betrachtete sich selbst als bescheidenen Diener Allahs. In seinem Zimmer gab es nur eine einfache Schlafmatte und ein Schaffell. Die wenigen Kleider und Schuhe, die er brauchte, reparierte er selbst. Er kümmerte sich weiterhin selbst um die Versorgung seiner Familie, so wie er es immer getan hatte. Allen Menschen begegnete er mit Liebe. Wie früher schon legte er sich nie schlafen, bevor er nicht seinen letzten Dinar an die Armen verteilt hatte. Oft hungerte er, denn häufig war jemand anders da, der dringend etwas zu Essen benötigte.

383 Tabuk ist eine Stadt im Norden des heutigen Saudi-Arabiens.

384 Zu den Details des Feldzugs nach Tabuk siehe Mubârakpûrî, S. 368-375 und Ibn Hischâm, S. 597-602

Der Abschied

Im zehnten Jahr nach der Auswanderung, als das Fasten im Monat Ramadan zu Ende ging, vertraute der Prophet seiner Tochter Fâtima etwas an, das sie niemandem erzählen sollte: *„Jedes Jahr im Ramadan rezitiert Gabriel mir einmal den Koran, und jedes Jahr rezitiere ich ihn einmal. Aber in diesem Jahr hat er ihn mir zweimal rezitiert. Das lässt mich glauben, dass meine Zeit gekommen ist.“* Weiter sprach er zu Fâtima: *„Neben der Jungfrau Maria, der Tochter des Imrân, gehörst du zu den am höchsten angesehenen Frauen des Paradieses.“*

Fâtima war die letzte seiner Töchter, die noch am Leben war. Zaynab war zwei Jahre zuvor gestorben. Sie hatte sich nie ganz von den Verletzungen und der Fehlgeburt erholt, die sie erlitten hatte, als sie beim Verlassen Mekkas aufgehalten wurde, und so starb sie letztlich an den Folgen von Habbars Angriff. Nach ihrem Tod blieb Muhammad nur Fâtima, da Umm Kulsûm und Rukayya schon vor Zaynab gestorben waren. Muhammad war deshalb sehr traurig.

Einen Monat später gab der Prophet bekannt, dass er selber die große Pilgerfahrt leiten werde. Mehr als 30.000 [385] Männer und Frauen mit ihren Familien freuten sich, ihn begleiten zu dürfen. Dieses Jahr waren alle Pilger endlich Verehrer des Einen Einzigen Gottes; Götzendiener gab es keine mehr unter ihnen.

385 Einige Berichte sprechen von 100.000 Menschen, die an dieser Pilgerfahrt teilnahmen, einem Ereignis, welches sich fortan ohne den Propheten jährlich wiederholen und beständig vergrößern sollte. Heute beteiligen sich daran bis zu fünf Millionen Muslime, Männer und Frauen, pro Jahr, und von vielen wird es als die größte jährliche internationale Friedensversammlung betrachtet.

Unterwegs bekam Âischa ihre Monatsblutung und war deshalb sehr betrübt, denn sie dachte, sie dürfe in diesem Zustand die Pilgerfahrt nicht vollziehen. Als der Prophet den Grund für ihr Weinen erfuhr, sagte er ihr, dass sie alle Pilgerriten verrichten dürfe, außer dem Umschreiten der Kaaba.

Nachdem der Prophet die Kaaba siebenmal umrundet und den Lauf zwischen den Hügeln Safâ und Marwa vollendet hatte, begab er sich nach Mina. Am nächsten Morgen ritt er zu der Ebene von Arafat. Als die Sonne am Mittag den Zenit überschritten hatte, ritt er das Tal hinab, wo die Menschen sich versammelt hatten, lobpreiste Allah und verkündete die Unantastbarkeit des Lebens und des Besitzes jedes Menschen.

„Ihr Menschen, hört mir gut zu, denn es kann sein, das ich nicht noch einmal mit euch an diesen Ort zurückkomme! O ihr Menschen, euer Blut und euer Besitz sind für euch unantastbar, bis ihr eurem Herrn begegnet ...

Vergesst nicht, dass ihr eines Tages eurem Herrn gegenübertreten werdet, Der euch nach euren Taten fragen wird. Dann müsst ihr für alles, was ihr in eurem Leben getan habt, die Verantwortung tragen. Wenn einer von euch ein anvertrautes Gut hat, so soll er es dem zurückgeben, der es ihm anvertraut hat. O Allah, ich habe es verkündet! O Allah, sei mein Zeuge![386]

Alle Zinsen sind aufgehoben, aber euch gehört euer Vermögen. Ihr sollt nicht ungerecht behandelt werden und sollt auch selbst niemanden ungerecht behandeln. Allah hat beschlossen, dass es keinen Zins geben darf, und die Zinsen von Abbâs bin Abdulmuttalib sind somit alle aufgehoben. Betrügt euch nicht gegenseitig und handelt nie ungerecht.[387] *Nehmt nie etwas*

386 Buhârî, 1739; Tirmizî, 3087

387 Die Abschiedspredigt ging wie folgt weiter: *„Jeder Wucher/Zins ist ungültig, doch steht euch euer Kapital zu, ohne dass ihr Unrecht tut oder euch Unrecht getan wird. Allah entschied, dass es keinen Wucher geben soll, und aller Wucher seitens Abbâs bin Abdulmuttalib ist ungültig. Alle Blutrache aus der vorislamischen Zeit der Unwissenheit ist ungültig, und die erste Blutrache, die ich für ungültig erkläre, ist die Blutrache für Ibn Rabîa bin Hâris bin Abdulmuttalib."* Muhammad machte zuerst die Blutrache und den Wucher seiner eigenen Verwandten ungültig. Vor dem Islam waren alle Stämme verfeindet; er vereinte ihre Herzen, beseitigte die Tradition der Rache und setzte Grundsteine für die menschliche Zivilisation. „*... Und keine beladene Seele trägt die Last einer anderen Seele ...*" (Kein Mensch trägt die Schuld eines anderen Menschen) (Sure Isrâ, 17:15).

von einem anderen Menschen, das dieser euch nicht gerne gibt. Behandelt eure Frauen freundlich und kümmert euch gut um all diejenigen, die euch anvertraut sind.

Ich hinterlasse euch eine klare Richtschnur, das Buch Allahs und die Sunna Seines Propheten, welche ich euch gelehrt habe. Wenn ihr danach handelt, werdet ihr nicht in die Irre gehen. Hört auf meine Worte und versteht! Allah ist mein Zeuge, dass ich euch die Botschaft des Islams überbracht habe."[388]

Dann rezitierte er den zuletzt offenbarten Vers, der den Koran vervollständigte: „*Heute habe Ich euren Glauben für euch vollendet und habe Meine Gnade an euch erfüllt und es ist Mein Wille, dass der Islam euer Glaube ist.*"[389]

Diese Wallfahrt wurde zu Muhammads Abschiedswallfahrt, auf der er die islamischen Werte bekräftigte und die Gläubigen die richtige Art der Pilgerfahrt lehrte, so wie sie einst Abraham gelehrt hatte. Er zeigte ihnen, wie man den spirituellen Teil des Glaubens vollzog, der die Pilger zu friedlichen Menschen machte, die während der Pilgerfahrt nicht einmal eine Pflanze ausrissen. Nachdem er Satan symbolisch gesteinigt und Tiere geopfert hatte, ließ er sein Kopfhaar rasieren.

Hâlid war heute ein ganz anderer als sonst; er trat an den Propheten heran und bat: „O Gesandter Allahs, deine Stirnlocke! Gib sie keinem außer mir! Du bist mir lieber als Vater und Mutter!" [390] Als er sie bekam, legte er sie an seine Augen und Lippen.

Zwei Monate nach der Abschiedswallfahrt wurde der Prophet krank. Die ersten elf Tage fühlte er sich noch kräftig genug, um zu jedem Gebet in die Moschee zu gehen und es als Imam zu leiten. Er rief die Menschen

---

388 Ibn Hischâm, S. 641; Muslim, I/III, S. 97

389 Sure Mâida, 5:3; Der gesamte von Allah offenbarte Text des Korans war nun vollständig. Seine Verse sind von den Muslimen aufgenommen und niedergeschrieben worden, noch während der Prophet Muhammad lebte. Es handelt sich um eine sehr präzise Aufnahme: Nicht ein Buchstabe oder ein Laut, ob kurz oder lang gesprochen, ist je geändert worden, geschweige denn eine Silbe oder ein Wort.

390 Wâkidî, III, S. 1108-1109

noch einmal zu sich und legte ihnen die fünf täglichen Gebete und den Koran ans Herz. Er bat sie, sich zu melden, falls er ihnen irgendetwas schuldete. Einmal sprach er während dieser Tage von der Kanzel: *„Unter den Dienern Allahs gibt es einen, den Allah zwischen dieser Welt und der Welt, die bei Ihm ist, wählen ließ, und dieser Diener hat die Welt, die bei Allah ist, gewählt.“*

Wahrscheinlich wollte er die Menschen nicht beunruhigen. Abû Bakr aber verstand die Botschaft, und seine Augen füllten sich mit Tränen. Als der Prophet ihn weinen sah, bat er ihn aufzuhören und sagte: *„Die Türen, die zur Moschee führen, sollen alle geschlossen werden, außer der Tür Abû Bakrs. Denn ich kenne keinen, mit dem ich eine bessere Freundschaft hatte als mit ihm.*[391] Hätte ich einen Freund unter allen Menschen der Welt auswählen müssen, von dem man sich nie trennt, hätte ich *Abû Bakr gewählt. Aber wir sind Gefährten und Glaubensbrüder, bis Allah uns bei Sich wieder vereint.“*[392]

In seinen letzten Tagen war der Prophet sehr schwach. Seine Frauen waren einverstanden, dass er diese Zeit bei Âischa verbrachte. Seine Tochter Fâtima kam oft zu ihm; einmal küsste sie ihn, und Âischa sah, wie er seiner Tochter etwas ins Ohr flüsterte und sie zu weinen begann. Dann flüsterte er ihr noch einmal etwas zu, und sie lächelte. Als Âischa sie später danach fragte, antwortete sie: „Der Prophet hatte mir erklärt, dass er an dieser Krankheit sterben würde, und deshalb weinte ich. Dann jedoch sagte er mir, dass ich die erste unter den Menschen seines Hauses sein werde, die ihm ins Jenseits folgen wird, deshalb lächelte ich.“

Als sie ihren Vater wieder einmal besuchte, weinte sie und sagte: „O mein Vater, welch ein Schmerz!“

Er lächelte und sprach zu ihr: *„Deinen Vater wird nach diesem Tag kein Schmerz mehr treffen.“*

Er ließ seine Enkel Hasan und Husayn zu sich kommen und verabschiedete sich von ihnen. Auch seine Frauen versammelte er noch einmal zum Abschied um sich.

---

391 Ibn Hischâm, S. 664-665; Tirmizî, 3735; Mubârakpûrî, S. 400; Buhârî, I, S. 516

392 Ibn Hischâm, S. 665; Mubârakpûrî, S. 400

Am Samstag sank sein Fieber, und er wollte trotz seiner Schwäche zur Moschee, wo er die Gläubigen im Mittagsgebet antraf. Diese waren sehr erleichtert, als sie sahen, dass es ihm wieder besser ging. Das Gesicht des Propheten strahlte vor Freude, als er ihre friedliche und spirituelle Haltung sah. Von seinem Vetter Fadl und Sawban, einem freigelassenen Sklaven, gestützt setzte er seinen Weg fort.

Abû Bakr, der das Gebet leitete, hörte ihn kommen und trat einen Schritt zurück, aber der Prophet legte ihm die Hand auf die Schulter und schob ihn wieder vor die versammelte Gemeinschaft, während er selbst sich zu seiner Rechten niederließ und sitzend betete.[393] Die Freude der Männer und Frauen in der Moschee war groß, als sie sahen, dass es dem Propheten wieder besser ging. Dann half man ihm, in Âischas Wohnung zurückzukehren, wo er sie anwies, die einzigen sechs oder sieben Dirham, die sich in seinem Besitz befanden, den Armen zu spenden.

Am nächsten Tag, als er den Ruf zum Morgengebet hörte, ließ er sich zum letzten Mal zur Tür seiner Wohnung helfen, die nur durch einen Vorhang von der Moschee getrennt war. Er beobachtete die Gläubigen, die sich in der Verrichtung des Morgengebetes befanden, und lächelte glücklich. Die Gläubigen freuten sich, während er ihnen andeutete, fortzufahren. Anas erzählte später: „Noch nie hatte ich das Gesicht des Propheten so schön gesehen wie in jenem Moment."

Dann ließ er den Vorhang wieder fallen.[394] Er war sehr schwach, und sein Kopf lag an Âischas Brust, als ihr Bruder Abdurrahman mit einem Zahnholz in der Hand ins Zimmer trat. Âischa merkte, wie der Prophet das Zahnholz ansah, und sie wusste, dass er es gerne hätte. Sie nahm es von ihrem Bruder und begann es zu kauen, bis es weich war. Dann gab sie es dem Propheten, der sich damit die Zähne so energisch putzte wie nie zuvor. Âischa hatte oft gehört, dass der Gesandte Allahs sagte: „Allah wird keinen Propheten zu Sich nehmen, bevor Er ihn nicht zwischen dem Leben und dem Tod hat wählen lassen", und es war ihr bewusst, wie er sich entschieden hatte. Sie sagte: „Bei Dem, Der dich mit der Wahrheit sandte, du wurdest vor die Wahl gestellt und du hast gewählt!"

---

393 Mubârakpûrî, S. 402

394 Ebd.; Ibn Hischâm, S. 666-667

Dann hörte sie ihn sagen: *„Mit denen Du gnädig warst, mit den Propheten, den Wahrhaftigen, den Märtyrern und den Rechtschaffenen, in der höchsten Vereinigung im Paradies.“* [395]

Diesen letzten Satz wiederholte er insgesamt dreimal, während sein Blick zur Decke wanderte und seine Hand herabsank.[396] Die anwesenden Frauen begannen zu weinen.

Am Montag, dem 8. Juni 632 n. Chr., im dreiundzwanzigsten Jahr seiner Sendung, im elften Jahr nach der Auswanderung, dem Beginn der islamischen Zeitrechnung, starb der Prophet Muhammad. Die ungeheure Nachricht drang nach draußen. Die Menschen konnten es nicht fassen und waren verzweifelt. Selbst Umar, der sonst so stark war, schien von der Schwere der Kunde benommen zu sein. Er erklärte den Leuten in der Moschee, Muhammad sei zu seinem Herrn nur in der Weise gegangen, wie einst Moses auf den Berg gegangen war, und er werde wiederkommen und die Heuchler, die diese Nachricht verbreiteten, zur Rechenschaft ziehen.

Während er dies noch sprach, erschien Abû Bakr. Er betrat sofort das Zimmer seiner Tochter Âischa und sah die Wahrheit mit eigenen Augen. Weinend betrachtete er das Gesicht des Propheten und küsste ihn auf die Stirn. Er sprach: „Du bist mir lieber als mein Vater und meine Mutter, du hast den Tod erlebt, den Allah für dich geschrieben hat, aber danach wirst du nie mehr einen Tod erleben.“ Respektvoll legte er das Obergewand auf das Gesicht des Propheten und begab sich in die Moschee, wo Umar immer noch sprach.

„Beruhige dich, Umar, und höre zu!“, rief Abû Bakr. Doch Umar wollte nicht schweigen. Erst als Abû Bakr zu sprechen begann und Allahs Einzigkeit pries, drehten sich die Menschen zu ihm und hörten ihm zu. Abû Bakr sagte: „O ihr Menschen, wer Muhammad verehrt hat: Muhammad ist nun gestorben; und wer auch immer Allah gedient hat, Allah ist lebendig und stirbt nicht!“ Dann zitierte er ihnen eine Stelle aus dem Koran: *„Und Muhammad ist doch nur ein Gesandter, dem schon*

---

395 Buhârî, II, S. 638-641; Muslim. 2191, Tabarî, III, S. 199; Mubârakpûrî, S. 403

396 Ebd.

Gesandte vorausgegangen sind. Wenn er nun stirbt oder getötet wird, werdet ihr euch dann auf den Fersen umkehren? Und wer sich auf den Fersen umkehrt, wird Allah keinerlei Schaden zufügen. Aber Allah wird es den Dankbaren vergelten.“[397]

Die Trauer unter den Muslimen war unbeschreiblich. Den Menschen war, als hätten sie diesen Vers zum ersten Mal gehört. Umar berichtete später: „Bei Allah! Als Abû Bakr diesen Vers zitierte, war mir klar, dass es stimmte. Meine Beine wurden schwach, und ich ging zu Boden.“

Währenddessen lag der Körper des Propheten auf seinem Bett. Seine nahen Verwandten hatten sich um ihn versammelt und berieten, wo sie ihn bestatten sollten. Doch sie konnten sich nicht entscheiden. Auch die anderen Bewohner Medinas waren sich uneinig. Nach einigen Vorschlägen kam Abû Bakr hinzu. Er sagte: „Ich hörte den Gesandten Allahs sagen: ‚*Kein Prophet stirbt, ohne dass er an der Stelle bestattet wird, wo er gestorben ist!*‘“ [398]

Darauf wurde entschieden, dass an dem Ort der Lagerstatt, auf der er starb, ein Grab ausgehoben werde. Die engsten Verwandten des Propheten übernahmen seine Waschung, darunter an erster Stelle Ali, Abbâs und dessen Söhne Fadl und Kusam. Usâma und Schukran, der Freigelassene des Propheten, gossen das Wasser über ihn und Ali wusch ihn, wobei ihm sein knielanges Hemd belassen wurde. Währenddessen nahmen sie einen ganz besonderen Duft an ihm wahr, sodass Ali ausrief: „Du bist mir wie Vater und Mutter! Wie wohlriechend bist du, sowohl lebendig als auch tot!“

Als sie mit der Waschung fertig waren, hüllten sie ihn in drei Leichentücher. Dann wurde den anderen Muslimen die Tür geöffnet, um von der Moschee her einzutreten und einen letzten Blick auf ihn zu werfen, sowie für ihn um Segen zu bitten.

In Gruppen betraten sie das kleine Zimmer, und auch Abû Bakr und Umar beteten mit ihnen. Als die Männer mit ihrem Gebet fertig waren, wurden die Frauen eingelassen und nach ihnen die Kinder. Ihrer aller

397 Sure Âli Imrân, 3:144

398 Ibn Hischâm, S. 672; Mubârakpûrî, S. 405

Herzen bebten, und die Trauer über das Hinscheiden des Gesandten Allahs, des Siegels der Propheten, schien sie zu zerreißen.

Die Bestattung fand in der Nacht zum Mittwoch statt, zwei Tage, nachdem er gestorben war.[399] Anas bin Mâlik sagte über den Todestag des Propheten Muhammad: „Ich habe keinen helleren und schöneren Tag erlebt als den seiner Ankunft in Medina und keinen dunkleren und traurigeren als den, an dem er starb.“[400]

Fâtima folgte ihrem Vater, wie er es ihr gesagt hatte, wenige Monate später; sie war das einzige seiner Kinder, das ihn überlebte.

399 Mubârakpûrî, S. 405

400 Ebd, S. 404' Dârimî, II, S. 547

4. Teil

Nachspann

Nachwort

Der Prophet Muhammad verbrachte die letzten 23 Jahre seines Lebens mit unermüdlicher Arbeit an der Aufgabe, mit der Allah ihn betraut hatte. Er kam in dieser Zeit nicht zur Ruhe und wurde von allem Leid geprüft, das ein Mensch tragen kann. Er wurde durch den Verlust derer geprüft, die er liebte – seiner Mutter, seiner Frau Hadîdscha und der meisten seiner Kinder. Er musste Entbehrungen, Spott, Feindschaft und Bedrohungen ertragen. Er war mehr als einmal schwer verletzt und in Lebensgefahr.

Er ertrug all dies mit Toleranz und Zuversicht, in der Hoffnung und dem Bewusstsein, der Menschheit die Rechtleitung ihres Schöpfers zu bringen. Dies gelang ihm mit Allahs Unterstützung. Als das Blatt sich wandte und der Sieg und die Macht auf seiner Seite waren, vergab er all jenen, die ihm so viel Leid zugefügt hatten. Er baute auf Versöhnung und Frieden mit seinen ehemaligen Feinden.

Allah rief ihn zu sich, als seine Aufgabe erfüllt war. So erlebte er nicht mehr, dass sich der Islam auf der ganzen Welt verbreitete. Es gibt heute keine Region auf der Erde, in der keine Muslime leben.

Wenn der Muslim heute die Pilgerfahrt nach Mekka vollzieht, trifft er auf Millionen von Menschen, die trotz der Vielfalt ihrer Hautfarben und Sprachen alle Schwestern und Brüder sind, durch die Liebe zu ihrem Schöpfer miteinander verbunden. Man sieht dort die vielen Gesichter aus allen Ländern der Erde friedlich, als Erben Abrahams, ihren Gottesdienst verrichten und erinnert sich, dass dies alles mit einem Mann begann: Muhammad.

Über dieses Buch

Das vorliegende Buch möchte den deutschsprachigen Leser in das Leben und Wirken des Propheten Muhammad einführen. Es stellt sich nicht in die Reihe historischer oder wissenschaftlicher Biografien, wie sie inzwischen in zahlreichen Ausführungen vorliegen, sondern wählt bewusst die populäre Form des Romans, der Erzählung. Dennoch stützt sich die Darstellung, wie die zahlreichen Fußnoten belegen, auf authentische Quellen und Überlieferungen, die sich der Autor in umfangreicher Recherchearbeit erschlossen hat. Dabei wurden vor allem die Arbeiten von Ibn Hischâm, Ibn Kasîr, Ibn Kayyim und Mubârakpûrî verwendet. Die Aussprüche des Propheten und die Angaben zu den Ereignissen wurden mit Quellenangaben versehen.

In dem Text, wie er sich nun darstellt, spricht das Leben und Wirken Muhammads in direkter, persönlicher Form zum Leser. Der nichtmuslimische Leser, dessen kulturelle Prägung vielleicht eine andere ist als die eines Muslims, kann den Islam hier als eine Religion der Toleranz, des Friedens und der verstehenden Menschenliebe kennenlernen. Ich wünsche dieser Arbeit, dass sie zahlreiche aufgeschlossene, interessierte und am Ende begeisterte Leser findet.

Jotiar Bamarni
Offenbach am Main, August 2014

Anhang

Quellen

Der edle Qur'an, A. As-Samit Frank Bubenheim und Nadeem Elyas (Übersetzung aus dem Arabischen), überprüfter Nachdruck, König-Fahd-Komplex, Medina 2006.

Der Koran, aus dem Arabischen übersetzt von Max Henning, überarbeitet von Murad Hofmann, Çagrı Verlag, Istanbul 1998.

Koranzitate aus anderen Übersetzungen: ***www.alhamdulillah.net.***

Sahîh Buhârî **und** ***Sahîh Muslim***, Imam Buhârî und Imam Muslim, Dâr al-Kitâb al-Arabi, Beirut 2007/2008.

Sahîh Muslim, Jotiar Bamarni (Übersetzung aus dem Arabischen), Schreibfeder Verlag, Offenbach am Main 2013.

Sunan at-Tirmizî, Abû Îsâ Muhammad at-Tirmizî, Al-Fikr Verlag, Libanon 2005.

Sunan ad-Dârimî, Abû Muhammad bin Bahrân ad-Dârimî, Al-Asriya Verlag, 2008.

Auszüge aus: Die Gärten der Rechtschaffenen, Yahyâ ibn Scharaf an-Nawawî, übersetzt von Jotiar Bamarni, Schreibfeder Verlag, Berlin 2009.

As-Sîra an-Nabawiya, Abû Muhammad Abdalmalik bin Hischâm: Dieses Werk basiert auf dem (mehr als 1300 Jahre alten) Buch von Muhammad ibn Ishâk und wurde von Ibn Hischâm ergänzt und neu veröffentlicht. Es ist ein Standardwerk zum Leben des Propheten. Für dieses Buch wurden die folgenden arabischen Auflagen benutzt:

- Ausgabe des Dâr Ibn Hazm Verlags in einem Band, Beirut 2001.

- Ausgabe des As-Safâ Verlags, 2 Bände, 1. Auflage, Kairo 2006.

- Ausgabe des Dâr al-Ma'rifa Verlags, 2 Bände, (ohne Orts- und Jahresangabe).

As-Sîra an-Nabawiya, Ismâîl ibn Kasîr, As-Safâ Verlags, 2 Bände, 1. Auflage, Kairo 2006.

Sahîh as-Sîra an-Nabawiya, Muhammad ibn Kasîr, überarbeitet von M. Nasraddin Albânî, 1. Auflage, Islamische Bibliothek, Amman (ohne Jahresangabe).

Assadul Gaba fi ma'rifat as-Sahâba, Abul Hasan Ali Izzaddîn ibn al-Asîr, Dâr al-Kutub al-Ilmiya, Beirut 1994.

Kisâs al-Anbiyâ, Ismâîl ibn Kasîr, As-Safâ Verlag, 1. Auflage, Kairo 2005.

Stories of the Prophets, Ismâîl ibn Kasîr, übersetzt von Sheikh Muhammad Mustafa Gemeiah, El Nour For Publishing, Mansura (Ägypten) 1996.

Ar-Rahîk al-Mahtûm, Safi ar-Rahmân al-Mubârakpûrî, Dâr al-Wafâ Verlag, 17. Auflage, Mansura (Ägypten) 2005.

Muhtasar Zâd al-Maâd, Ibn Kayyim al-Dschauwziya, auf der arabischsprachigen Internetseite www.raqamiya.org.

At-Tabakât al-kubra, Ibn Sad al-Bagdâdî, auf der arabischen Internetseite www.al-eman.com bzw. Maktabat Al-Hanadschi, Kairo 2001.

Kitâb al-Magâzi, Muhammad bin Umar bin Wâkid al-Wâkidî, Marsden Jones, Beirut, Âlam al-Kutub Verlag, Beirut 1989.

Tarîh ar-Rusul wal-Mulûk, Muhammad ibn Dscharîr at-Tabarî, 15 Bände, auf der Internetseite www.majles.alukah.net.

Muhammad, Prophet der Barmherzigkeit, Muhammad Rassoul, Islamische Bibliothek, Köln 1999.

Die Leute des Elefanten, Muhammad Rassoul, Islamische Bibliothek, Köln 1993.

Der Islam als Alternative, Murad Hofmann, Diederichs Verlag, München 1999.

Geografische Angaben zur Arabischen Halbinsel und den Stämmen stammen von der arabischsprachigen Internetseite: ***www.al-islam.com/arb.***

Lisân al-Arab, Sadir Verlag, Beirut 1993.

Arabisches Wörterbuch für die Schriftsprache der Gegenwart Arabisch-Deutsch, Hans Wehr, Harrassowitz Verlag, Wiesbaden 1985.

Synchron-Wörterbuch der drei Sprachen, Jotiar Bamarni, Schreibfeder Verlag, 1. Auflage, Freiburg 2001.

Stammbaum Muhammads

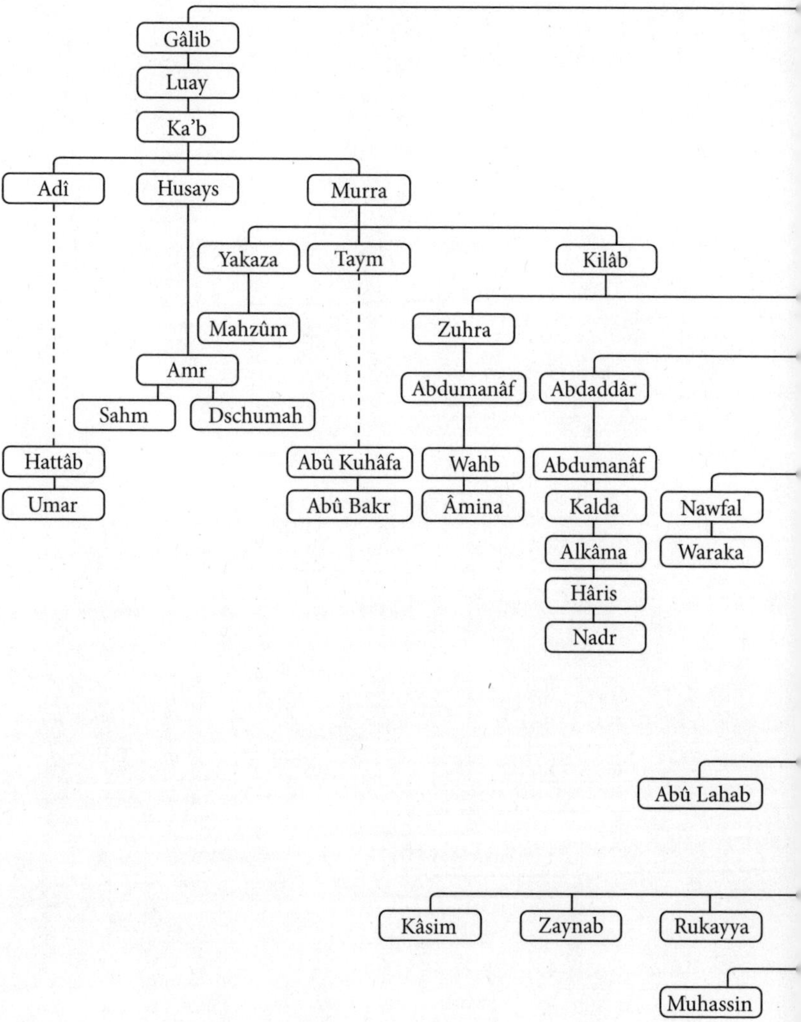

Gâlib
Luay
Ka'b

Adî
Husays
Murra

Yakaza
Taym
Kilâb

Mahzûm
Zuhra

Amr
Abdumanâf
Abdaddâr

Sahm
Dschumah

Hattâb
Abû Kuhâfa
Wahb
Abdumanâf

Umar
Abû Bakr
Âmina
Kalda
Nawfal

Alkâma
Waraka

Hâris

Nadr

Abû Lahab

Kâsim
Zaynab
Rukayya

Muhassin

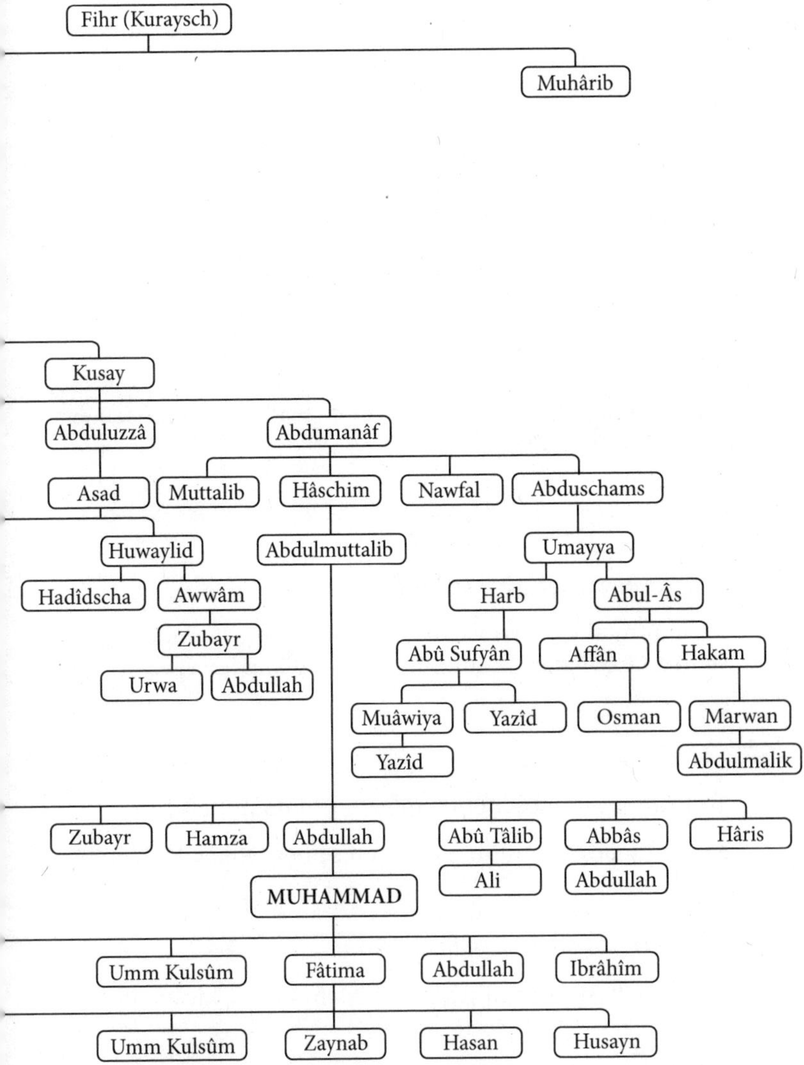

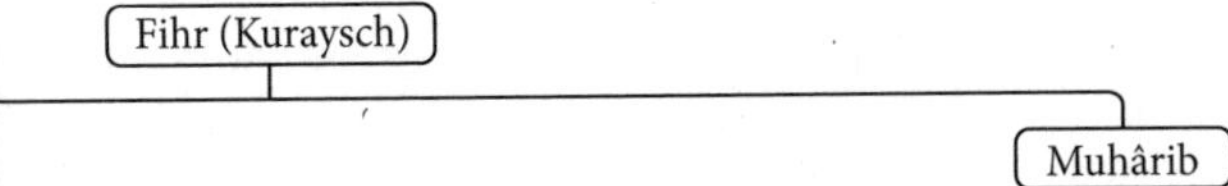

Fihr (Kuraysch)
Muhârib
Kusay
Abduluzzâ
Abdumanâf
Asad
Muttalib
Hâschim
Nawfal
Abduschams
Huwaylid
Abdulmuttalib
Umayya
Hadîdscha
Awwâm
Harb
Abul-Âs
Zubayr
Abû Sufyân
Affân
Hakam
Urwa
Abdullah
Muâwiya
Yazîd
Osman
Marwan
Yazîd
Abdulmalik
Zubayr
Hamza
Abdullah
Abû Tâlib
Abbâs
Hâris
Ali
Abdullah
MUHAMMAD
Umm Kulsûm
Fâtima
Abdullah
Ibrâhîm
Umm Kulsûm
Zaynab
Hasan
Husayn

Zeittafel zum Leben Muhammads

571 n. Chr.

Geburt Muhammads (9. Rabî al-awwal, 51 v. d. H./20. April 571 n. Chr.)

Muhammad wird seiner Amme Halîma anvertraut.

574 n. Chr.

Muhammad wird von seiner Amme Halîma wieder seiner Mutter Âmina übergeben.

575 n. Chr.

Tod Âminas, der Mutter Muhammads, in Abwâ

Muhammad wird von seiner Amme Ummu Ayman an seinen Großvater Abdulmuttalib in Mekka übergeben.

577 n. Chr.

Tod Adulmuttalibs, dem Großvater Muhammads

Muhammad kommt in die Obhut seines Onkel Abû Tâlib.

578 n. Chr.

Reise nach Syrien mit Abû Tâlib, dem Onkel Muhammads

589 n. Chr.

Beginn der Mitgliedschaft Muhammds im „Pakt der Tugendhaften“ (Hilf al-Fudûl)

594 n. Chr.

Reise Muhammads als Karawanenführer im Auftrag von Hadîdscha

Heirat Muhammads mit Hadîdscha

605 n. Chr.

Schiedsspruch Muhammads bei der Platzierung des Schwarzen Steins (Hadschar al-aswad) während der Restauration der Kaaba durch die Kuraysch

610 n. Chr.

Beginn der koranischen Offenbarung in der Höhle Hira (27. Ramadan)

Herabsendung der ersten fünf Verse der Sure Alak

613 n. Chr.

Muhammad beginnt, seine nahen Verwandten zum Islam einzuladen.

614 n. Chr.

Beginn der Unterdrückung der Muslime durch die Götzenanbeter

615 n. Chr.

Erste Auswanderung einer Gruppe von Muslimen nach Abessinien

616 n. Chr.

Hamza und Umar nehmen den Islam an.

Beginn der öffentlichen Verrichtung der Gebete

Beginn des sozialen und wirtschaftlichen Boykotts gegen die Muslime

Zweite Auswanderung einer Gruppe von Muslimen nach Abessinien

619 n. Chr.

Ende des Boykotts

620 n. Chr.

Tod Abû Tâlibs und Hadîdschas (Jahr der Trauer)

Heirat Muhammads mit Sawda bint Zama'a

Reise Muhammads mit Zayd bin Hârisa nach Tâif und Rükkehr nach Mekka unter dem Schutz von Mut'im bin Adî

Treffen Muhammads mit dem medinensischen Stamm der Hazradsch in Akaba und deren Beitritt zum Islam

621 n. Chr.

Nachtwanderung und Himmelfahrt, bei der das tägliche fünfmalige Gebet zur Pflicht wird (27. Radschab)

Erster Treueid von Akaba und Aussendung Mus'ab bin Umayrs als Lehrer nach Medina

622 n. Chr.

Zweiter Treueid von Akaba

1 n. d. H./622 n. Chr.

Auswanderung der Muslime von Mekka nach Medina

Beschluss der Götzenanbeter, den Propheten zu ermorden

Auswanderung des Propheten mit Abû Bakr nach Medina

Errichtung der ersten Moschee in Kubâ bei Medina

Verrichtung des ersten Freitagsgebets im Rânûnâ-Tal

Eintreffen des Propheten in Medina und Unterbringung bei Abû Ayyûb al-Ansârî

Beginn des Baus des Masdschid an-Nabawî

Erster Gebetsruf

1 n. d. H./623 n. Chr.

Muhammad erklärt die Auswanderer (Muhâdschirûn) und die Helfer (Ansâr) zu Geschwistern.

„Abkommen von Medina“ und die Bestimmung der Grenzen Medinas

Fertigstellung des Masdschid an-Nabawî

Einrichtung des Marktes in Medina

Ausbau der Suffa im Masdschid an-Nabawî

2 n. d. H./623 n. Chr.

Muhammad fastet am Aschûrâ-Tag und empfiehlt dies auch seinen Gefährten.

2 n. d. H./624 n. Chr.

Wechsel der Gebetsrichtung vom Masdschid al-Aksâ (Jerusalem) zum Masdschid al-Harâm (Mekka)

Das Fasten im Ramadan wird zur Pflicht.

Beginn der Verrichtung des Tarâwîh-Gebets im Ramadan

Schlacht von Badr

Tod von Rukayya, der Tochter Muhammads

Die Fitr-Abgabe wird zur Pflicht.

Erstes Ramadanfest und die Verrichtung des ersten Festgebets

Heirat Muhammdas mit Âischa

Feldzug gegen die Banî Kaynukâ

Heirat Alis mit Fâtima

Erstes Opferfest

Einrichtung des Friedhofs „Dschannat al-Bakî“ (in Medina) nach dem Tod von Usmân bin Maz'ûn

Die Zakât wird zur Pflicht.

3 n. d. H./624 n. Chr.

Heirat Usmâns mit Umm Kulsûm, der Tochter Muhammads

3 n. d. H./625 n. Chr.

Heirat Muhammads mit Hafsa

Geburt Hasans, dem Enkel Muhammads

Heirat Muhammads mit Zaynab bint Huzayma

Schlacht von Uhud

4 n. d. H./625 n. Chr.

Feldzug gegen die Banî Nadîr

Alkoholverbot

Tod Zaynab bint Huzaymas, der Frau Muhammads

4 n. d. H./626 n. Chr.

Die Banî Abs kommen nach Medina und nehmen den Islam an.

Geburt Husayns, dem Enkel Muhammads

Heirat Muhammads mit Umm Salama

5 n. d. H./627 n. Chr.

Verleumdung Âischas durch die Heuchler (Munâfikûn)

Heirat Muhammads mit Dschuwayriya bint Hâris

Grabenschlacht (Handak-Schlacht)

Heirat Muhammads mit Zaynab bint Dschahsch

Feldzug gegen die Banî Kurayza

6 n. d. H./628 n. Chr.

Umra-Reise

Gefangennahme Usmâns seitens der Kuraysch, der von Hudaybiya aus als Botschafter nach Mekka entsandt wurde

Friedensvertrag von Hudaybiya

Die Banî Huzâ, Banî Aslam und Banî Huschanî kommen nach Medina und nehmen den Islam an.

7 n. d. H./628 n. Chr.

Sendung von Einladungsbriefen seitens Muhammad an das byzantinische Reich, das Sassanidenreich und an die Führer in den Nachbargebieten

Abul Âs wird Muslim und heiratet Zaynab, die Tochter Muhammads

Feldzug gegen Haybar

Heirat Muhammads mit Safiyya bint Huyay

Tod von Suwayba, der Amme Muhammads

Bâzân, der Gouverneur des Jemen, nimmt den Islam an.

Schlacht beim Kurâ-Tal

7 n. d. H./629 n. Chr.

Heirat Muhammads mit Umm Habîba bint Abû Sufyân

Heirat Muhammads mit Maymûna bint Hâris

8 n. d. H./629 n. Chr.

Hâlid bin Walîd, Amr bin Âs und Usmân bin Talha werden Muslime.

Tod Zaynabs, der Tochter Muhammads

Schlacht von Mûta

Die Banî Sulaym und Banî Gifâr nehmen den Islam an.

Verstoß der Kuraysch gegen den Friedensvertrag von Hudaybiya

8 n. d. H./630 n. Chr.

Einnahme Mekkas (20. Ramadan)

Die Banî Mahzûm nehmen den Islam an.

Hischâm bin Âs wird nach Yalamlam, Hâlid bin Saîd nach Urana und Hâlid bin Walîd nach Nahla geschickt, um den Götzen Uzzâ zu zerstören. Sad bin Zayd al-Aschhalîs wird nach Muschallal gesendet, um den Götzen Manât zu zerstören, Amr bin Âs reist nach Ruhât zur Zerstörung des Götzen Suwa und Tufayl bin Amr ad-Dawsîs zur Vernichtung des Götzen Zulkaffayn.

Schlacht von Hunayn

Feldzug nach Tâif

Erstes Treffen Muhammds mit seiner Milchschwester Schaymâ

Umra-Reise Muhammads

Amr bin Âs wird als Botschafter zu den Führern Omans, Dschayfar und Abd bin Dschulandâ, entsandt.

Alâ bin Hadramîs und Abû Hurayra werden als Botschafter an den Führer von Bahrain, Munzir bin Sâwâ, entsandt.

Geburt Abrahams, dem Sohn Muhammads

Die Banî Salaba, Banî Sudâ, Banî Bâhila, Banî Sumâla, Banî Dscharm, Ahâbîsch, Banî Ak und Banî Huzayl nehmen in Medina den Islam an.

9 n. d. H./630 n. Chr.

Entsendung von Beamten an einige Städte und Stämme zwecks Sammlung der Zakât

Erster Feldzug auf offener See unter der Führung von Alkâma bin Mudschazziz

Tod des abessinischen Negus und die Verrichtung des Totengebets seitens Muhammad

Schlacht von Tabuk

Friedensvertrag zwischen Muhammad und einiger Gruppen, die als Vertreter der Dscharbâ, Azruh, Maknâ, Ayla (Akaba) und Tabuk fungierten

Tod Umm Kulsûms, der Tochter Muhammads

Zerstörung des Masdschid ad-Dirâr, welcher den Heuchlern gehörte

Abû Sufyân und Mugîra bin Schuba werden entsandt, um den Götzen Lât zu zerstören.

9 n. d. H./631 n. Chr.

Ernennung Abû Bakrs zum Leiter der Pilgerfahrt

Eine Gruppe von Christen aus Nadschran kommt nach Medina und schließt ein Abkommen mit Muhammad.

10 n. d. H./631 n. Chr.

Muhammad zieht sich für 20 Tage zurück und liest gemeinsam mit dem Engel Gabriel den Koran zweimal durch.

Ein Mann namens Musaylama behauptet, ein Prophet zu sein.

10 n. d. H./632 n. Chr.

Tod Abrahams, dem Sohn Muhammads

Abschiedswallfahrt und Abschiedspredigt Muhammads

11 n. d. H./632 n. Chr.

Erkrankung Muhammads

Tod Muhammads (13. Rabî al-awwal/8. Juni)

Beerdigung Muhammads

Dank

Vor allem danken möchte ich meiner Lektorin Umm Hanan, mit Familie und Freunden, sowie Dr. Nadim Mazarweh, Dr. Murad Hofmann, Sara Madani, Aisha Chaouki, Dr. Mohammed Osama Kahf, Monear Swais, Neil Bin Radhan, Abu Bakr Salzmann, Ahmad von Denffer, Usamah Salwati, Dr. Tobias Knust, Ingeborg Djouad und Melek Stevens für ihre konstruktiven Bemerkungen und Verbesserungen. Ferner danke ich Ghassan El-Bathich, Nina Mühe, Ibrahim R. Gustafson, Rüştü Aslandur und Reza Begas. Meinen Testlesern Omar Maximilian Bentheim und Amr Younis sowie meiner Testleserin Bischang Maryam Bamarni danke ich sehr für ihre Korrekturen, auf die ich auf keinen Fall verzichten möchte.